佐藤博信

日蓮宗寺院の歴史と伝承

山喜房佛書林

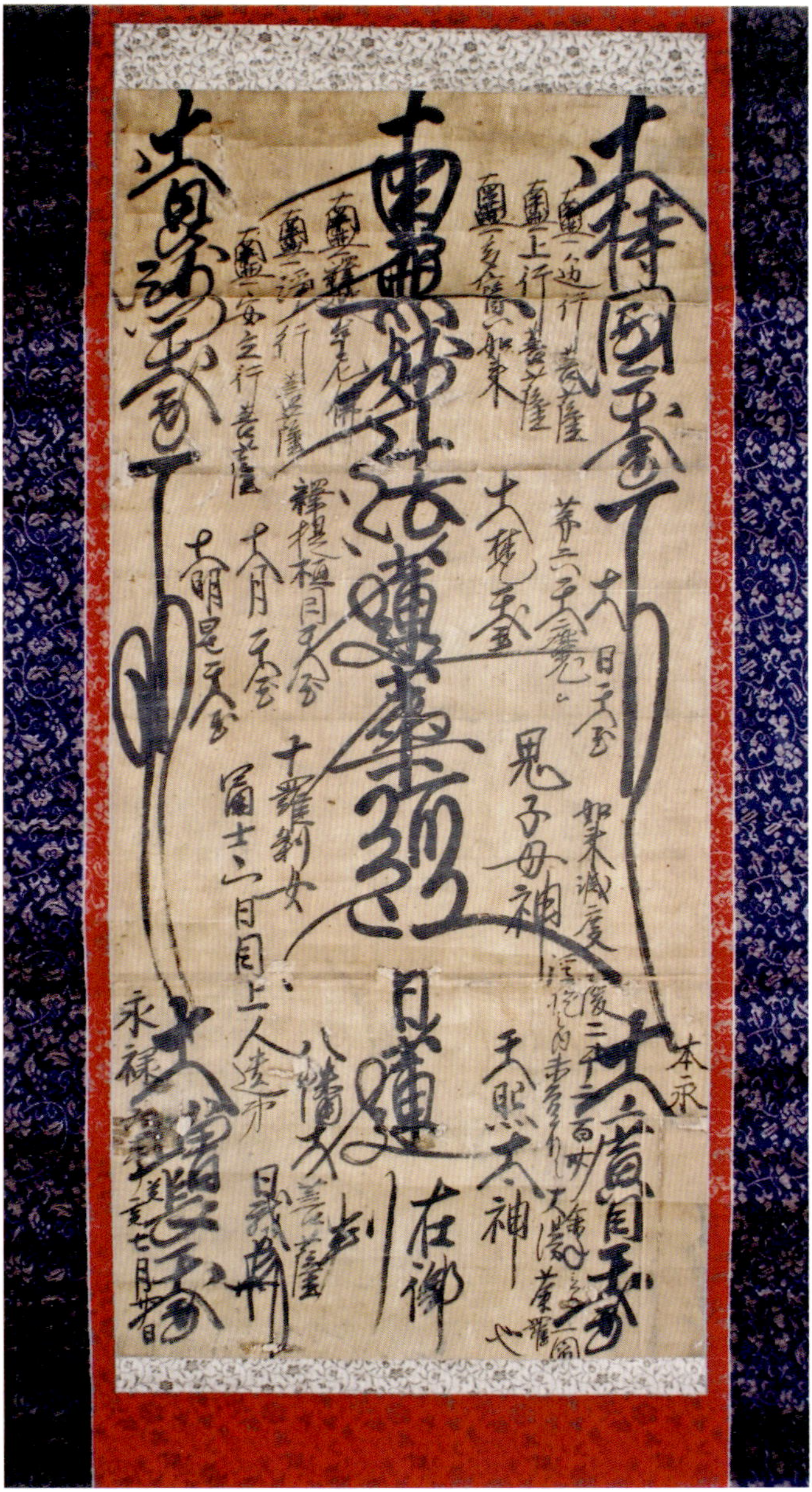

日我曼荼羅本尊　日向市細島三輪家（摂津屋）所蔵

一字に千思を尽くし
一語に万慮を廻らす

安房妙本寺日我「いろは字」下巻奥書

はじめに

鎌倉仏教の一つとして日蓮によって開かれた日蓮宗は、現在も多くの人々の信仰対象として生き続けている。その歴史は、政治・経済・文化の多方面にわたり、決して宗教の分野のみに特化されるものではなかった。その歩みは、現在に至るまで多くの関係寺院・檀信徒によってさまざまな形で伝えられている。それを現場を歩き見て追体験することも、その歩みを実際に感得する大切な道である。それは、多くの先人たちがそうであった様に日蓮宗に心を寄せる人間にとって学問・研究を越えた大きな課題である。

本書の第Ⅰ部は、そうした思いから聖跡や関係寺院を参詣し現状を確認して歩いた記録である。また第Ⅱ部は、日蓮による立教開宗七五〇年（二〇〇一年）を契機に各地で開催された展覧会をめぐる動向と近年の日蓮宗研究の新たな動向を『興風《こうふ》』と『日蓮仏教研究』を中心に述べたものである。そして、第Ⅲ部は、特に筆者が主要な研究課題として来た安房妙本寺の所蔵史料の一部を紹介したものである。安房妙本寺には、著名な古文書以外にも多種多様な史料が伝来するが、なお未紹介なものが多いのが現状である。そのなかから中世の史料と近世・近代の史料を若干紹介した。

その意味で、本書は、いわゆる研究論文の集成ではなく、その前提的作業の集成にすぎない。その点を御留意頂いたうえで御一読頂ければ幸いである。

二〇一七年三月十五日

佐藤　博信

目次

※本文中の「妙本寺文書」〜は『千葉県の歴史資料編中世3（県内文書2）』（二〇〇一年三月）、「定善寺文書」〜は『宮崎県史史料編中世1』（一九九〇年三月）、の所収番号を示す。

日蓮宗寺院の歴史と伝承

第Ⅰ部　日蓮宗寺院とその周辺

第一章　岡山・鳥取研修記

――興風談所・富木氏発祥の地を訪ねて――

(一)

房総地域に職場と居住地を持つ人間にとって中国地域は、必ずしも身近な存在ではない。しかし、富士（日興《にっこう》）門流寺院の安房妙本寺の関係史料（「妙本寺文書」他）をみていると、中国地域のことがしばしば出てくる。それはそのはずで、九州の日向に一大教線を展開させた関係上（拙稿「日向参詣記―安房妙本寺の旧末寺を訪ねて―」本書第Ⅰ部第二章）、その中継地となった中国地域に末寺や檀那などが存在したからであった。「備後国安那郡（広島県福山市）妙秀寺」（現存せず）などは、その代表的存在である。著名な日我（日向長友氏出身）の後住となった日侃《にちかん》（中国地域の有力者山名氏の関係者）の関係寺院とも考えられている。その他、日我の弟子交名《きょうみょう》（「妙本寺文書」一八七）には、「周防山口　教蔵坊日満」や「中国　堯順房」などがみえている。かれらは、日我の永禄年代の西国下向の際に、その先導役として活躍したと推定される。残念ながら、これらの関連事跡は現在その痕跡さえ窺えず、遠い過去の歴史の一齣となってしまった（『中世東国日蓮宗寺院の研究』東京大学出版会、二〇〇三年十一月）。

それにしても、中国地域には、京都で布教活動を始めたとされる日像（日朗の弟子）を原点とする門流などが教線を大いに広めたのであった。現在の広義の法華宗である。その他、日奥《にちおう》に繋がる岡山の不受不施派《ふじゅふせは》の存在も有名である。これらは、瀬戸内海の港湾都市を中心に日蓮宗が伝播した結果であった。岡山県瀬戸内市牛窓町の本蓮寺（檀那石原氏）・香川県宇多津町の本妙寺などは、その中心として先学が注目してきたところである（糸久宝賢『京都日蓮教団門流史の研究』平楽寺書店、一九九〇年三月）。

その意味で、この中国地域も、安芸門徒に象徴される浄土真宗の展開のみならず、日蓮宗の大いなる展開を示した大地として記憶されるべきと痛感する。

㈡

その点、現在においては、岡山市北区富吉に所在する興風《こうふ》談所の活動が学界の内外で注目を集めている。談所とある様に僧侶の学問所である。富士門流に属する若き僧侶たちが昭和五十六年（一九八一）十月に立ち上げた組織である。爾来四半世紀をへて今年（二〇〇七年）で二十六年を迎えるという。その間、立教開宗七百五十年を迎えての「日蓮聖人の世界展」の準備、年報『興風』の発行、『興風叢書』の刊行、「御書システム」の編纂などを精力的に進められてきた。特に「御書システム」の編纂は、日蓮遺文（御書）研究上画期的業績と評価され、宗教史・歴史学・国語学などに大きな影響を与えるに至っている。その研究の基本的立脚点は、従来ともすれば宗学の枠を越えられず、門家・門流の教学の域に留まり勝ちであった呪縛をみずから解放し、大いなる日蓮遺文（御書）・典籍ひとつひとつを批判的に扱い、再生させることがむしろ宗祖日蓮へ帰れ・日蓮宗再生に繋がるとの強い確信であった。そして、さらに今年（二〇〇七年）四月から「御書システム」に加えて「日興門流史料システム」が稼働し、より全体的に富士門流の僧侶・典籍を学ぶことが可能となった。その入力の労力は、察するに余りある。

こうした動きは、最近「公正・自由な活動」を謳って『日蓮仏教研究』（二〇〇七年三月）を創刊した身延門流の常円寺日蓮仏教研究所（東京都新宿区）開設の理念とも共通するものがあるように思う。両者が門流を異にするとはいえ、深い人的・学問的交流がなされているのは、象徴的である。両者に共通するのは、史料調査・研究発表・学問的交流の重視である。

すなわち、日蓮・日蓮宗研究が既成の組織や体制から自立して新たな展開をもたらしていることに注目したい。その点、興風談所では、年二回（六月と十二月）の定例勉強会を毎年実施している。その成果は、『興風』や他の研究雑誌に発表されている。また史料調査も随時実施され、その成果は、『興風叢書』として随時刊行されている。特に昨年（二〇〇六年）は、興風談所設立二十五周年記念研修会を実施し、所員のみならず日蓮・日蓮宗研究の碩学川添昭二氏の特別講義「蒙古襲来研究と日蓮遺文」と非所員で門流を異にする都守《つもり》基一師の研究発表がなされ、さらなる脱皮と飛躍が図られたのであった。

そもそも、わたしと興風談所の諸師との結びつきは、安房妙本寺調査・千葉県の歴史編纂・「日蓮聖人の世界展」を通じて、特に坂井法暲《ほうよう》師から種々万端にわたる日蓮・日蓮宗に関する御教示を頂くことから始まった。わたしの安房妙本寺研究は鎌倉日誠《にちじょう》師のお導きと坂井師らの御教示の賜物と存じており、その感謝の意を込めこれまで二回程岡山の興風談所をお訪ねしたことがあった。その都度、その場にたって、岡山市内とはいえ、いまなお農村の雰囲気の色濃く残る世界から発信する学問力と信心力に驚嘆したものであった。

㈢

そして、今年（二〇〇七年）の興風談所の定例勉強会が六月二十九日・三十日両日に行われるというので、参加させて頂きかつ研究発表をさせて頂くことにした。とてもその道の専門家を前にして発表出来るものではないと知りつつ、日蓮遺文（御書）の理解が少しでも深まればと思い決心した次第である。発表題名は、「上総藻原寺の成立と展開―特に（弘安五年）九月十九日付波木井《はぎい》実長宛日蓮書状を通じて―」であった。これは、昨年（二〇〇六年）の十二月二日に第3回千葉城郭研究会セミナーで講演した「上総藻原郷・二宮庄・藻原寺の中世的展開―寺院・都市・城郭―」の第一章を再構成したものであった。※常在山藻原寺《そうげんじ》（千葉県茂原市元山）は、日蓮本弟子（六老僧）の一人日向《にこう》を開山とする身延門流の本山格の有力寺院（東身延とされる）である。承知の様に、日向は、日興の身延離山をもたらす原因の一端を作った人物である。

藻原寺の研究は、これまで富士門流の安房妙本寺しか知らなかった小生にとって未知なる領域であると同時に総合的に日蓮・日蓮宗を学ぶ機会となった。茂原は地域全体が一円皆法華といった世界で、今なおそれが色濃く残っている。特に京都で天文年代に法華問答を行ったという松本新左衛門久吉を生んだ世界である（今谷明『天文法華の乱』平凡社、一九八九年一月）。現地調査を重ねる一方で、なんといっても日蓮最後の御書に名前がみえる「かづさのもばら殿」の実像を知りたく思っていた。そこで山上弘道・坂井両師から直接御書理解の基礎を教えて頂き、そのうえで発表に臨んだ。

そもそも、自分がこうした場で研究発表をするなどとは、つい数年前までは想像さえ出来なかったことである。今回は、日蓮・日蓮宗に造詣の深い石附敏幸氏も参加された。お陰様で興風談所所長池田令道師以下総勢四十五名に及ぶ参加者の前で発表出来たばかりでなく、質疑応答のなかで池田師・菅野《かんの》憲道師などから貴重な御意見を頂くことが出来た。仏恩と思い厚く感謝する次第である。普通の歴史関係の研究会では得られない充実感を味わうことが出来た。如何に信仰と学問が不即不離の関係にあるかを知った。

興風談所での研究発表は、小生を含めて八本であった。小生は、翌日の鳥取行きの予定があり1日目しか参加出来なかったが、渡辺信朝《しんちょう》「安然仮託『要決法華知謗法論』の考察」・坂井法曄「京都妙顕寺における偽書の生成―日像上人とその関係文書について―」・山上弘道「日興上人抄録『唱法華題目抄』について」を拝聴し、多くを学ぶことが出来た。特に坂井報告の京都妙顕寺の日像・朗源に関わる史料批判は舌鋒鋭く学ぶべき点が極めて多かった。「護良親王令旨《りょうじ》」・「後醍醐天皇綸旨《りんじ》」には、兼ねてから思うところがあったので、妙顕寺創建自体、再検討の必要性を改めて痛感した。

こうした史料批判が「信仰」上の問題とは別個に自由になされていることに、この勉強会の意義を再確認した。真理の前にのみ屈するという大原則の堅持である。拝聴出来なかった2日目の菅原関道・池田令道・菅野憲道・簗瀬明道諸師の報告の一部は、本誌『興風』十九号に掲載されているので、改めて学びたいと思う。わたしも、ここで得られた成果を盛り込んだ研究を後日発表したいと思っている。調査・研究・発表というスタイルを経た学問的成果がさまざまな媒介物を通じて公表され、世間の共有財産となって行くものと確信するからである。

なお、参加の四十五名の方々は、興風談所のこうした学風を学び各地に戻ってその学風を広められようとされておられる方々である。まさに同学の士である。中世の談所と呼ばれるものは、さまざまな宗派・門流を超越したものではなかったかと想像する。近世に入り、特定の宗派・門流を中心とする壇林が成立し、さらに近代になって檀林から大学に変わるなかで、枠組み・組織体が優先され、人の交流も学問の交流も宗学という世界に閉じこめられてしまった。そうした積年の付けが現在の宗学の閉塞状況をもたらしているかと思われた。いま一度、宗学の枠を越えた人と学問の交流が行われることを願わざるをえなかった。それに耐えうる地道な研究がこうした興風談所や日蓮仏教研究所などによって担われていることに、将来の光明をみた思いがした。真夏を思わせるあの暑さのなかでの勉強会終了後の慰労会には、さわやかな喉の潤いを感じ、往昔の夏下居《げあんご》の後を想起した。

㈣

興風談所での慰労会を終えて、岡山空港の近くのホテルに泊まり、翌日早々に鳥取県鳥取市に向かった。ＪＲ岡山駅から特急スーパーいなば1号に乗車して約一時間四十分でＪＲ鳥取駅に着いた。生まれて初めての山陰・因幡の地である。その通過点周辺には、中世の時代を彩った名だたる荘園の世界や南北朝時代の赤松円心（則村）の活躍した白旗城などが遠望された。また鳥取県に入ると、智頭《ちず》駅があった。この智頭《ちづ》町には、鎌倉時代末期に下総東《とうの》弥六郎盛義の所領としてみえる「因幡国千土《ちは》師《じ》郷」（鳥取県智頭町字土師《はじ》）が存在した。房総との深い縁を感じた。

ＪＲ鳥取駅には、旧ゼミ生で現在鳥取県庁に勤務し新鳥取県史編纂委員の倉恒康一氏が待っていてくれた。この因幡訪問には、積年の二つの目的があった。それは、房総と縁の深い二人の人物の関係地調査である。一つは沙弥常忍《じょうにん》＝富木《とき》五郎入道（後の日常）の故郷調査であり、もう一つは安房里見氏最後の当主忠義終焉地の調査である。後者については、川名登『房総里見氏一族』（新人物往来社、一九八三年十一月）に昭和三十年代末期から四十年代初頭に掛けての現状報告があるが、四十年以上の歳月が流れており、改めて現状を纏める必要があるので、ここでは、特に前者に限って述べたい。

㈤

富木（土木・富城ともみえる）常忍が日蓮の外護者として大きな功績を残し、かつ法華寺を創建し、現在の中山法華経寺（市川市中山）の基礎を築いたことは、周知の事実である。また富木氏の名字の地が因幡富木郷（鳥取県鳥取市国府町）に存在したことも、比較的周知の事柄であろう。ただ日蓮・日蓮宗の研究者でも、この地を直接訪ねた人はそれ程多くはないのではなかろうか。この富木氏と因幡富木郷の関係については、後述の通り従来日蓮の本弟子（六老僧）の一人日興段階以降に「因幡国富城五郎入道日常」・「因幡国富城荘ノ本主今常忍、下総国五郎入道日常」（『日興上人全集』興風談所、一九九六年三月）などと見えるにすぎなかった。それが中尾堯氏によって中山法華経寺所蔵「日蓮遺文紙背《しはい》文書」（『中山法華経寺史料』吉川弘文館、一九六八年一〇月）の一通として沙弥常忍申状（以下、本文書と略す）が全面的に紹介されるに至り、改めて注目されたのであった。

というのは、本文書は、後述の通り富木常忍自身が因幡との関連のことを語っているからである。それ故、本文書は、富木氏の出自を語る時には必ず引用されてきた。比較的早い段階に本文書を検討した『市川市史第二巻古代・中世・近世』（一九七四年三月、西垣晴次氏執筆分）は、富木常忍が千葉氏に仕える「事務官僚」と規定したうえで「富木氏は常忍より以前、富城中太入道蓮忍の時代に、因幡の在庁官人から下総の守護千葉氏のもとで事務を処理するために関東に移住してきたものであろう」とされ、もとは在庁官人＝国衙《こくが》の役人と推定された。その点は、その後の川添昭二『日蓮と蒙古襲来』（清水書院、一九八四年九月）・『日蓮とその時代』（山喜房《さんきぼう》佛書林、一九九九年三月）で「富木氏は因幡国富城郷の郷司の流れを引き、因幡国の国衙―郡衙の支配機構に連なる家柄の出身」とより具体化されたのであった。なお、富木氏関係の日蓮遺文は、『市川市史第五巻史料古代・中世』（吉川弘文館、一九七三年三月）や『千葉県の歴史資料編中世5（県外文書2・記録典籍）』（二〇〇五年三月）に掲載されている。

そして、本文書を広く一般に周知せしめたのは、石井進『中世を読み解く―古文書入門―』（東京大学出版会、一九九〇年十一月）であった。そこに一項目「譲られる下人―沙弥常忍申状」が立てられたのであった。石井氏は、『千葉県の歴史資料編中世2（県内文書1）』（一九九七年三月）でも、本文書を「因幡から下総に移住した武士の訴え」として解説を加えられている。そこで、本文書を改めて一見すると、「因幡国一宮公文元富」「建長二年比、自富城中太入道〈法名蓮忍〉之手、常忍所譲得之也」「蓮忍令居住于関東之後」などの注目すべき文言が並ぶ。石井氏は、そこから、富木氏は因幡富木郷の出身者で、本姓は中原、名字が富木で、富木郷を支配した有力な武士であると同時に近接する国府の役人であった可能性が高いこと、すでに父と思しき「富城中太入道〈法名蓮忍〉」の時代に千葉氏に従って関東に移住してきたこと、千葉にあってもその延長上に在地領主というよりも主人千葉氏に一種の書記役あるいは裁判官役の様な官僚として仕えたこと、などを再確認された。

すなわち、富木氏は、因幡富木郷を名字の地とする氏族で、法名蓮忍（実名不詳）以前に遡る歴史を有する存在であった。それが、蓮忍は妻（建治二年〔一二七六〕二月下旬に九十歳を越えて死去）と子息常忍（建保四年〔一二一六〕～正安元年〔一二九九〕。ただその生年の根拠は不明である）らを引き連れて下総に移住してきたのであった。その時期は、因幡を故地と記す宝治二年（一二四八）六月二日付法橋長専・ぬきな局連署陳状案以前なこと以上には不明である。その意味では、承久の乱の前か後かも確定出来ない。ただ後述の様に建長二年（一二五〇）頃に父蓮忍が常忍に譲状を与えていることや常忍の母と日蓮（貞応元年〔一二二二〕～弘安五年〔一二八二〕十月十三日）との「むかし」からの関係などを考えると、十三世紀前半の早い頃には移住してきていたと思われるのである。

なお、髙木豊『日蓮とその門弟　宗教社会史的研究』（弘文堂、一九六五年四月）などによって、その富木氏の前史を示すものとして注目されたのが、建長二年（一二五〇）三月一日付閑院殿造営雑掌目録（『吾妻鏡』）の「土岐左衛門跡」の記載である。ただこの人物は『吾妻鏡人名索引』（吉川弘文館、一九七一年三月）も「土岐光行」に比定する通り、「因幡国」の富木氏の可能性はない。すでに克服された議論と思われる。またその後の建治元年（一二七五）五月日付六条八幡宮造営注文写（「田中穣氏旧蔵典籍古文書」）には、因幡分の記載がなく、その存否自体が不明である。

その他、本文書が富木常忍の自筆の「日付のない訴陳状」（笠松宏至『日本中世法史論』東京大学出版会、一九七九年三月）とすれば、本文書が「のこった」紙背文書として伝存した理由としては、①一旦提出した原本が手元に戻った、②そもそも提出されずに残された、③原本は提出され、本文書はその控え＝案文である、などが考えられるが、その点に関して、石井氏は、「この文書は一種の控え、あるいは下書きである」とされ、③説を取られている。それからすれば、正確には沙弥常忍申状案とすべきであるが、先学に従って沙弥常忍申状と表記した。

㈥

そして、最大の問題は、その時期と同様に父蓮忍が下総に移住してきた理由である。名字の地の権益や所従などを残してのことであり、その決断は相当のものであったと思われる。地頭職補任での新天地赴任とは、いささか事情が異なるからである。その理由と考えられるのが、すでに因幡において千葉氏との関係が生じ、その縁で千葉氏の本拠地下総に移住し千葉氏に仕えたのではないかということ、またそこには一貫して事務官僚という専門職能を通じた結びつきであったのではないかということ、である。その点、最新刊『千葉県の歴史通史編中世』（二〇〇七年三月、湯浅治久氏執筆分）は、「富木氏の出自を因幡国の国府関係の文筆を業とする役人の家と考えて誤りないであろう。おそらく富木家は、その手腕を買われて千葉氏に見いだされ下総国にやって来」たとされ、下総移住以前に何らかの関係があったと推定されている。

ただ残念ながら因幡での千葉氏及びその一族のこの前後の痕跡はまったく確認されていないのである。因幡守護も鎌倉時代最末期の海老名左衛門五郎維則（『千葉県の歴史資料編中世4（県外文書1）』二〇〇三年三月。六八五頁）が確認されるにすぎない（佐藤進一『増訂鎌倉幕府守護制度の研究—諸国守護沿革考証編—』東京大学出版会、一九七一年六月）。それ故、両者（或いは第三者を通じて）が因幡（或いは他地域）ですでに専門職能を通じて密接な関係にあったとする確証はない。

もちろん、千葉氏及びその一族が伊賀・肥前・豊前・薩摩・大隅・越中などの畿内・西国で広範囲に諸職を得ていたことは事実であり、その関係で特定の人物が移住したのも事実である。例えば、肥前高木氏系国分季行は、千葉氏との所縁で下総に移住している（湯浅治久「『御家人経済』の展開と地域経済圏の成立―千葉氏を事例として―」『中世都市研究』十一号、二〇〇五年九月）。その意味では、因幡との関係が何らかの形で存在した可能性は否定出来ない。また姻戚関係でどこかで繋がっていたこともありうる。先述の通り「因幡国千土師郷」に下総東弥六郎盛義＝千葉氏一族が権益を持っており、千葉氏及びその一族とまったく無縁な国ではなかったからである。これも、それが何時まで遡れるかが問題であるが。なお、この「因幡国千土師郷」の中世的展開については、『鳥取県史第2巻中世』（一九七三年三月）に詳しい。「百姓等起請文」の存在など、興味が尽きない。

ただこの富木氏の下総移住の問題は、富木氏と千葉氏の個別問題として考えては十分な究明が出来ないのではないかと思う。というのは、富木氏同様に下総在住・千葉氏被官・初期の日蓮門徒・本妙寺創建という来歴を持つ大田氏も、下総中山出自説もさることながら越中太田保の在庁官人系氏族と考えられるからである（久保尚文『越中における中世信仰史の展開』桂書房、一九八四年一〇月）。富木氏同様に何らかの事情で下総に移住したと思われる。先述の建長二年三月一日付閑院殿造営雑掌目録には「越中大田次郎左衛門尉」とみえ、また建治元年五月日付六条八幡宮造営注文には越中で唯一人大田左衛門入道跡（一〇貫文）がみえる通りである。富木氏と因幡の関係以上に大田氏と越中のそれは、さまざまな痕跡を残している。日蓮が大田・曾谷《そや》両氏の越中所領内とその周辺寺院に存在する聖教類に注目し、その面で造詣の深い日頂（富木常忍の子息）と大進阿闍梨を派遣したのは、その蒐集とも考えられるという（坂井法曄「金沢北条氏に関する日蓮の記録」『興風』十八号、二〇〇六年十二月)。その越中と千葉氏の関係でいえば、千葉氏一族椎名《しいな》氏が越中守護名越氏との関係で承久の乱後に越中国内に所領をえたという。下総曾谷氏（教信）や南条氏も同様であった（久保『越中における中世信仰史の展開』)。

こうした一連の動きのなかで、大田氏の下総移住がなされたのではなかろうか。その確証はないにもかかわらず、富木常忍の最初の妻が大田乗明《じょうみょう》の姉という説が生まれたり、また富木常忍から法華寺を譲られた日高が大田乗明の子息と称されたことなどは、両者の密接な関係から生まれたものであろう。その両者の位置は、富木氏の法華寺と大田氏の本妙寺が戦国時代に合体して、現在の中山法華経寺となったことに象徴される。

そして、両者が下総移住以前から関係があったのか否かも注目される。その点、例えば、建長八年（一二五六）六月五日付関東御教書案（「山城八坂神社文書」『鎌倉遺文』八〇〇三号及び関連文書に同八〇〇四号がある）の宛名人富来武者入道の存在である。富来＝富木なことは、後述の史料に「法美郡富来」とみえる通りであり、久保尚文氏が「日蓮の有力檀越たる富木常忍その人である可能性が高い」（『越中における中世信仰史の展開』）とされた人物である。富来武者入道は、越中堀江庄内三ケ村が荘園領主山城感神院と地頭名越氏（地頭代は相模出身の土肥氏）の間で下地中分化された際、長井斎藤左近将監とともに牓示《ぼうじ》打ちを命ぜられたのである。長井斎藤左近将監は幕府の要職を歴任した大江広元流長井氏と思われ、幕府から職務遂行を命ぜられたものと思われる。

それでは、富来武者入道は如何であろうか。当時常忍は下総に在住し「富木入道」とか「富木五郎入道」などと呼ばれているので、同人の可能性は低いが、その一族とか越中とかの関係を示すものとなれば、富木氏の族的性格や大田氏との接点を示唆するものとして注目されることになる。その点、さまざまな解釈が想定される。例えば、越中の氏族、しかもこの富来苑の「正文《しょうもん》」が公家方に保管されていたことなどから、在庁官人の可能性である。ただ越中には地名「富来」や氏族富来氏の存在は、現在確認出来ないのである。もう一つは、隣国加賀で中世以来富来院・地頭富来氏、旧富来《とぎ》町（現志賀町）などが確認される事実である（『日本地名大辞典17石川県』角川書店、一九八一年七月）。この富来は古代の荒木の荒を嘉字の富に改めたものといわれる。その一族が長井斎藤左近将監と同様に職遂行を命じられた可能性も、否定出来ない。その意味で、注目の富来武者入道が越中の人物とはなお断定出来ないし、因幡の富木氏との関係も否定的なのである。当然ながら大田氏との関係は不明ということになる。

ただ越中と因幡の関係は、それを繋ぐ人の動きがあったこと自体は否定出来ないと思われる。越中守護名越氏（朝時）は、日本海側の加賀・能登・越中・越後の守護であった。またこの前後、ほぼ若狭・伯耆は北条氏、但馬は太田氏、丹後は長井氏かといわれており、日本海側諸国の守護はほぼ北条氏系であった。因幡も、確証はないが、その可能性は高いと思われる。それと、もう一つは、その実態は如何としても因幡国司─在庁官人の推移である。その点、先述の大江広元流には因幡守となった人物がそれなりに確認され、特に六波羅探題評定衆を務めた長井泰重以下は幕末までに三人が因幡守となっていたことが知られる（細川重男『鎌倉政権得宗専制論』吉川弘文館、二〇〇〇年一月）。越中の牓示打ちに長井斎藤左近将監が特定されて派遣されたのも、越中との何らかの関係が存在してのことであろう。

以上、因幡と越中は、鎌倉の幕府・京都の六波羅探題を通じて守護・国司のみならず多様な人事の面で密接な関係＝交流があったことが十分想定された。それからすれば、大田氏と富木氏は下総以前から何らかの関係があってもおかしくない。結果的に富木氏と大田氏は因幡からまた越中から下総に移住したのであった。千葉氏との接点は、いまのところ越中では椎名氏、因幡では東氏が存在するだけであるが、それらを包み込んだ多様な人的・地域的ネットワークのなかでの移住であったことは間違いない。地頭のみならず在庁官人の移動も広範囲に行われていたことを十分注意すべきと思われる。富木氏も大田氏も在庁官人であったのであるから。

㈦

ところで、移住に際して氏族の専門職能が重要な役割を果たしたのか否かも問題であろう。富木氏の事務官僚としての側面は注目されているが、その点、大田氏は如何であろうか。同じ在庁官人系氏族であったし、「富木・曾谷氏とともに、他の檀越に比べてかなりの識字能力と教養をもっていた」（宮崎英修編『日蓮辞典』東京堂出版、一九七八年七月）とされる以上、その点でも共通するかにみえる。ただ富木氏の様に裁判・訴訟に関わったという事態は知られていない。その点は、富木氏には関係文書が残され、大田氏には残らなかったという史料の残存性も考慮すべきではないかと思われる。

またやはり事務官僚として活躍した越前法橋長専もどこから移住してきたのであろうか。その出自に関しては石井進氏の仮説＝「貫名氏の関係者」説もあるが、富木・大田両氏同様在庁官人系氏族の可能性はないのか。「越前」の名乗りに意味がないのかなど、今後の残された課題である。

それにしても、富木氏にしろ、大田氏にしろ、『市川市史第二巻古代・中世・近世』が表示した様に日蓮への毎年定期的な寄進、その中心たる銭寄進の存在は、その地域性（甲斐身延と下総中山・相模鎌倉）に多分に規定されたものとはいえ、その経済力の質をある程度想像せしめようか。これを在地性の希薄な事務官僚としての枠内の所為とみるか、それともそれを越えた生業の果実とみるかで評価が異なろう。当時千葉氏が鎌倉・下総・九州などの「御家人経済」圏でさまざまな経済状況に直面し、鎌倉でまた下総でその処理に当たった富木氏自身がそうした経済動向とまったく無縁であったのか否かは検討の余地があろう（湯浅治久「鎌倉中期における千葉氏の経済構造に関する一考察―『日蓮遺文紙背文書』の借上を中心に―」『千葉県史研究』十一号別冊、二〇〇三年三月）。事実大田氏は日蓮から「大檀那」と呼ばれており、富木氏以上の経済力が指摘されている。確かに日蓮に銭十貫や銅銭二千枚（二十貫文）を一度に寄進している事実は、注目される。

いずれにせよ、因幡富木氏は、蓮忍の時代に下総に移住したのであった。千葉氏との主従関係を通じて下総八幡庄内若宮に屋敷と土地をえた。そのうえでさまざまな生産活動が予想されたのであった。その主要な役割として、千葉氏の事務官僚として大活躍し、さらに日蓮と邂逅《かいごう》しその名を歴史に残したのであった。

（八）

ところで、常忍は、建長二年（一二五〇）頃に父蓮忍から譲状をえたという。生年の通説に従えば当時三十五歳ということになり、当時としては比較的遅い家督相続といえる。それ以前は、蓮忍が家督であったことになる。先の宝治二年六月二日付法橋長専・ぬきな局連署陳状案の時代は、正式には蓮忍の時代であったのである。常忍が日蓮に帰依するのは、中尾堯『日蓮真蹟遺文と寺院文書』（吉川弘文館、二〇〇二年三月）によれば、出家したとされる建長五年十二月中・下旬のことであったという。とすれば、「沙弥常忍」の名乗りのある本文書は、それ以降ということになる。その当時、父「富城中太入道〈法名蓮忍〉」は健在であったのである。

問題は、この父蓮忍及びその周辺の歴史的位置づけである。父蓮忍と日蓮の接点の有無である。「常忍が聖人と出会ったころ、すでに父は死去し、母のみ健在であった」（北川前肇『書簡からみた日蓮』日本放送出版協会、二〇〇五年四月）と断定しうるかである。その妻は、日蓮をして「むかしハことにわひしく候し時より、やしなわれまいらせて候」（富城殿女房尼御前御書）語らしめた女人である。その遺骨が子息常忍によって身延に納められる程であった。川添氏は、特にその母と日蓮の早い段階（幼少―修学時代）からの関係に注目された。その点、法橋長専・ぬきな局と富木氏が密接な関係にあったことは間違いないし、またその法橋長専・ぬきな局がともに「貫名氏の関係者」（石井氏説）とすれば、日蓮との繋がりも想定されてくる（中尾堯『日蓮』吉川弘文館、二〇〇一年十一月）。母の日蓮への作善を可能にした背後に蓮忍の姿はなかったであろうか。また常忍が関東で娶った妻も、その婦徳を日蓮から称賛された女人であった。常忍の母も妻も、篤信者であったのである。すなわち、富木氏全体として日蓮と深い関係にあった様に思えるのである。父蓮忍は無縁な存在であったのであろうか。或いは、日蓮―蓮忍に通ずる「蓮」になにかしらの意味があったのであろうか。常忍と日蓮の出会い（鎌倉・市川・浦安説などあり）が如何なる形にせよ、その前後に複雑な人間関係が介在していたかにみえる。常忍が建長五年十二月に下総守護所付近で日蓮と偶然出会い信者となったといわれる程、単純なものとは考え難いのである。常忍の自署のある日蓮初期の注釈書「五輪九字明秘密義釈」の存在などが改めて注目される所以である（川添『日蓮とその時代』）。確かに日蓮遺文には、蓮忍のことは追憶としてもまったく登場しないが、日蓮と富木氏の邂逅が蓮忍死去以前である可能性は皆無ではなく、そのことも十分考慮に入れるべきであると思うのである。そうした蓮忍の存在が注目されるとすれば、それは、蓮忍の下総移住の理由と背景が改めて問われることになろう。

なお、常忍にとって因幡から下総への移住は、それほど昔のことではなかった。両親の時代であり、自分も年少の頃の記憶にある時代であった。先の法橋長専・ぬきな局連署陳状案に「そよぐ稲葉（因幡）の風ぞ涼しき」と富木氏の宛名が和歌の一節に読み込まれる程の身近なものであった。また常忍が日蓮本弟子（六老僧）の一人日興から「因幡国富城五郎入道日常息寂仙房」「因幡国富城五郎入道息伊予阿闍梨日頂舎弟寂仙房」「因幡国富城寂仙房日澄母尼」「因幡国富城荘ノ本主今常忍、下総国五郎入道日常」という形で「因幡国富城」と呼ばれていたことにも窺われる（『日興上人全集』）。それ故に因幡に残してきた所従三郎男・同五郎丸らが近隣の有力者一宮公文元富に取り込まれるという事態が起こり、訴訟となったのである。本文書は、その際のものであった。

(九)

それでは、因幡での故地とは如何なる地であったろうか。本文書にみえる「因幡国一宮」とは、現在の宇倍《うべ》神社（鳥取市国府町宮下六五一。写真1）である。現在は、戦前の紙幣に武内宿禰《たけのうちすくね》が掲載されたことで商売繁盛の神様と喧伝されている。その歴史については、『中世諸国一宮制の基礎的研究』（岩田書院、二〇〇〇年二月）の「因幡国」（錦織勤氏執筆分）や『日本地名大辞典31鳥取県』（角川書店、一九八二年十二月）・『日本歴史地名大系第三二巻鳥取県の地名』（平凡社、一九九二年十月）にその紹介がある。それらによれば、孝徳天皇の大化四年（六四八）の

写真1：宇倍神社

創建で武内宿禰を祭神とし、延喜式で因幡国唯一の名神大社という、歴史と由緒を誇る大社である。残念ながら中世文書は、度重なる戦乱のなかで失われて残存しない。中世には、因幡の一宮として存在し、因幡国衙の在庁官人の精神的紐帯であったという。当時存在した政所—公文なる組織の実体は在庁官人であり、かれらはまた国衙領の領主であった。所従をめぐる富木氏と公文元富の相論は、ともに共通する生活圏にあったからこそ起こりえた事態であった。

この宇倍神社の南の眼下に国府跡・国分（尼）寺・庁地域などがみえる。また近接する町屋の甑《こしき》山《やま》城は、鎌倉時代の因幡守護所ではなかったかと推定されている（『日本地名大辞典31鳥取県』）。この地域一帯が中世前期の政治と宗教の中枢部であったことは、間違いない（地図を参照）。富木常忍が本文書を申状として提出したのは、その甑山城の守護ではなかったろうか。特定の周知な人物に提出されたに違いない。下総から元同僚・元関係者と連絡を取りつつ内々訴えたにもかかわらず、埒《らち》があからず、ついに守護に訴えたのであった。内々にせよ、公的にせよ、相当な経費を要したと思われ、それを可能にする経済力があったのである。その点は、先述の日蓮への寄進の在り方とも関係しよう。果たして所従三郎男・同五郎丸らの所属をめぐる問題だけであったのか、或いはその背後に残してきた本貫地支配（領主制支配）に関わる何らかの事情が存在したのかは不明であるが、訴訟の負担に代えられないものが存在したと想定される。

(十)

ところで、富木氏の名字の地・富木郷はどこであろうか。「富木郷」という地名自体の初見は、貞和六年(一三五〇)十二月二十五日付友枝孫次郎宗高并一族十二人中宛足利直冬充行状案(「豊後余瀬文書」)にみえる「因幡国富木郷〈矢部平次左衛門尉跡土貢参百貫文〉、同国日置郷〈山内彦次郎(跡脱カ)土貢五百貫(文脱カ)〉地頭職」である。ただ『日本地名大辞典31鳥取県』によれば、平安時代の「罵城郷」は法美郡六郷の一つで、「袋川上流域で大草郷の下流側」といわれ、また近世の「登儀郷」は「谷・岡益・清水・神垣・山根・新井・吉野・中河原の8か村」といわれ、そして近代の「登儀村」は「新井・吉野・松尾・中河原・山崎・殿・神護の7か村」といわれる。現在は、すべて鳥取市国府町に属している。その意味で、現在「とき」(「とぎ」)は行政地名としても、小字名としても、消滅した。すべて過去の事柄となった。

この様に時代とともに領域は変化しているが、ほぼこの地域を貫流する袋川を挟んで発展した谷・岡益から山崎辺りまでが最大限とみられる。中世の「富木郷」も、ほぼこの範囲ではなかろうか。とすれば、宇倍神社・国府・国分寺・庁・町屋などの政治と宗教の中枢部に隣接する地域ということになる(地図を参照)。当時国衙領=一宮神領=「富木郷」として存立し、それらを支える人と物の基盤であったに違いない。それは、富木氏が名字の地としたり、また南北朝時代に「因幡国富木郷〈矢部平次左衛門尉跡土貢参百貫文〉」とみえたりするなど、所領安堵・充行の対象地として成り立ちうる大地であった。

この地域の近世から近代に掛けての政治・経済の中心地は、中河原であった。中河原は、地形的に殿・神護・栃本・木原方面と山崎・荒舟方面に分かれる分岐点にあり、交通上の要地であった。それは、中世に遡る可能性もある。中河原の道路に面した一郭（入川氏敷地内）に「五輪様」（十五世紀～十六世紀にかけてのものか。小高春雄氏の御教示）と尊称される石塔群（写真2）が存在する。こうした中世の時代の威信財を生み出す人的世界が確かに存在したのであった。

すなわち、一宮社・国衙・守護所・富木郷は、地域的に密接に結びつく世界であった。そのなかで、本文書の問題は、起こったのである。

㈩

それでは、この相論の結果は不明としても、その後、富木氏と富木郷の関係は如何なったであろうか。富木氏の一族や所領が残存した可能性は越中大田氏の例からも

写真２：「五輪様」

否定出来ないが、その後の富木氏の存在を示すものはない。因幡の富木氏の存在は、その後事実上消滅して行ったというのが現実であったと思われる。

富木郷の名前がその後みえるのは、遙かに降った先述の貞和六年十二月二十五日付友枝孫次郎宗高并一族十二人中宛足利直冬充行状案に「因幡国富木郷〈矢部平次左衛門尉跡土貢参百貫文〉」とみえ、富木郷の領主として矢部平次左衛門尉の名前がみえる。この人物は、貞治二年閏九月十七日付足利直義下知状案（「間島平治郎所蔵文書」）にみえる「使者」「矢部左衛門尉綸綱」ではなかろうか。この矢部綸綱は、この前後に金沢称名寺領「千土師郷」をめぐって登場する「矢部左衛門上（尉）」（「金沢文庫文書」『千葉県の歴史資料編中世4（県外文書1）』七六四頁）であり「千土師事、押領人矢部左衛□□」（「称名寺文書」同上七九三頁）であろう（佐藤進一『室町幕府守護制度の研究下』東京大学出版会、一九八八年十一月）。かれは、室町幕府から寺社領（金沢称名寺領「千土師郷」）の打渡しを命ぜられたにもかかわらず、「彼矢部□御教書四ケ度令違背候（中略）及罪科之御沙汰之由云々」であったという。この件に絡んでは「矢部十郎右衛門尉」の名前もみえ、矢部氏が若桜（八頭《やず》郡若桜《わかさ》町）を中心に智頭・用瀬《もちがせ》方面に勢力を張った国人領主であったことが窺われる。矢部氏は、戦国時代においても活躍する有力氏族であった。

なお、矢部氏は、後に身延山久遠寺日朝の弟子日意が蓮教寺（若桜町若桜）を開いたときの開基と推定されるという。西国きっての日蓮宗寺院（西身延とされる）としての発展に寄与した功績は大きい（『鳥取県史第2巻中世』）。

以上の様に矢部氏がある段階に富木郷の領主になっていたのである。若桜地域を中心とする矢部氏が富木郷を所領としたというのは、何らかの事情があったはずである。この度の件が矢部氏「跡」＝敵対による没収地と解釈すれば、矢部氏が貞和六年前後当知行者であったということになる。充行われた友枝孫次郎宗高并一族十二人中には、「但本主参御方者、可有替沙汰」とあり、「本主」＝矢部平次左衛門尉であったのである。ただこれでもって、矢部氏が富木蓮忍・常忍の後に領主となったとは断定出来ない。富木蓮忍・常忍とこの矢部氏の間に別な氏族がいた可能性が高いと思われる。

さて、矢部氏に代わって富木郷を獲得したのは、この様に友枝孫次郎宗高并一族十二人中であった。「勲功之賞」としての充行であった。当時足利直冬は足利尊氏と対立して中国・九州などで対戦中であった。直冬は、その翌日には伊予国忽那《くつな》氏一族中に感状（「伊予忽那文書」）を与えている。また同日には内藤氏の尾張国浅井郷以下の地頭職を安堵している（「萩藩閥閲録」）。友枝孫次郎宗高并一族十二人中の「勲功」とは、直冬に属して尊氏方と戦ったという意味であった。矢部平次左衛門尉は、尊氏方に属したことになる。直冬は、友枝孫次郎宗高并一族十二人中に合せて因幡国日置郷山内彦次郎（跡）土貢五百貫（文）を与えている。ここでは、山内彦次郎が「本主」であったことになる。

ただこの度の充行がその対象たる友枝孫次郎宗高以下が九州豊前の友枝氏とすれば、それ自体実効性を持っていたか否かははなはだ疑問である。「但」が付く様な戦乱の過程での当座的な充行であった可能性が極めて高いからである。それは、逆に富木郷の実質的運営が在地によって担われていたことを意味し、ここにも新たな地域社会の展開があったことを想起せしめる。

その後は、永禄七年（一五六四）正月十九日に中村鍋法師丸が鳥取城将山名豊数から因幡国八東郡・気多郡内の所領や「法美郡富来之内参町」などを「前々判形之筋目」によって安堵されている（「中村伊曽吉所蔵文書」）。富来＝富木の名前がみえるのは、これがいまのところ最後である。この中村鍋法師丸は、戦死した伊豆守某の子息以外は不明である。「前々判形之筋目」とある様に、それ以前からの所領であったことが窺われる。これも、在地による実質的運営を前提とする支配であったと思われる。

以上、富木郷は、富木氏の下総移住後に事実上その支配権は他人に移り、分かるだけでも、南北朝時代初頭には矢部氏、南北朝時代中頃には友枝氏、戦国時代後期には中村氏、のそれぞれの支配に属したことをみた。ただ友枝氏一族以降は、在地による実質的運営が行われるに至り、支配の在り方が変化したことを見通した。

㈩

ところで、宇倍神社・国府・国分寺・庁・町屋の世界に属する字法花寺（鳥取市国府町）今木山に「日常上人の産湯の井戸」と称される泉が存在する（後述『よみがえる因幡国府』に写真が載る）。常忍がその地で生まれたという伝承である。例えば、高見茂『よみがえる因幡国府』（富士書店、一九九四年一〇月）によれば、常忍は「富木行光の二男・五郎丸は、領主館があったとされる法美郡法華寺で建保四年（一二一六）に生まれた。現在の法花寺集落には、『産湯の井戸』と伝えられる泉があ

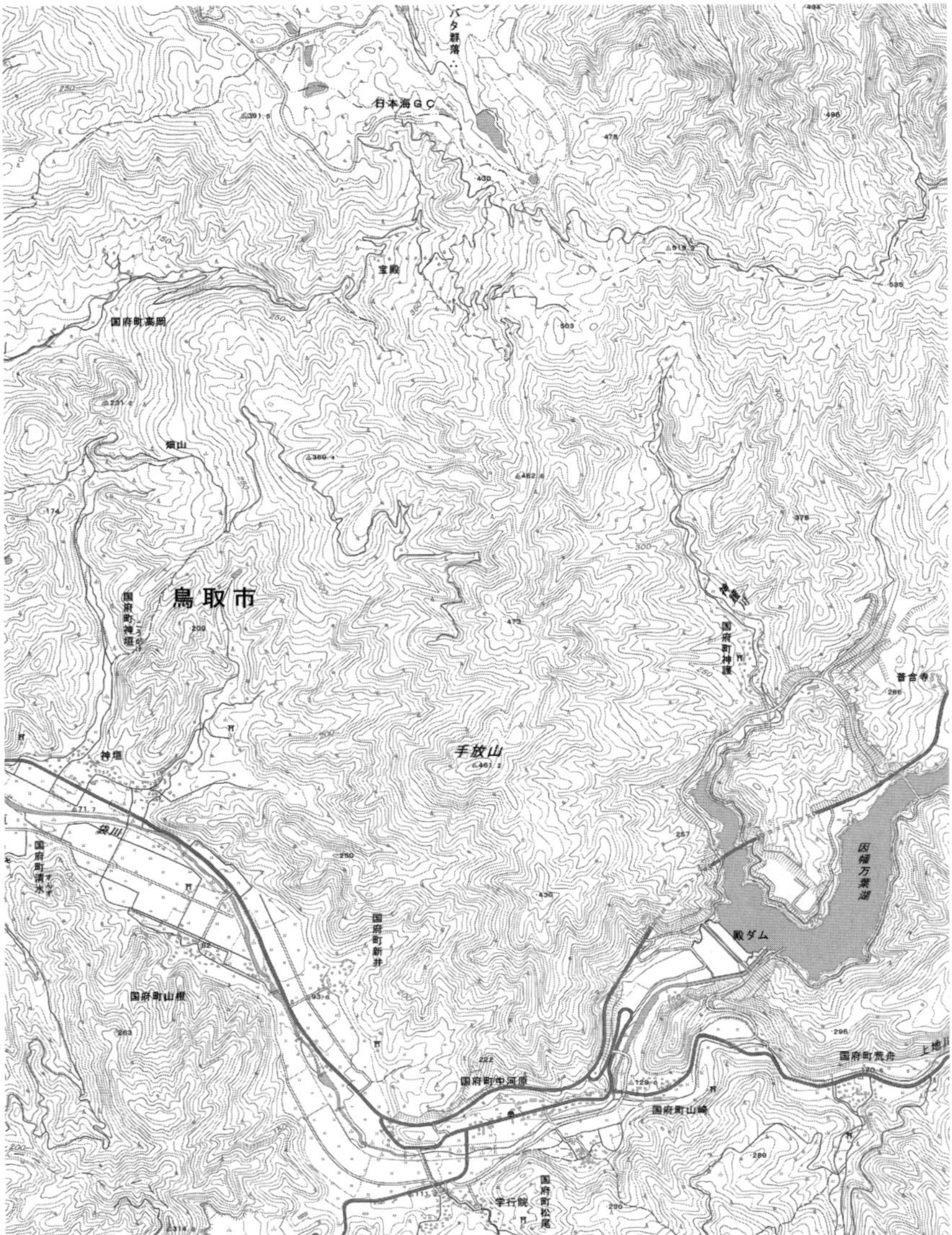

富木郷周辺図（国土地理院　1：25,000地形図「稲葉山」）

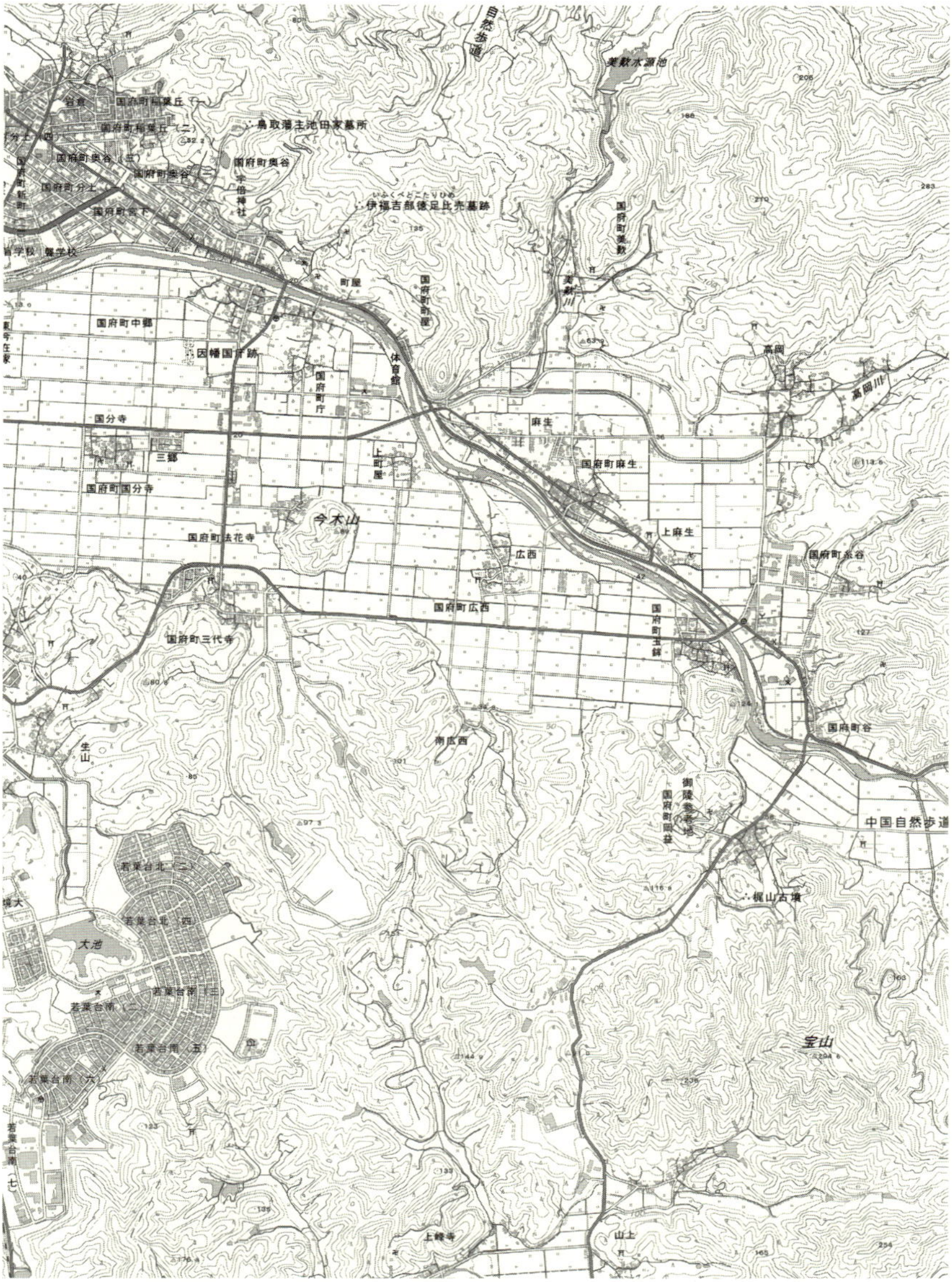
自然歩道
美歎水源池
岩倉
国府町稲葉丘（一）
国府町稲葉丘（二）
鳥取藩主池田家墓所
国府町奥谷（三）
国府町奥谷（二）
国府町奥谷
国府町分上
国府町新町
宇倍神社
伊福吉部徳足比売《いふくべとこたりひめ》墓跡
国府町宮下
国府町美歎
美歎川
町屋
国府町町屋
国府町中郷
因幡国庁跡
体育館
国府町庁
高岡
高岡川
国分寺
麻生
三郷
上町屋
国府町麻生
国府町国分寺
今木山
国府町法花寺
上麻生
広西
国府町糸谷
国府町広西
国府町玉鉾
国府町三代寺
国府町谷
生山
南広西
御陵参考地
国府町岡益
中国自然歩道
若葉台北（二）
梶山古墳
若葉台北（四）
大池
若葉台南（三）
若葉台南（二）
若葉台南（五）
宝山
若葉台南（六）
若葉台南（七）
上峰寺
山上

る。父の行光がどこの生まれかは不明だが、五郎丸は六歳のとき、叔父に連れられて京都に行き、寺に入って修業し、常忍と名乗った。常忍が因幡を離れた事情は不明だが、父の行光が承久三年（一二二一）、後鳥羽上皇の倒幕計画に参加して敗れ、その領地が没収されたためではないか、とする見方がある。常忍は成長すると関東へ向かい、母の実家のある下総国守護の千葉氏に仕えてその重臣となったが、建長五年（一二五三）、浦安で日蓮と出会ってその思想に共鳴し、熱心な信者になった」と記述する。残念ながら、書物の性格上、その史料的裏付けはなされていない。従来の認識と一致する点と不一致の点があるが、興味深い指摘もある。ただこの件については、『日本地名大辞典31鳥取県』の「ほっけじ　法花寺〈国府町〉」にも、ほぼ同様な記述がみられる。

問題は、こうした伝承が如何なる形で生まれたかである。地名法花寺の存在は、過去に日蓮宗寺院が存在した結果ではなく、古代に国分尼寺＝法花寺が存在したことにちなむものという。現に巨大な礎石が掘り出され、その多くは後述の江戸時代に常忍寺創建の際に運び出されたという（『日本歴史地名大系第三二巻鳥取県の地名』。国府町文化財保存協会『万葉の里・因幡国府のふるさとめぐり』）。ここから想定されるのは、常忍の故郷探しが行われ、この地が当時法花寺村であったが故に、当該地に比定され、さらに旱天にも水涸しないという泉が「日常上人の産湯の井戸」とされたのではないかということである。

それこそ、下総の中山法華経寺には、開基・開山富木氏の故郷が因幡富木郷であることは伝承されていたに違いないが、江戸時代中頃の書物（「本化別頭仏祖統記」他）にはその事実が明瞭に記述されており、かなり一般的に周知の事柄となっていたと思われる。江戸時代中頃以降になると、各門流（門家）間で、また各寺院間で、宗祖日蓮の聖跡探し・聖跡めぐりが競って行われる様になり（拙稿「伊豆参詣記―宗祖日蓮の聖跡を訪ねて―」本書第Ⅰ部第五章）、それにともなってさまざまなモノが創出されたり、現地比定が行われたりした。中山法華経寺にとっては、それが富木郷であったのである。その結果、富木郷＝法花寺村に比定され、そこに「日常上人の産湯の井戸」が創出されたり、さまざまな伝承が持ち込まれたりしたのであった。そのうえで、現在鳥取市行徳三―九七七に鷲峯山常忍寺が創建され、両者を繋ぐものとして法花寺村から礎石が運び込まれたのであった。

常忍寺自体は、江戸時代の寛保二年（一七四二）に徳川家康側室お万の方の遺命を継いだと称される日潤（？～宝暦九年〈一七五九〉）が創建したとされるが、そこに開基波木井氏（南部氏）・宗祖日蓮廟所を擁し祖山を誇る身延山久遠寺に対する中山法華経寺の強い思い入れがあったに違いない。当時の行徳村に創建されたのも、或いは中山法華経寺に近い下総行徳村（市川市行徳）に擬せられてのことであろうか。事実上の開山日潤の時期は、中山法華経寺第七十一世の日淳（元禄十一年〈一六九八〉～安永三年〈一七七四〉）の時期にあたる。日淳は、みずから「回国聖師」と称したと伝えられ、その足跡は六十余州に及んだという（『中山法華経寺誌』同朋舎出版、一九八一年一〇月）。日潤と日淳の接点が因幡にあったのではなかろうか。

この常忍寺には、日蓮と富木常忍の真骨・袈裟切と称されるものが伝存するが、創建後の寺の由緒と伝統を整備するなかでの所産であろう。また重文指定の「絹本着色普賢・十羅刹女像」（鎌倉時代後期の作品）の存在も同様であろう。その他、加藤清正の文書も存在するという。なお、同寺の山門前に「日常大聖人誕生地」（写真３）と刻印された石碑が立てられている。

すなわち、法花寺村の伝承と常忍寺は、中山法華経寺の由緒と伝統を語る場として創出された世界であった。それ以上でも以下でもないことを銘記すべきである。確かに中山法華経寺などには、富木常忍＝日常像（江戸時代初期の作）や日常曼荼羅本尊が格護されている。曼荼羅本尊の方は、自筆・形木《かたぎ》を含め京都本法寺・真間弘法寺・多古正覚寺・山口法華寺・佐賀勝妙寺に存在する（中尾編『中山法華経寺史料』）。『日蓮聖人門下歴代大曼荼羅本尊集成』（一九八六年三月）には、中山法華経寺・本法寺所蔵の自筆のものが収録されている。いずれも、日常自筆に間違いな

写真３：常忍寺山門

いとされる。

ただ日常曼荼羅本尊が史料に現れるのは、応永二十四年（一四一七）八月日付日英譲状（「法宣院文書」「本法寺文書」）が初見である。康永三年（一三四四）二月九日付日祐「本尊聖教録」（「中山法華経寺文書」）には、日高曼荼羅本尊の記述はみえるが、日常については「日常御影一鋪」の記述がみえるだけで、曼荼羅本尊に関する記述はみられない。日常曼荼羅本尊が中山法華経寺霊宝目録にみえるのは、遙かに下った寛永九年（一六三二）九月二十四日付の奥書を有する元禄四年（一六九一）十一月二日付の「正中山法花経寺御霊宝之惣目録写」に「一、常師之御骨　壱壺」・「一、常師之御刀一腰」などと並んで「代々先師之曼荼羅」として「一、常師　一幅」とあるのが初見である（『日蓮教学研究所紀要』十四号、一九八七年二月）。この伝来関係を如何に解釈するかは、残された課題である。なお、弘安四年（一二八一）九月日付日蓮曼荼羅本尊の被授与者＝「俗日常」が富木常忍自身か否かは未確定な問題という。

㈩

これまで、六月二十九日～七月一日に及ぶ岡山・鳥取両県にわたる研修で学んだことを岡山の興風談所での勉強会参加と鳥取市の富木郷調査を中心に纏めてみた。今回初めて訪れた富木常忍の故郷富木郷は、原始・古代以来栄えた因幡の中心地の一郭に位置した。そのため古墳・国府・国分（尼）寺・宇倍神社・大伴家持（因幡守）などに関心が集中し、必ずしもその中世的世界については関心が十分及んでいないのも事実である。宇倍神社関係史料が皆無なのも、その原因の一端であろう。富木郷にちなむ地名も消滅し、また圃場整備事業で耕地の様相も一変し、往時を偲ぶ環境が大幅に消えつつある。さらに奥の殿《との》では、ダム建設が行われ、往古よりこの地域全体を潤してきた袋川の水の行く末も案ぜられる状況になってきた。その一方で、特定の意図を持って歴史が歪められまた創造されているのも事実であり、より厳密な調査・研究が急務なことを痛感した次第である。

それにしても、短時間の調査にすぎないものの、富木氏の故郷をこの目で確かめられたのは何よりであった。唯一の関係文書である常忍申状にみえる「一宮」＝宇倍神社とかその周辺の状況をみることで、あの文書の雰囲気の一端を窺うことが出来た。一宮公文元富、所従三郎男・五郎丸、一宮政所などのことを思いながらの調査であった。鬱蒼とした宇倍神社、千年の流れの袋川、袋川と山に沿って走る古道（法美往来）などは、基本的には往古以来の姿を伝えるものと思われ、富木氏の生活圏そのものであったに違いない。

それがである。何故に富木蓮忍一家はこうした父祖以来の名字の地・富木郷を去って下総にわざわざ移住したのであろうか。最初から千葉氏との関係が保証されたものであったのか。結果的には日蓮と邂逅し歴史上に名を残したことを考えると、移住は選択としては正しかったといえるかも知れない。また富木郷のことも、「日蓮遺文紙背文書」の一通として残された結果、貴重な事実が分かったのである。いずれも偶然の賜物であった。この前後のことは、同様な族的性格を有し同様な軌跡を歩んだ越中大田氏などを含めてより広い視点と視野から問い直す必要があることを痛感した。現在のわれわれが想像する以上に中世（鎌倉）の時代に人的・地域的ネットワークが展開し、その間の人と物の移動は、広範囲に行われていたのではなかろうか。そうした一齣であった様に思えるのである。

㈩

この様に今回の研修は、それこそ宗祖日蓮にちなむ世界そのものであった。興風談所においても、富木郷においても、日蓮・日興・日常のお導きで貴重な体験・見聞をすることが出来た。信仰と学問を一体的に感得出来たことは、無上の喜びとするところであった。特にお世話になった興風談所池田令道・山上弘道・坂井法曄諸師、そして二日間にわたって旧富木郷などを御案内頂いた倉恒康一氏に感謝の意を表したい。

（二〇〇七・九・八）

※拙稿「上総藻原郷・二宮庄・藻原寺の中世的展開―寺院・都市・城郭―」（『千葉城郭研究』九号、二〇〇八年一〇月）を参照。

第二章　日向参詣記――安房妙本寺の旧末寺を訪ねて――

(一)

宗祖日蓮の孫弟子日目《にちもく》の弟子日郷を寺祖（開山）とする安房妙本寺の門流は、安房・上総・駿河・伊豆・武蔵・山城・和泉のみならず九州の日向にも教線を大いに広げた（『中世東国日蓮宗寺院の研究』東京大学出版会、二〇〇三年十一月）。九州と安房に跨って展開された希有な門流である。著名な日要も日我《にちが》も日向出身の住職（「上人」）であった。その意味で、安房妙本寺の門流支配の実態を把握するためには、日向における門流の動態的把握が欠かせない。

わたしは、平成七年（一九九五）十月三十一日～十一月三日の千葉県史中世史部会の日向調査に部分的に参加したが、「定善寺文書」の調査などを中心とするもので、現地調査を主とするものではなかった。そこでもう一度関係寺院（旧末寺）の旧跡や現状を確認したいと思っていた。この度その念願が叶い、安房妙本寺学頭鎌倉日誠《にちじょう》師に随伴して日向参詣の旅に出ることができた。以下は、平成十八年（二〇〇六）十月三日から同六日に至る、その参詣の記録である。

(二)

十月三日（火）の午前十一時十五分羽田発宮崎行きの飛行機に搭乗した。約九〇分で到着した。遙か昔の中世の時代、日要・日我以下多くの僧俗が日向と安房を数ヶ月をかけて海路・陸路で往復したことを思いつつ搭乗した。到着して宮崎空港近くでレンタカーに乗り、一路最初の目的地である法華経山上行寺（宮崎市本郷南方四六九六）に向かった。

もともと、上行寺は、日郷が南北朝時代に安房磯村（千葉県鴨川市磯村）に創建した寺院であったが、明治九年（一八七六）頃は遠本寺《おんぽんじ》（鴨川市奈良林）の兼帯寺として様々な内部的事情を抱えていた様である（史料編一）。また明治十七年三月には、遠本寺住職富士日霊が小泉久遠寺転住にともない上行寺の兼務の免除を申請している。

そうした様々な事情を踏まえて明治二十二年五月以前に本永寺住職富士日延・本蓮寺住職薬丸《やくまる》義承（日純）・宮崎町井上利吉らによって設立された「宮崎教会所」（「宮崎町上ノ町」）を引く継ぐ形で宮崎に移転されたものと思われる（上行寺所蔵板曼荼羅本尊・史料編二）。当時の細島《ほそしま》妙国寺（日向市細島三七三）住職福田専貞（日悦）の周旋・尽力と宮崎の檀信徒の「多年之宿望」によってその「移転」が行われたという。

明治二十八年十一月八日に定善寺住職小原堅昭（日仙）と宮崎上行寺檀家総代発起人日高文五郎・井上利吉・矢野貞逸の三名が妙本寺住職富士日霊に「上行寺常什（住）御本尊一幅」の授与を申請し、その際、授与書（脇書）に「当寺中興」者としての福田専貞と檀家代表としての先の三名の名前を記載する様に要請したのであった。妙本寺は、それに対して「直ニ進達」したという（史料編三）。そして、明治三十一年十月六日には、上総天羽郡出身の吉田海全（後の富士日顕）が住職に任命されている（安房妙本寺所蔵「茶之間日記」）。また大正二年（一九一三）頃の住職は、矢野励妙という人物であった。

現在地には、前住職工藤海道の代の昭和四十九年（一九七四）に移されたという。上行寺は戦後一時期大日蓮宗（管長工藤海道）に属したが、現在は身延門流の日蓮宗（総本山身延山久遠寺）に属している。現住職は、京都要法寺（日蓮本宗）出身の工藤海要師である。

そこで、拝見させて頂いたのは、二幅の曼荼羅《まんだら》本尊である。一幅は、新出の日安のもので、文明十七年（一四八五）六月五日に勅一に授与したものである（縦五十三・〇×横三十四・四糎。一枚。写真1）。「日興上人遺弟七十三日安」とみえる。日安は、長享元年（一四八七）七月二十二日に七十五歳で死去しているので、その二年前のものとなる。日安は「老後ニハ仏法三昧也」（日我「当門徒前後案内置文」「定善寺文書」三二）とされ、駿河長窪の円蔵寺（静岡県駿東郡長泉町元長窪）で隠居したとみられてきたが、晩年まで妙本寺にあって「上人」であったかにみえる。被授与者の勅一については、皆目不明である。これまで日安の曼荼羅本尊は安房妙本寺所蔵の三幅しか確認されておらず、その意味では貴重な発見であった。

この日安曼荼羅本尊は、その後に日要から要明坊に授与されているが、その年月日は記されていない。ただその日要の花押形は、後述の細島妙国寺所蔵明応二年（一四九三）の日要曼荼羅本尊のそれ

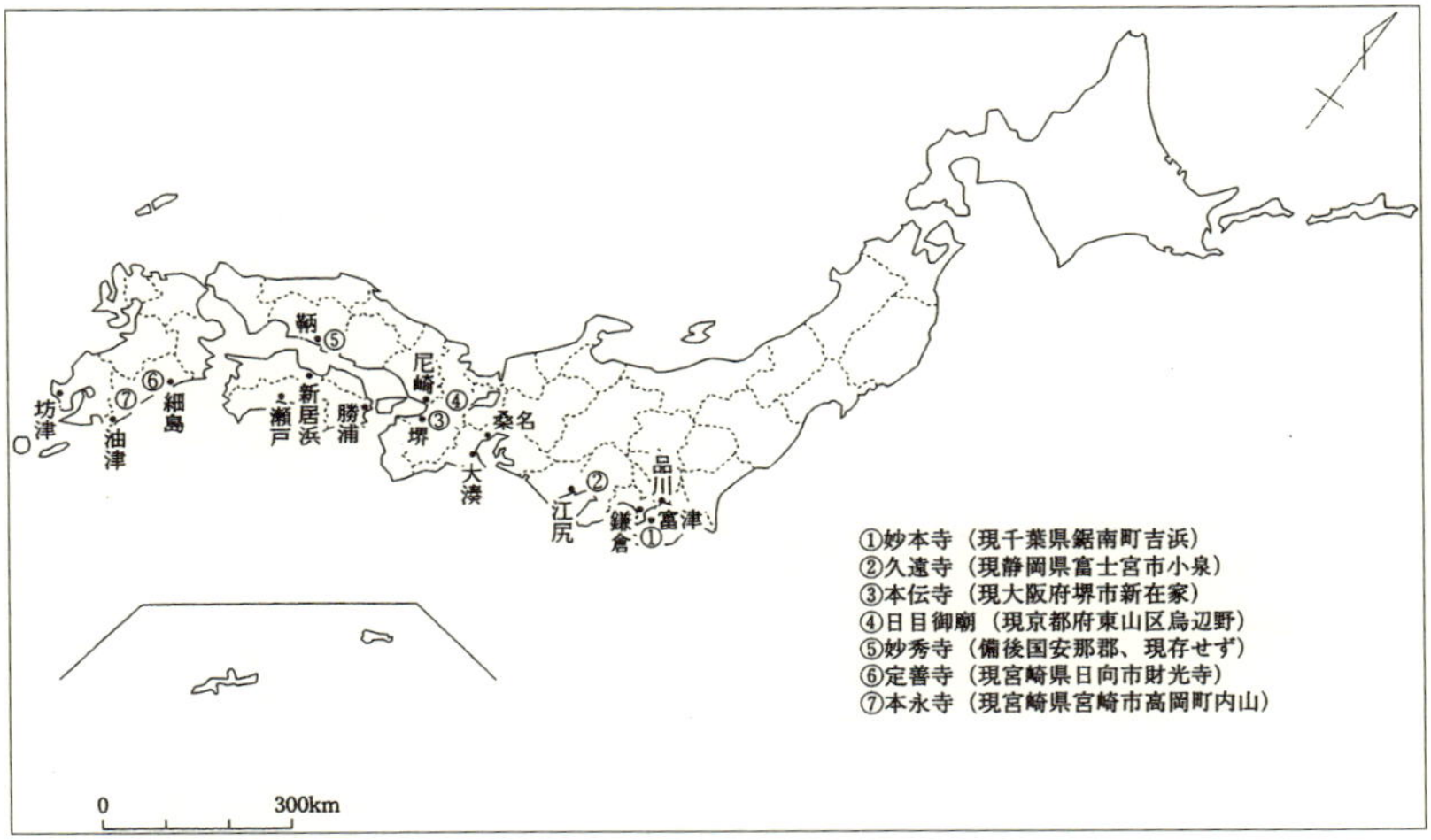

全国関係要図

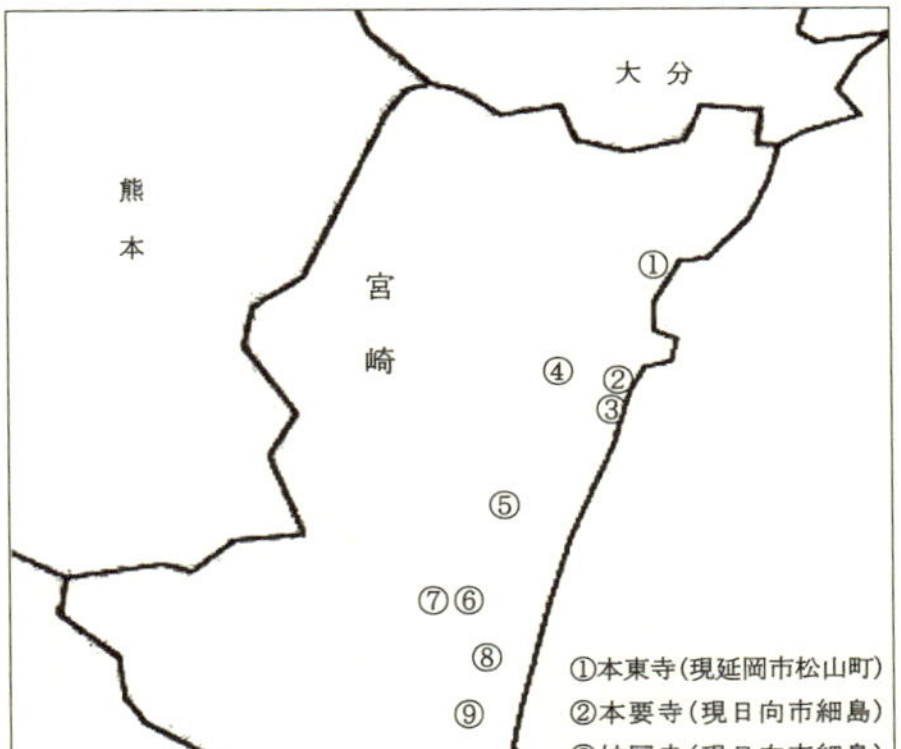

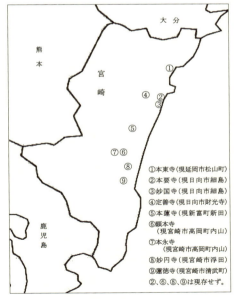

日向関係要図

とは若干異なり、（文亀三年〈一五〇三〉七月十三日付本蓮寺惣光坊（日円）宛日要書状（「妙本寺文書」一三九）のそれに極似している。被授与者の要明坊は、要の一字から日要の弟子にして、「要法寺要明坊」（日我「当門徒前後案内置文」）とみえる人物に違いない。とかく不明なところの多い要法寺（宮崎市広原《ひろばる》・現存せず）関係の貴重な史料となろう。

それにしても、この日安曼荼羅本尊は、上行寺伝来のものではない。裏の貼紙に明治二十五年八月十二日に日高喜代治が娘・姉妹の現世安穏家門繁昌のため現住要俊房専貞に寄附とあるが、現住要俊房専貞とは、先述の明治年代中頃細島の妙国寺住職福田専貞（日悦）のことである。かれは、本東寺（延岡市松山町）の住職福田要行房日詳（覚遠）の父子＝弟子で明治十六年四月七日に「甲州神道問答」（安房妙本寺所蔵）を書写し、また同十八年四月十一日に妙本寺住職山口日勧（文化十四年〈一八一七〉正月一日～明治四十年〈一九〇七〉十月十三日）から要俊房の房号の免許をえた人物である（「茶之間日記」）。

その後、上行寺の宮崎「移転」に尽力し「当寺中興」とまで呼ばれたのであった。妙本寺との関係といい、上行寺との関係といい、もともと上総加藤村笹生《さそう》家出身であったことが大きな背景となっていたと思われる。また寄附した日高喜代治は、細島の有力檀徒で明治二十九年六月十七日に安房妙本寺に登山している（「茶之間日記」）。

そして、もう一幅もやはり新出で、天文十五年（一五四六）十一月十五日に「富士山日目上人遺弟日我」が杲本坊阿闍梨日淳に授与したものである（縦六十・五×横二十八・三糎・一枚。写真2）。

現存の日我曼荼羅本尊では、三番目に古いものとなる。日淳は、日我から永禄四年（一五六一）正月二十二日の学頭坊就任にともない久遠寺・妙本寺惣血脈筋案（「妙本寺文書」一四七）を授与されたと推察される人物である。学頭坊日杲《にちこう》の本永寺・顕本寺系の人物である。この日我曼荼羅本尊も、上行寺伝来のものではない。先の日安曼荼羅本尊と表装が極似しており、或いは同様な軌跡を歩んだ可能性が高い。その意味で、二幅ともある時期に上行寺に属したものと思われる。

その他、上行寺には宗祖日蓮の御影《みえい》（江戸時代後半頃のものか）が存在するが、これももとは後述の妙円寺（宮崎市浮田）にあったものである。妙円寺は明治初年の廃仏毀釈で廃寺となったが、御影だけは旧檀頭谷口久一によって自宅で格護《かくご》され、それが明治二十二年五月十三日に日向巡教中の妙本寺住職富士日霊によって「宮崎教会所」に移されたのであった。それに関する板曼荼羅本尊が二体存在する。「宮崎教会所」⇒上行寺にともない現在に至ったのである。なお、御影と貴重な情報を伝える、その板曼荼羅本尊は、『宮崎上行寺百年史＝房州上行寺からの記録＝』（上行寺、一九九三年五月）に写真版が掲載されている。ただ明治二十八年十一月に申請・授与されたという「上行寺常什（住）御本尊一幅」の所在については、今回確認できなかった。

以上の様に上行寺にある古いものは、すべて日向の他寺（他者）からの移入であった。安房からのものは、皆無という（現に鴨川市磯村の旧上行寺跡地の三宝堂には、往時の上行寺時代の御影が残されている）。その意味で、創建当時「上行寺」という寺号だけ移されたというのが実態であったと思われる。この日の参詣はこの上行寺だけで終え、宿泊先の宮崎市内のホテルに戻った。

㈢

十月四日（水）は、まず松尾山本永寺（宮崎市高岡町内山二八九三）を参詣した。戦後一時期大日蓮宗に属したが、現在は身延門流の日蓮宗に属し、住職は黒木敏朗《びんろう》師である。本永寺は、かっては妙本寺の学頭坊の地位にあった有力寺院である。戦国時代の天文年代末期から江戸時代までは、現高岡町浦之名《うらのみょう》に所在した。幕末の留守居《るすい》本受房某（？〜慶応四年〔一八六七〕三月七日）の後は無住状態であった様で明治初年の廃仏毀釈で廃寺となった。その後、明治十六年（一八八三）四月に上総顕徳寺住職学昭房富士日延（本受房某の弟子）が改めて任命されて現高岡小学校の地（柳ノ馬場）に再興された（大正十二年〈一九二三〉に小学校拡張のために現在地に移ったという）。安房妙本寺所蔵「山本坊過去帳」に「本永寺復興之壇徒」黒岩喜右衛門（守則院護宗日保）と「本永寺再興発起ノ壇頭」椎原孫右衛門（有功院復寺日昌居士）の名前がみえる。日延が明治二十二年五月当時も住職であったことは、先の上行寺所蔵板曼荼羅本尊の一体に「本永寺　富士日延」とみえる通りである。

日延は、先述の様に日向の妙本寺末寺の再興にも尽力した人物である。日延は、富士日霊（？〜明治三十一年四月十五日）の後に妙本寺住職となり日暎と改名している。日暎は、日開に妙本寺住職を譲った後に、ふたたび本永寺に隠居として入り、大正二年七月二日に同地で死去している。もともと、日延＝日暎は、日向清武《きよたけ》の長友氏の出身であった（「山本坊過去帳」）。その前後は、上行寺の矢野励妙が住職を兼務していたが、翌年五月には三尾《みお》海素（後の妙本寺住職富士日照）が「事務取扱」（「留守居」）として入寺している。

そもそも、本永寺には、学頭坊日朝・日杲以来の多くの史料が存在したはずであるが、すでに浦之名段階の文政五年（一八二二）の火災や廃仏毀釈による廃寺でそのほとんどを失い、現在の本永寺には曼荼羅本尊以下聖教《しょうぎょう》類の一片も存在しないという。ただ天保九年（一八三八）に国主島津氏から寄進された板曼荼羅本尊・御影（「黒仏《くろほとけ》」）・島津氏家紋入り奉安庫などが存在するのみである。なお、もと隣接する平賀山顕本寺（現存しない）にあった応永八年（一四〇一）と推定される題目板碑の一部が境内から出土して現在は客殿内に安置されている。これを調査した興風談所による拓本《たくほん》が残されている。

その後に黒木敏朗師の御案内で浦之名の本永寺跡に向かった。現在地の内山とはかなり離れた山の天辺にある。天保十四年（一八四三）成立の「三国名勝図絵」に記載された本永寺境内図のコピーを片手に山を登った。宝永三年（一七〇六）十月段階には、妙光寺・引地坊・中之坊・下之坊・山本坊の塔中の存在が知られる（安房妙本寺所蔵「鉄砲御改帳」）。

何故にこんな山の頂上に寺院を構えたのであろうか。山岳宗教（修験）の一面があったのであろうか。ただ明治以前は大淀川の河川交通が盛んで現宮崎市域の湊、さらには日向灘と直接結びついていたとも推定されるし、また野尾・小林に通ずる尾根伝いの陸上交通上に位置したとも推定された。この両交通形態が明治以降衰退した結果、それ程の景観変化を遂げずに現在に至ったかにみえた。

この本永寺跡は、寺院跡（農地）とその右側の石垣に囲まれた日蓮・日興・日目の三師塔（天明元年〈一七八一〉の宗祖日蓮五〇〇遠忌の際のもの）を中心とした石塔群、そして約百メートル下った所の杉林にある日要・日我らのものを含む巨大な石塔群（写真3）の三部分からなる。前者の石塔群は、廃寺後に整備されたものの様である。また後者の石塔群（五百基弱）も、廃寺後の植林の際に整備されたものと思われる。黒木敏朗師によれば、古いと思われる石塔群に刻字がみられないのは、イカ墨が消滅したためという。興味深い仮説として拝聴した。

これらの石塔群については、すでに日向石塔研究会編『松尾山本永寺址墓地調査』（一九八六年二月）と興風談所編『宮崎県題目石塔調査レポート』（興風談所、一九九九年六月）などによる詳細な調査報告がなされている。その作業の労苦を考えると頭の下がる思いがした。それにしても、「尊師日我上人為報恩也」の石塔を見い出したときは、感慨一入であった。永久にこの景観が保存されることを願わざるを得なかった。

それにしても、かくも大寺が一瞬にして廃寺される廃仏毀釈の凄まじさに恐懼した（『県史45宮崎県の歴史』山川出版社、一九九九年五月。『祈りのかたち―中世南九州の仏と神―』鹿児島県歴史資料センター黎明館、二〇〇六年九月）。なお、本永寺は、伝存史料が皆無なこともあって「本永寺由緒并末寺帳」（安房妙本寺所蔵）によって理解されることが多いが、これはあくまでも享保・文化年代に作成されたもので必ずしも史実に基づくものとはいい難く、使用にあたっては十分な注意が必要なことを改めて痛感した。

そして、次に向かったのは、高蝉山妙円寺跡である。現在は千仏山本勝寺といい顕本《けんぽん》法華宗の寺院が建てられている。十一年前（平成七年）に訪ねた時には、本勝寺を創建した藤元智明師の未亡人が寺を守っておられたが、この度訪ねた時にはおられずそれからまもなく死去されたという。

県内最大規模の石塔群（千二百基余）が散在する（写真4）。それは、まさに壮観である。戦前に藤元智明師が地元の協力をえて埋没した石塔群を掘り出し整備して現在の状態となったという。伊東氏関係の五輪塔、日興・日目・日郷らの供養塔、長友氏関係の石塔など多種にわたる。大きな寺院がこの周辺に存在したことを物語っている。それが妙円寺といわれている。南北朝時代に日慶（日郷の弟子日睿《にちえい》の舎弟）の創建とされる。その後の長友氏との密接な関係を通じて安房妙本寺の直末《じきまつ》となった寺院である。

この石塔群については、宮崎県教育委員会編『妙円寺石塔群調査資料』（一九八六年調査）・甲斐常興「妙圓寺とその石造物―調査報告―」・前掲『宮崎県題目石塔調査レポート』などによる詳細な調査報告がなされている。著名な長友二郎左衛門左衛門尉以下の名のみえる結衆板碑《けっしゅういたび》（写真5）は、他に比べて一際大きく存在感を顕示している。またその部位により階層差が存在するかにみえた。問題の年号を示す「永～」の部分は明らかに後世の刻字と確認された。この妙円寺も本永寺と同様に明治初期の廃仏毀釈で廃寺とされ、ついに再興されることがなかったのである。ここでも中世以来の膨大な史料が失われたと思われる。ただ妙円寺の御影像が旧檀頭に格護されて今日上行寺に存在することは、先述の通りである。

なお、ここでも多くの石塔にイカ墨らしき文字を確認できた。そのうえで刻字したものも多く窺われた。その刻字は、彫り込みの在り方からそれほど古いことではないのではないかと思われた。旧本永寺跡のものといい、この旧妙円寺のものといい、墨字＝イカ墨説が非常に興味深かった。また石塔の多くが題目板碑といわれるものであるが、日頃東国で見かける武蔵板碑・下総板碑などとは石質（色・厚さ・形態）といい、かなりの違いが感ぜられ、板碑という概念で一括しうるのか否かの検討も必要ではないかと思われた。とにかく圧倒される石塔群、数時間ではとても一見しきれるものではなかった。

次の目的地は、旧清武山蓮徳寺（清武町大字加納）である。きよたけ歴史館や江戸後期・幕末維新期の儒学者安井息軒《そっけん》（飫肥《おび》藩士）の旧宅も近くにある小高い丘の墓地が跡地である。南北朝時代に日睿の弟子日恵が創建した寺院という。旧道飫肥（日向）街道に面しており、往時の繁栄が偲ばれた。ただ現在は応仁元年（一四六七）十一月銘の日蓮・日目・日郷の五輪塔の一部水輪と江戸時代の題目板碑と供養塔が存在するにすぎない。ご多分に漏れず、ここも明治初年の廃仏毀釈で廃寺とされた。その時に多くの史料が失われたと思われる。なお、近くに現在日蓮正宗《しょうしゅう》（総本山富士大石寺）に属する経王山（もと祈願山）本源寺《ほんげんじ》（清武町大字加納甲三三八二）も確認されたが、今回は参詣には至らなかった。もともと同寺は日南市大字伊比井《いびい》字矢引迫にあったが、廃仏毀釈で廃寺となり、その後に宮崎市大字内海一二二〇に移して再興され、さらに近年現在地に移転されたという。

蓮徳寺は、その後の明治十九年（一八八六）に再興され、昭和二年（一九二七）に上行寺住職工藤海道師の兼帯寺となり、さらに昭和四年十二月に現在地の宮崎市赤江に移された。檀徒総代矢野氏（飫肥藩伊東氏の旧家臣家）の寺地寄進に係るという。そこで早速現在の蓮徳寺の所在地に向かった。

行くのに困難を極め、辿り着いた頃は夕方であった。昭和五十九年十一月の留守居僧の死去以来、無住となったという。廃屋に等しい本堂と昭和四年に移された時の新築記念碑（前掲『宮崎上行寺百年史＝房州上行寺からの記録＝』に碑文が載る）が存在するのみである。門前には、寺地を寄進した矢野家がある。現在「上行寺の境外仏堂」というが、その荒廃振りは目に余るものがある。矢野氏によれば、廃屋の中には御影があるという。それがかつての蓮徳寺のものか否かは不明としても、行く末が案ぜられた。

㈣

十月五日（木）は、日向市・延岡市方面の関係寺院の参詣である。最初に参詣したのは、図士（師）山本蓮寺（旧児湯《こゆ》郡上新田村・現児湯郡新富町大字新田《にゅうた》一二七四三）である。現在は日蓮正宗に属し、住職は川又規道師である。境内には、昭和六十年（一九八五）の創建五〇〇年新築落慶記念の際の阿部日顕師の手植槇があるが、古いものは、天保四年（一八三三）十月二日の石塔（山門にあったものか）一基あるのみである。

日要が学頭坊日朝を寺主として創建した本蓮寺は、現在地の裏山を少し登ったところにあったという。「うさぎ道」がその参道という。住職によれば、墓地にあった石塔類は土中に埋まっているとのこと。石塔類の存在も報告されているが、一帯藪に覆われ、とても中に入れる状態ではなかった。遠くから日要が「堀ヲほり、木ヲうえ」（日我「申状見聞私」）たことや、日朝が「夏中百日年々御法事アリ、山テラ（寺）ナル間、丁（聴）聞ノ衆ナキ時ハ要法寺要明坊父母孫セウ《（勢）》ノ夫婦計ノ時、御説法ナヲ〳〵タカク被成テ、イワレハアタリノ草木、キツネ《（狐）》・タヌキ《（狸）》、瓦礫ニキカセヘシト云云」（日我「当門徒前後案内置文」）と語ったことなどを想起した次第である。日我の叔父惣光坊日円の活躍の舞台も、ここであった。

旧本蓮寺は、やはり明治初年の廃仏毀釈で廃寺となり、その時に伝存の史料のほとんどを失ったとみられる。その後、現在地に再興されたのであった。その時期は不明である。明治二十二年（一八八九）五月には、先の上行寺所蔵板曼荼羅本尊に「本蓮寺　薬丸義承」とみえるので、それ以前に再興されたものと思われる。事実上本蓮寺が薬丸義承（?〜明治四十五年七月十七日）によって再興されたことは、「山本坊過去帳」に「本蓮寺再興之本願主」＝「義承方日純」とみえることからも間違いない。かれは、「日州竹渕説教所建立」の人物でもあった。

それにしても、当該地一帯は旧道に面し、かつ一ツ瀬川を遠望しうる場所である。水陸交通の要衝の地に立てられた寺院であったことが窺われる。と同時に一ツ瀬川を越えれば、都於郡《とのこおり》・佐土原に近く長友氏の族的発展の地域圏である。本蓮寺創建に長友氏が大きく関わったことが想像されるし、「菩提寺的な存在」（大黒喜道師説）というのも十分頷けた。

次に訪ねたのは、塚原山妙興寺の旧地である。旧児湯郡下新田村・現新富町大字新田字塚原の「塚原地区集会所」を中心とする地域という。天明元年（一七八一）十月十三日に宗祖日蓮五百遠忌に建立された石塔や安政・元治・慶応年代の題目板碑などが一角に集められて、その旧跡だったことを示している。その他、周辺の民家にも石塔が散在するという。当寺も明治初年の廃仏毀釈で廃寺となり、その時に史料を失ったと思われる。

その後の動向は「日高山上行寺」の問題や「日州竹渕説教所」の問題と絡んで必ずしも明らかではないが、他寺と同様に旧檀徒によって再興されたとみられる。その「妙興寺再興発起者」宮越義景（妙照院義景日新居士）の名前が安房妙本寺所蔵「山本坊過去帳」にみえる。上行寺住職となった吉田海全の弟子の安房妙本寺関係者（野崎智霊〔後の妙本寺住職野崎日典《にちでん》〕・三尾海素〔後の妙本寺住職富士日照〕）が歴代住職を勤めている。現在の御影（江戸時代前半頃のものか）は、旧妙興寺にあったものという。先の妙円寺と同様に御影だけは破壊を免れ、檀徒によって格護され伝えられたのであった。日向との関わりを持つ日安の創建とされるが、その真偽の程は不明である。

ただ日我「当門徒前後案内置文」に「本蓮寺・要法寺・妙興寺ナトハ学頭一筋云々」とか「中日《なかひゅう》向《が》三ケ寺トアソハシタルハ本永寺・本蓮寺・要法寺ノ事也、妙興寺ハ近所ナル故、三ケ寺ニ属ル也」とみえるだけである。旧跡地は旧道（現荒武神宮線）で先の本蓮寺と一本で繋がり、確かに「近所」である。現在もその周辺には長友姓が多いという（先の石塔にもその名字があり）。本蓮寺との密接な関係が想定される。現在は身延門流の日蓮宗に属し、住職は津江雄信師である。

その後に参詣したのは、興福山妙国寺（日向市細島三七三）である。現在は身延門流の日蓮宗に属し、住職は黒木報源師である。妙国寺は、先に述べた福田専貞（日悦）といい、その住職となった三尾海素の得度寺といい、安房妙本寺と有縁の寺である。

そもそも、妙国寺は、日我「申状見聞私」に細島中村（藤原）氏出身の日要が妙谷（国）寺の脇坊蓮光坊日慮に学んだとみえるのが、事実上の初見である。その前史は、皆目不明である。ここも伝来史料が皆無である。数十年前までは、宗祖日蓮の曼荼羅本尊もあったが、他寺に移されたという。先に述べた現上行寺所蔵日安曼荼羅本尊は、明治二十五年八月に妙国寺に寄進されたものであった。もう一幅もその可能性が高いことは、先に述べた。

そこで、現在は二幅の曼荼羅本尊が伝存するにすぎない。一幅は、日郷が康永二年（一三四三）二月二十八日に女夜叉に授与したものである（二枚継《つづり》）。現在のところ確認される最古の日郷曼荼羅本尊として貴重である。ただ他の日郷曼荼羅本尊と随所で異なる点が窺われ、今後の精査が必要と思われた。もう一幅は、日要が明応二年（一四九三）十月十五日に日向国民部卿に授与したものである。日要が安房妙本寺で認めたものである。この二幅の被授与者女夜叉・民部卿は、ともにその詳細は不明である。日要曼荼羅本尊の存在を知っていたが、やはり直に拝すると感慨一入である。なお、この二幅も、もともと妙国寺伝来のものではない。いずれかの時期に他寺（他者）から移入されたものである。或いは、後述の近接した旧本要寺辺りからのものであろうか。

この妙国寺は、細島という重要な湊に栄えた寺院としては、歴史が曖昧である。確かに関係史料も「（安房）妙本寺文書」・「（日向）定善寺文書」・「（駿河）妙円寺文書」などに若干知られるだけである。或いは安房妙本寺直末ではなく定善寺（日向市財光寺七二九五）系のためであろうか。その後に日要の供養塔の存する本要寺跡を訪ねた。宮崎県の指定史跡となっている。本要寺跡からは、細島の湊が眼下に広がる。日要が創建したとはいえ、それを下から支えたのは、その湊の住人たちであった。日要のみならず妙本寺関係者が和泉堺（本伝寺）を経て日向細島に上陸した時は、まずここに寄留したのであろう。ここで、日要の談義が行われ、日杲などが聴聞したことを思うと、やはり感慨無量であった。この本要寺も廃仏毀釈後に廃寺となり現在に至ったのである。やはりその時に関係史料が失われたと思われる。

なお、妙国寺から本要寺跡に行く途中に日要生誕の地といわれる民家（現橋本家）があった。妙本寺住職山口日勧に随身した（中村）要恩日法（後に本東寺住職となるが、日清戦争で明治二十八年〈一八九五〉台湾で戦死する）は、細島出身の中村姓で日要の子孫であるという（「茶之間日記」）また現在でも日要の命日（旧暦十一月十六日）には、細島の有力者是澤家で法要が行われているという。日要は、確かに細島に大きな痕跡を残したのであった。

そして、本要寺跡を後にして最後の目的地の延岡市松山町一一三三所在の慧日山本東寺（住職吉田海心師）に向かった。着いたのは、夜になっていた。本東寺は戦後一時期大日蓮宗に属したが、現在は身延門流の日蓮宗に属している。

ここでは、日郷曼荼羅本尊（縦三十九・〇×横二十七・六糎。一枚。写真6）を拝見した。この曼荼羅本尊が何時本東寺に帰したのかは不明である。もともと本東寺伝来のものではない。日郷が康永四年（一三四五）六月十三日に高松（或いは別筆か）に授与したものである。日郷がその二日後に認めた曼荼羅本尊（縦八十四・五×横四十六・〇糎。三枚継。脇書なし）が安房妙本寺に格護されている。相前後して認められたものであろう（同筆である）。

被授与者の高松（実名か法名か不明）については、不詳である。ただ日郷の弟子で妙本寺を嗣いだ日伝が応永十四年（一四〇七）正月八日に曼荼羅本尊（安房妙本寺所蔵）を授与した「女弟子　高松」との系譜関係が問われてよいかとも思われる。この曼荼羅本尊には、別筆で「理俊阿闍梨授与之、安房日慶」とみえる。この「安房日慶」は、安房の日慶と解釈されるが、妙本寺の歴代には、存在しない人物である。むしろ円融山大行寺（千葉県鋸南町保田字芝原）の十五世紀中頃の住職と推定される日慶ではなかろうか（拙稿「大行寺と勧乗坊日正―妙本寺との関係を中心に―」『中世東国政治史論』塙書房、二〇〇六年一〇月）。本東寺に現存する曼荼羅本尊は、これだけである。また関係史料も残存しないという。ただ日我「当門徒前後案内置文」に「本東寺ナトハ直末寺ト云人モアリ、又□（日）捉建立ノ地ナル故、定善寺ノ末寺共云へリ」とみえるのみである。

この本東寺は、江戸時代末期に親承阿闍梨正行坊日元（?～文久三年〔一八六三〕六月十八日）が住職を勤めた寺院である。現在安房妙本寺には、この日元が文政年代から文久年代に掛けて書写した典籍類が数多く存在する（「妙本寺典籍目録」）。その書写の功績は、定善寺の住職を勤めた加藤阿闍梨日涌（上総佐貫錦織六兵衛家出身。?～慶応三年〔一八六七〕六月十一日）と相俟って極めて大きい。その自坊本が存在したはずなのである。しかし、それも伝来していない。

ここも、明治初年の廃仏毀釈で一時的に廃寺となったとみえ、本永寺や法蔵寺（「日向国臼杵郡庵ノ川村」）などと同様に明治十六年四月に「復旧新築」「復寺」された。その時に本勝阿闍梨福田要行房日詳が新住職に任命された。再興に奔走したこの福田日詳（上総加藤村出身）と小原日仙（上総奈良林出身）の二人は、「抜群功ニ依日号阿」とか「復旧ノ功不尠」「日号・阿闍梨御褒賞トシテ御授与相成」るとされている。「山本坊過去帳」にも、両名は、「准上人」として特記されている。これらは、明治十一年三月付内務省乙第廿号（詳細は不明）による「信教自由之聖世」に際会し再興の見通しが立てられての具体的な行動であったとみられる（「茶之間日記」・史料編四。「書翰留二」・史料編五）。

なお、現住職吉田海心師は、駿河小泉久遠寺住職吉田日綱師とは従兄弟という。また妙国寺や本東寺を経て妙本寺住職となった吉田日顕（海全）師の法脈が先の工藤海道師、富士日照師、鎌倉日櫻《にちおう》（寛全）師、吉田顕隆師、吉田海秀師、吉田海心師・吉田日綱師に繋がるという。日向―駿河―安房と繋がる深い法縁が窺われる。

(五)

この様な丸二日半の行程では、以上の諸寺院（跡）を参詣するのが精一杯であった。残された本照寺・本善寺・本建寺・法蔵寺などの関連寺院（跡）については、別の機会を得て参詣したいと思う。実際に参詣してみて、その在り方は、廃寺となった寺院（妙円寺・本要寺）、廃寺後改めて別地で再興された寺院（妙興寺・蓮徳寺・本永寺・本蓮寺・本源寺）、故地にそのまま存立する寺院（妙国寺・本東寺）などと多様であった。そのほとんどが明治初年の廃仏毀釈の打撃を受けたのであった。それにともなって関係史料をほぼ失い、残された僅かの史料が関係寺院・檀徒間を転々として現在に至ったのであった。御影も、その例外ではなかったのである。

明治十五・十六年頃になってようやく廃仏毀釈の傷が癒え、寺院再興へと繋がったのである。新たなる布教活動の展開であった。明治二十二年に富士日勧・日霊以下多数が直接日向に巡教に赴いたのは、その画期と位置づけられる（史料編六）。それは、妙本寺住職山口日勧、同富士日霊、そして直接的に現地で活動した房総出身の福田日詳・専貞父子そして小原日仙、現地出身の富士日延など宗門側の人々の努力と現地で寺院再興に奔走した旧檀徒の人々との運動が重なりあって実現されたものであった。それは、まさに近代日蓮宗史の一齣であったといえる。

㈥

ところで、参詣先で安房妙本寺歴代の曼荼羅本尊五幅を拝見しえたのは、まさに果報であった。また随所で旧本山妙本寺との深い人と物の繋がりを確認できたのは、大きな喜びであった。旧末寺も現在身延門流に属するもの、日蓮正宗に属するものなど様々である。それでも、日蓮宗興統法縁会を組織して富士門流の伝統を伝えようとしているのをみるにつけ、ここでも富士門流再生あれと強く祈らざるを得なかった。そうした思いを抱いて六日（金）の十二時十分発羽田行きの便で宮崎空港を後にした。空は澄み渡る様な青さであった。

この間、参詣した各寺院の住職には大変お世話になった。また随伴を許された安房妙本寺鎌倉日誠師からは、細事にわたって貴重な教示をえた。ともに記して拝謝したい。その他、諸寺（跡）参詣に際しては、『宮崎県史通史編中世』（一九九八年三月）・興風談所編『宮崎県題目石塔調査レポート』（一九九九年六月）・大黒喜道「中世日向国における日興門流の展開」（『興風』十三号、二〇〇〇年三月）及び「日郷書写御本尊一覧」が大いに役立った。特に小論執筆に際しては、安房妙本寺所蔵「茶之間日記」（山口日勧執筆）・「書翰留二」・「山務諸用留帳」・「山本坊過去帳」（上・中・下三冊）から種々貴重な情報を得ることができた。合掌。

（二〇〇六・一〇・一〇）

史料編

一　明治九年十月三十日　妙本寺住職富士日勧書翰（「書翰留二」）

時候催冷之処、尊寺御安祥御法務之段、奉拝顔候、偖拙末磯邨上行寺義ニ就而者万々御配慮被成下候趣、富士日霊ゟ承之辱仕合候、向後共、同寺義何分可然御引立被下度、奉頼上候、書□後日拝俯可申候、右愚札如斯御座候、恐々拝送、

九年也
十月卅日　妙本寺住職
中講義富士日勧印

釈迦寺御住職
少講義三国日好殿
尊座下

二　明治二十二年五月十三日　上行寺所蔵板曼荼羅本尊（裏）

日向国宮崎郡浮田村高蝉山妙円寺者、本山第四世日郷上人之御分骨鎮安之霊墓地、本国之諸寺旧来年々四月廿五日之御講修行参礼之道場也、然処、明治革新ニ際シ国中寺院一般廃制之砌、特谷口久一氏御影尊ヲ守護シ自宅ニ於テ香花灯茶等、明治二年以来廿二年五月十三日ニ至ル迄無退転御供養有之折節、本山巡教之途次宮崎教会所ニ奉迎シテ末代之為所記如件、

周旋　本永寺　富士日延
本蓮寺　薬丸義承
宮崎町　井上利吉

明治廿二年五月十三日　本山第四拾世　日霊（花押）
旧　妙円寺檀頭　日州宮崎郡江平町　谷口久一

三　明治二十八年十一月八日　定善寺住職小原堅昭等連署書翰（「茶之間日記」）

謹啓仕候、陳者向寒之節ニ相成候処、先以　御上人猊下益御健勝被遊御座奉捧寿候、随而弊寺相一同御蔭ヲ以テ無事消光仕居候間、乍恐此段御安慮ヲ被下度、扨上行寺移転願ニ付テハ特別御配慮ヲ蒙リ御蔭ヲ以テ多年之宿望茲ニ満足致シ寺檀一同ノ善慶不過之、忝ク御礼申上候付テハ上行寺常什御本尊壱幅為末代御下附被成下候様伏テ奉願上候、常《（衍）》上行寺当県下エ移転ノ義ニ付出願、且ツ檀信結集、其他ノ周施者、妙国寺現住福田専貞ノ尽力ニ起因致シ候、次第柄等有之候ニ付、乍恐同人ヲ

以テ当寺中興ニ定メ被下成下度、此段連署ヲ以テ奉願上候也、恐々謹言、

明治廿八年十一月八日

日州富高定善寺住職・門中惣代小原堅昭印
同宮崎上行寺檀家惣代・発起日高又五郎印
井上利吉印
矢野貞逸印

御本山妙本寺御貫主

富士日霊御上人猊下御取次御中

追啓、右為御冥加料、乍些少金三円奉呈仕候間、御受納被下度奉願上候也、

御本尊御筆書之際者、中興并ニ檀家惣代右三名、次ニ住職各名御記載之程、偏ニ奉願上候、

頓首、

此書者次第大至急御許可願候、

同十一月十七日着、即陰ノ十月朔日ナリ、直ニ進達ス、

四　明治十六年四月十三日　本山妙本寺役課御達（「茶之間日記」）

該国末葉本永寺義ハ旧来学頭職寺格ニ有之、然ルニ明治維新之始旧藩制中廃毀ニ相成候処、本勝阿日詳・小原阿日仙御政体ニ基、信徒ト同心協之条、同十一年三月内務省乙第廿号信教自由之聖世ニ際会シ、右本永寺并ニ各寺復旧之志願爰ニ満足、

鹿児島県下日向国諸県郡高岡駅内山村ノ内柳馬場

復寺　　本永寺

鹿児島県下日向国臼杵郡南方村
　復寺　　　　　　　　　　　　　　　　本東寺

鹿児島県下日向国臼杵郡庵ノ川村
　復寺　　　　　　　　　　　　　　　　法蔵寺

鹿児島県下日向国児湯郡新田村字竹渕
　　　　　　　　　　　　　　　　　　　説教所

鹿児島県下日向国児湯郡都農《ツノ》町字岩山
　　　　　　　　　　　　　　　　　　　説教所

右之ケ所復旧新築御許可ニ相成其功不尠、依之追テ伊階(位)相定候迄本勝阿日詳・小原阿日仙・学昭房日延与可為順席之条、被　仰出候間、門徒一統可被得其意候也、

明治十六年四月十三日　　　　　　　　房州本山役課

西国門中取締

日詳日仙賞典

抜群功ニ依日号阿

五　明治十六年四月二十五日　本山妙本寺役課御達（「書翰留ニ」）

維新已後該門中復旧ノ功不尠、徳(特)ニハ福田日詳殿・小原日仙殿御両名へ、日号・阿闍梨御褒賞トシテ御授与相成候間、該御衆門中可然様御披露是願度候也、

明治十六年四月廿五日　　　　　　　　本山役課

日州
御衆門中

六　明治二十二年五月十二日　宮崎教会所参集名簿（「茶之間日記」）

井上利吉　河野孝次郎　岩崎ツル
杉田久平　中村日法　笹生伝右衛門
矢野得照　福田日詳　笹生甚七
小原詮誠房　富士日霊上人　福田励道　井上キチ 十一才
福田要俊房（専貞）　富士日勧上人　渡辺仁右衛門　肥田木コヨ 十才
道祖土妙静　小原日仙　肥田脇トモ 十九才
矢野貞逸　富士日延　矢野ハツ 六十三 貞逸ノ母　井上ヨシ 四才

明治廿二年五月十二日　於宮崎町

【追記】その後、二〇〇九年一月一〇日から同十二日までと同年一〇月二十六日から同月二十九日まで追加調査を行った。前者は石附敏幸氏・坂井法曄師との、後者は鎌倉日誠師との調査であった。以下、これらの成果を記したい。本永寺では、①天保二年（一八三一）十一月日付日脩宛日脊曼荼羅本尊②明治七年（一八七四）九月四日付学昭坊日詮宛日勧顕徳寺住職補任状③明治十六年四月十三日付学昭坊日延宛日勧本永寺住職補任状④明治三十二年四月二十五日付日暎宛日勧妙本寺住職補任状が新たに確認された。また妙国寺とその檀家では、①明治二十七年六月三十日付妙国寺（要俊房日悦代）常住宛日勧曼荼羅本尊②永禄六年（一五六三）七月二十日付本永［寺常住本尊也か］宛日我曼荼羅本尊（摂津屋三輪家所蔵。口絵写真）③天正十九年（一五九一）七月日付三輪宮太郎麿宛日侃曼荼羅本尊（高鍋屋三輪分家所蔵。写真7）④年月日未詳妙幽日深宛日演曼荼羅本尊（高鍋屋三輪本家所蔵）⑤明治九年六月十九日付三輪治七郎宛日勧曼荼羅本尊（高鍋屋三輪本家所蔵）⑥明治九年六月二十一日付三輪治七郎母宛日勧曼荼羅本尊（高鍋屋三輪本家所蔵。写真8）⑦「弘安三年九月三十日付早川源七宛日蓮曼荼羅本尊」（江川家所蔵）が新たに確認された。さらに本東寺では、文政四年（一八二一）正月二十五日付「本東」寺立本房「日祥」宛日承曼荼羅本尊が新たに確認された。このなかでも、特に妙国寺の檀家から確認された日我曼荼羅本尊と日侃曼荼羅本尊の存在は注目される。前者は、縦七十三・三糎×横三十二・〇糎で三枚継の大部なものである。従来知られる日我曼荼羅本尊は、すべて一枚である。被授与者は「本永」以下が削除されているが、［寺常住本尊也］とあったと推測される。日我が永禄年代に日向に直接下向した際のものである。時の本永寺住職は、学頭坊日淳であったとみられる。本永寺は、江戸末期の火災と明治初年の廃仏毀釈で壊滅的な打撃をうけたとされており、こうした史料がところを替えて確認された意義は大きい。また後者は、縦二十八・八糎×横二十一・二糎で一枚である。授与年月日と被授与者名は、後筆とみられる。日侃が直接日向に下向した記録はなく、安房妙本寺で認めたものとみられる。被授与者の三輪宮太郎麿は細島の有力檀家三輪家の先祖とみられ、その点で移動なく伝来された意義はこれまた大きい。

写真２：上行寺所蔵日我曼荼羅本尊

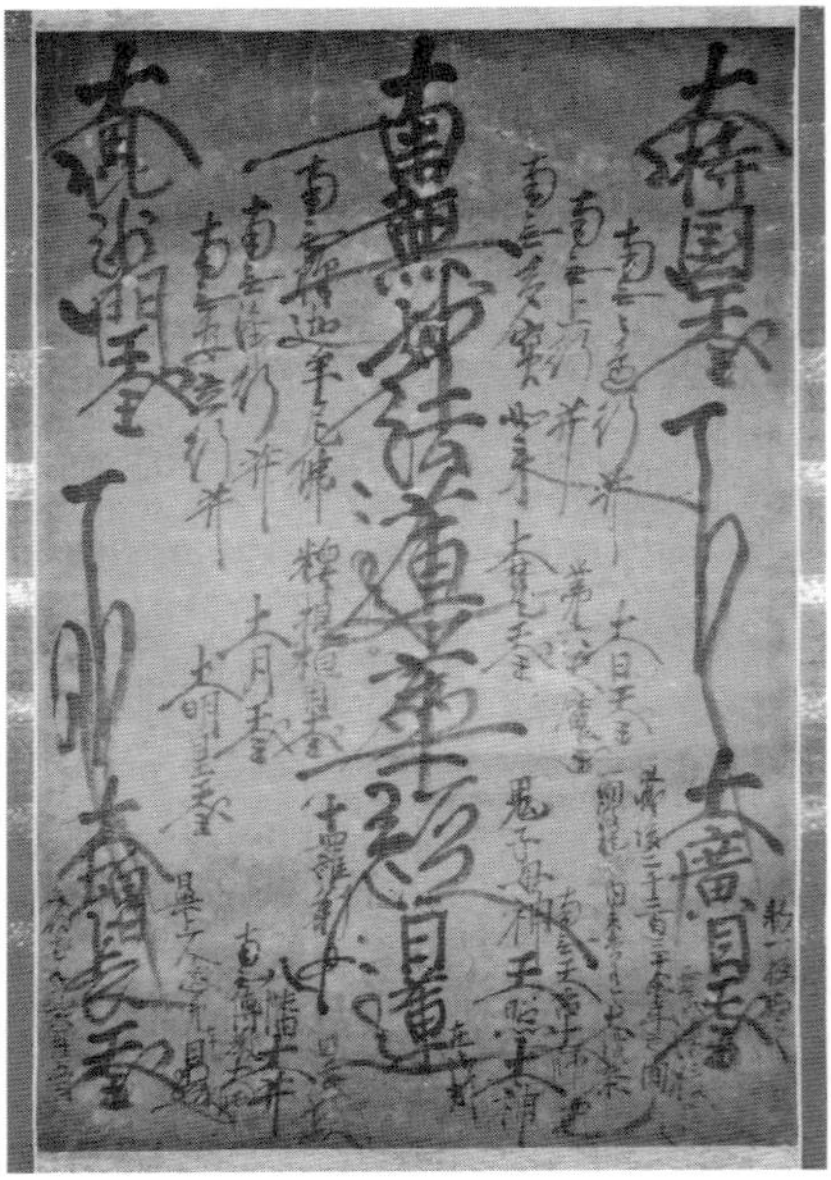

写真１：上行寺所蔵日安曼荼羅本尊

写真３：本永寺跡石塔群

写真４：旧妙円寺跡石塔群

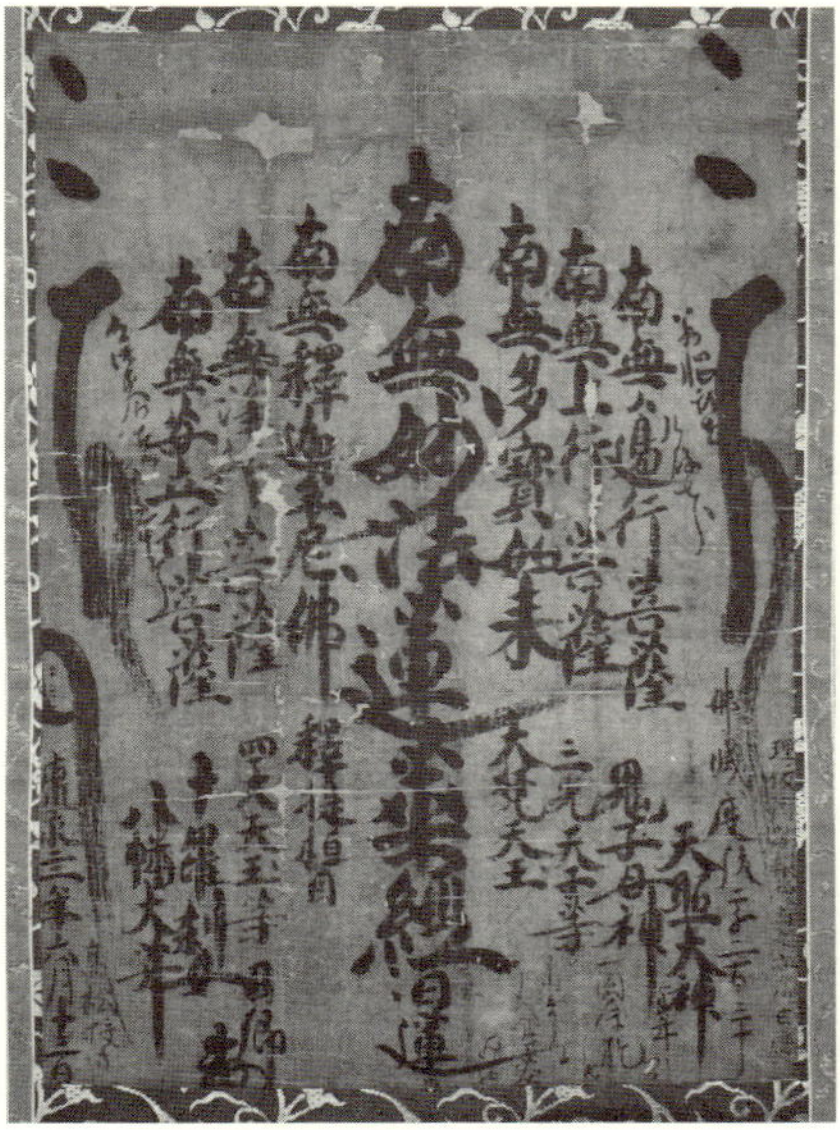

写真６：本東寺所蔵日郷曼荼羅本尊

写真５：旧妙円寺跡　長友氏結衆板碑

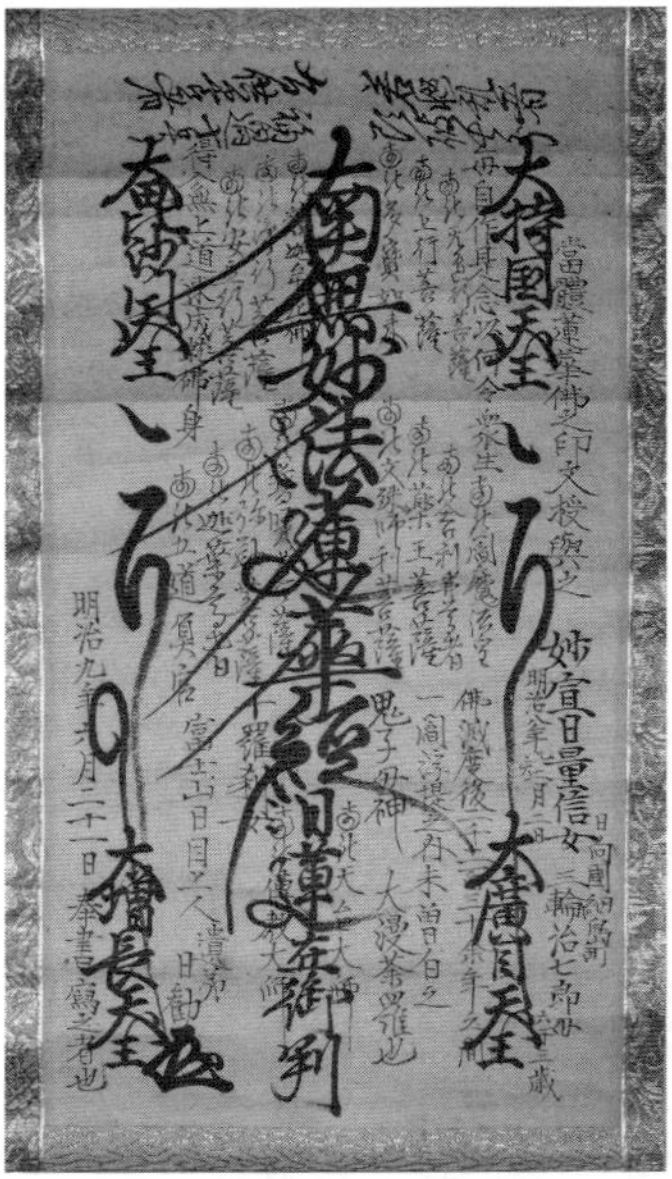

写真８：高鍋屋三輪本家所蔵日勧曼荼羅本尊

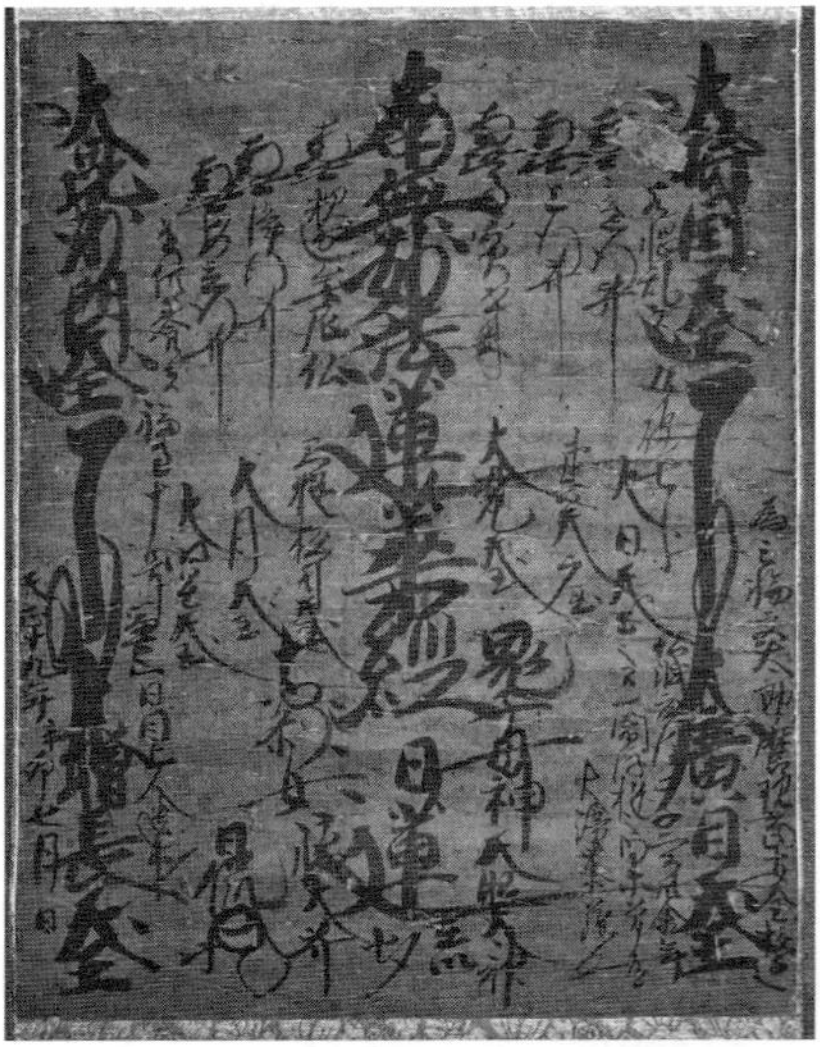

写真７：高鍋屋三輪分家所蔵日侃曼荼羅本尊

2006年10月６日　鎌倉日誠師と筆者

第三章　安房妙本寺と日向末寺の再興者たち

――「山本坊過去帳」から――

安房妙本寺には、著名な「妙本寺文書」（十五巻本）のみならず、幕末から明治・大正期にかけての「諸用留」「茶之間日記」「書翰留」「山務諸用留」「山本坊過去帳」などの貴重な史料も存在する。ここで、注目するのは、「山本坊過去帳」（上中下三冊）である。もともと妙本寺の支坊山本坊に伝来したものであるが、その廃寺にともない妙本寺に帰属したものである。この度、その「山本坊過去帳」を捲っていたところ明治期における妙本寺の日向末寺再興に関わった僧俗の記載が目に留まった。日向は、明治初年廃仏毀釈が猖獗を極めたところである。その後の再興に関わった僧俗の名前が随所にみられるのである。「山本坊過去帳」は当然ながら妙本寺関係僧俗の日牌《にっぱい》形式の霊簿で、そこには在所・出身・一族関係などの貴重な情報が記載され、当時の妙本寺の人的世界を彷彿とさせてくれる。記載形式は、一面が四段に区画され、一段目は両山（安房妙本寺・小泉久遠寺）の住職（「上人」）にほぼ限られ、二段目は関係僧侶で日《にち》号受領者、三段・四段目は一般檀徒で法名二字者、という具合である。現世の序列がそのまま反映された記載となっている。

そうしたなかにあって、左記の記載は、特別な意味を持つものである。

①朔日・二段目に記載。

日向国高岡浦之名田ノ平

明治三十三　椎原孫右衛門事

有功院復寺日昌居士

旧十一月

本永寺再興発起ノ檀頭(徒)

②廿三日・二段目に記載。

日向国児湯郡木城村椎木

明治三十二年旧十月　宮越景義ト云

妙照院義景日新居士

妙興寺再興発起者

③廿八日・二段目に記載。

日向国高岡宇浦之名楠森

明治十九年旧二月　黒岩喜右衛門ト云

守則院護宗日保

本永寺復興之檀徒

この三人は、本永寺（宮崎県宮崎市高岡町内山）・妙興寺（宮崎県児湯郡木城町大字椎木）再興に尽力した功績で記載された檀徒＝俗人である。ただ記載をよくみると、いずれも同筆である。この事実は、各人命日が異なるので、後日一括記載されたことを示唆しよう。それは、①の明治三十三年（一九〇〇）以降と思われる。各人本永寺・妙興寺の檀徒である以上、本山妙本寺の過去帳に記載される必然性はなく各寺院でそれなりの戒名が授けられていたものと思われる。それが本山妙本寺の過去帳に記載されるに際して、格別な戒名が付与されたのであった。①は、「有功院復寺日昌居士」というこれ以上ない戒名である。「有功院」という院号、「復寺日昌」という日文字、さらに居士《こじ》付きである。同じ本永寺関係者の③も「守則院」という院号、「護宗日保」という日文字である。居士付きでないのは、①が「再興発起ノ檀頭（徒）」に対して、たんに「復興之檀徒」であったことによろうか。②は妙興寺関係であるが、「妙照院」という院号、「義景日新」という日文字、さらに居士付きというやはり破格の戒名がつけられている。いずれも、「有功」とか「復寺」とか「護宗」とか再興に纏わる文字が踊っている。そして、三人とも、過去帳の二段目という一段目に次ぐ日文字受領者のところに記載されている。僧侶に準ずる扱いである。

以上の三人は檀徒＝俗人としての記載であるが、左記の三人は僧侶として特別に尽力した功績から記載されたものである。

④十日・一段目に記載。

本乗寺　明治四十年正月

廿七世　日詳　准上人

日州本東寺再興

⑤十七日・一段目に記載。

本蓮寺　明治四十五年七月

再興之　義承方日純

本願主　日州竹渕説教所建立

⑥廿四日・一段目に記載。

明治四十五年六月

権僧正日仙　准上人

定善寺住職

④は、本東寺（宮崎県延岡市松山町）の再興に尽力した日詳＝福田日詳（上総出身）のことである。この日詳は、⑥の日仙＝小原日仙（上総出身）ともども再興に尽力した功績で日号と阿闍梨《あじゃり》号を本山妙本寺から授与された僧侶である。僧侶では、この両人と本永寺住職富士日延＝日瑛が大いに活躍したことが知られるが、日瑛についての記載はみられない。これは、日瑛が本山妙本寺の住職（「上人」）に上がったことによるものと思われる。日詳と日仙は、それに準じて「准上人」（贈《ぞう》上人）と追贈されたのであった。その意味で、日向で再興に尽力した主要な三僧侶は、いずれも「上人」位に就いたのである。それに対して、⑤の義承方日純は日向出身の薬丸《やくまる》氏姓で本蓮寺（宮崎県児湯《こゆ》郡新富町大字新田《にゅうた》）再興の「本願主」となったばかりでなく、「日州竹渕説教所」（「児湯郡新田村字竹渕」）

を建立した僧侶であった。かれらは、いずれも過去帳の一段目に記載されたのであった。ただ④⑤⑥の記載は、①②③とは筆跡を異にするが、やはり後年に記載されたことにおいては同様であった。

この様に明治初年の廃仏毀釈後の寺院再興は、各寺院の旧檀徒と関係寺院の僧侶、さらには本山妙本寺のそれぞれの刻苦精励があって始めて可能となった。それを本山妙本寺の過去帳に記載して、その功績を後世に伝えようとしたのであった。従来の過去帳のスタンスを破る行為が「後筆」として行われたのである。①②③は、恐らく明治三十一年（一八九八）七月以降に富士日霊の後を受けて妙本寺住職となった富士日瑛段階の記載ではなかろうか。日向清武の長友氏出身の日瑛は、本永寺住職日延段階以来、日向の諸寺再興を見届けて本山妙本寺に上がった人物であった。それだけにその思いが強かったに違いない。過去帳に日瑛の両親以下親族の多くが記載（後筆）されたのも、日瑛段階であろう。これは、過去帳の性格変化を示すものと思われる。④⑤⑥は、さらにその後に記載されたものと思われる。

ここでは、特に「山本坊過去帳」をみてきたが、その他「諸用留」「茶之間日記」「書翰留」「山務諸用留」などの史料群も安房妙本寺における幕末から明治・大正期の展開を克明に伝えるものである。その間の安房妙本寺の研究は、近代日蓮宗史の解明にも貴重な事実を提供するものと思われる。その一端については、昨年（二〇〇六年）の秋に妙本寺鎌倉日誠師に随伴して日向に赴いた際の調査を纏めた拙稿「日向参詣記―安房妙本寺の旧末寺を訪ねて―」（本書第Ⅰ部第二章）でも述べたので、御参看頂ければ幸いである。

第四章　鏡忍寺参詣記

(一)

南房総は、日蓮宗の揺籃の地といってよい。宗祖日蓮の誕生の地・天津小湊とそれにちなむ誕生寺、立教開宗にちなむ清澄寺、東条松原の法難の地とそれにちなむ鏡忍寺など、いわゆる霊跡寺院が各地に存在している。誕生寺と清澄寺には、これまでに参詣したことがあったが、鏡忍寺周辺には行ったことがなかった。そこで、この連休（二〇〇五年五月八日）を利用してゼミ生とともに行くことにした。参詣に先だって佐藤弘夫・小林正博・小島信泰『日蓮大聖人の生涯を歩く』（第三文明社、一九九九年四月）・『全国本山めぐり　日蓮宗篇』（日蓮宗新聞社、一九九九年一〇月）・『日蓮が道―御聖跡を訪ねて』（継命新聞社、二〇〇一年七月）などを参照した。

千葉駅から外房線に乗って約二時間で安房鴨川駅に到着する。そして、安房鴨川駅から二十分位歩くと、鏡忍寺に着く。場所は、現在の鴨川市広場である。台地上に存在し広大な境内を有する。鏡忍寺の表門の前には、「小松原法難霊場」と刻した大きな石碑が建っている。さらに山門に進むと、著名な樹齢八〇〇年を越すといわれる「降神の槙」が存在する。境内に入ると、静寂に唱題の声のみが聞こえ、時代が遡った感がする。

そもそも、この東条松原の法難とは、文永元年（一二六四）十一月十一日に日蓮が東条景信に東条松原の大路（大道《だいどう》）で襲われて大ケガをした法難（「刀杖ノ難」）で、一般には小松原の法難といわれている。日蓮が蒙った四大法難のうちでも龍ノ口の法難と並び称される法難であった。伝承では、法難の際に弟子鏡忍房と檀那工藤吉隆が殉死し、その吉隆の遺児が日蓮の弟子となって出家し日隆と号し、鏡忍房と父吉隆の菩提を弔うために弘安四年（一二八一）三月に建立したのが、現在の鏡忍寺であるとされている。それを示すがごとく、鏡忍寺には、鏡忍房のものという墓（御影堂の前）や鏡忍房が当時身につけていたという「血袈裟」も寺宝として存在している。そのほか、日蓮が景信の太刀を払ったという太刀受念珠も存在する。さらに「降神の槙」も、日蓮が景信に襲われた際に鬼子母神がその前にあらわれ、その威力で景信が落馬し逃走したという伝承を持っている。

このように東条松原の法難とそれにちなむ鏡忍寺には、さまざまな伝承がつきまとっている。ただ高木豊「安房に帰った日蓮」（『金沢文庫研究』一二六号、一九七〇年十二月）・『増補改訂日蓮―その行動と思想―』（太田出版、二〇〇二年七月）などの指摘をまつまでもなく、日蓮遺文（「南条兵衛七郎殿御書」「聖人御難事」）に記された事実は、弟子一人討死、重傷二人、自身も「頭」に傷を受け、左手を折られた、ことだけである。

鏡忍房とか工藤吉隆とかいう人物が特定されてくるのは、遙かに降った文明十年（一四七八）十月の行学院日朝「元祖化導記」の「或記云く」として引用されるのが最初である。その意味で、鏡忍寺の前史は、きわめて曖昧といわねばならない。いやそれ以上に伝承の世界といってよいかも知れない。

この鏡忍寺の後に訪れたのは、西条花房（華房）の蓮華寺と疵洗いの井戸である。国道一二八号線を保田方面に向かって歩くこと、約三十分位である。花房の蓮華寺は、日蓮が疵を癒すために逗留したりした寺院といわれている。現在比較的新しい蓮華寺が立っているが、もとはそれより右側のやや小高いところにあったという。蓮華寺の存在は、当時の日蓮遺文（「当世念仏者無間地獄事」）によって裏付けられている。その蓮華寺に通ずる右手に日蓮が法難で「頭」に疵をうけてその手当をしたと伝えられる疵洗いの井戸が史跡として保存されている。地元の人の話では、疵洗い井戸のところにある桜の木は、日蓮が使用した杖が生長したものであるという。わたしたち一行は、その前で昼食をとりながら当時の日蓮の心境について種々談じあった。

(二)

この井戸の存在は、さきの『日蓮が道』のような案内書だけでなく佐藤弘夫『日蓮』（ミネルヴァ書房、二〇〇三年十二月）のような研究書にも「蓮華寺には現在日蓮が傷を洗ったという井戸が残されている」と記される程、価値あるものと認識されている。ただ中尾堯『日蓮』（吉川弘文館、二〇〇一年十一月）を読むと、「深手を負った日蓮は、房総地方の天台宗寺院などに身を寄せながら、静かに負傷の手当てをつづけたのであろう。この地方の各地には、傷つける日蓮の物語が、数多く伝承されている」というのである。

事実疵洗い井戸の存在は、例えば、平野馨「房総における日蓮伝説」（千葉県郷土史研究協議会編『日蓮―房総における宗派と文化―』千秋社、一九八〇年九月）によれば、ここだけではなく、かなり離れた岩高山日蓮寺（天津小湊町内浦）にも日蓮が傷を養生したという御岩屋や疵洗い井戸があり、また浜荻（天津小湊町浜荻）や君津市などにもあるという。もちろん、疵洗い井戸のことは、御書には現れない。その真実を確かめる術がないのが現状である。

㈢

ところで、さきほど鏡忍寺には、鏡忍房のものという「血袈裟」が存在すると述べたが、いやそれ以上に日蓮自身の血染めの袈裟も存在すると、前掲中尾『日蓮』などは、指摘するのである。つまり、「このとき着けていた袈裟が、中山法華経寺に伝来している。当寺の開山である日常が永仁七年（一二九九）に著した、『常修院本尊聖教事』と題する蔵書目録のなかに、「聖人御袈裟　一帖」とある。日常は、もとは富木入道常忍という日蓮の檀那で、常に密接な信仰関係を持ちつづけた人物であるから、この記述は間違いないはずである。しかも、この袈裟を丹念に広げたとき、一部に血痕らしいシミがついていて、受難の激しさをよく物語っている」と。また、『大日蓮展』（東京国立博物館、二〇〇三年一月）の解説も、「その受難の際に着用していたといわれる血染めの袈裟」の存在を指摘する。

もしこれが事実とすれば、大変な発見ということになる。東条松原の法難の際の日蓮の血染めの袈裟が存在するのだと。もちろん、鏡忍房のものという「血袈裟」とこれを同次元で扱うことはできないが、東条松原の法難の血の証しを物語ることになる。果たして、この判定はいかがであろうか。ただこれまた第三者には確かめる術がないのが現状である。

伝承といえば、日蓮が受けたという「頭」傷のことがある。「頭」に傷をうけたことは、御書（「聖人御難事」）の通り、真実であろう。「頭」傷にちなむ事柄は、これまた前掲中尾『日蓮』によれば、池上本門寺の御影の「顔の部分をよく見ると、左右の瞼の様子がわずかに異なり、右目の上にあたる眉間に縦の傷が描かれている。また、（中略）小湊誕生寺の祖師堂に安置する日蓮聖人木像を修理したとき、後世の彩色をとり除いた後に、同様に眉間に傷跡が現れた。古い日蓮の木像には、このように眉間の傷がはっきりと描かれていて、小松原法難の熾烈な戦いの様子をよく伝えている」という。これまで伝承としての眉間の傷説はあったが、こうした確固たる言及はなく、その意味では、この指摘は重くのしかかってくる。例えば、それを引用しつつ前掲佐藤『日蓮』のように「頭」傷とは眉間の傷であると理解されるにいたったのも当然である。

その「頭」傷との関係では、さきの日蓮寺には、傷を受けた日蓮にお市という老女が綿頭巾をかけて風を防いだという伝承がある。それからか、日蓮寺を通称お綿帽子の祖師という位である。現今の御影に冬になると、綿帽子を掛ける慣習の始源は、そこにあるというが、この慣習自体は、おそらく江戸時代に入ってからのことと推測される。

㈣

そのほか、東条松原の法難に関して、安房の妙本寺（鋸南町吉浜）には、この時、日蓮が防御のために使用したという疵付き太刀が存在している。例えば、『鋸南町史』（一九六九年七月）は、「二尺四寸五分、コミ《（小身）》六寸、日蓮上人小松原法難の際受太刀十九ケ所の疵あり」と説明する。また中山法華経寺には、鏡忍寺と同様に振り下ろされる東条景信の太刀を受け止めたという念珠がさきの血染めの袈裟とともに存在している。

その点、『日蓮聖人展』（毎日新聞社、一九六九年四月）は、その写真版を載せるとともに「日蓮はこの念珠をもって景信の太刀を受け止めて、身を守ったと伝えられる。親玉が割れているのはそのためであるという」という解説を載せている。左手を骨折したことは事実であり、その両手にちなんで念珠と太刀が存在するという伝承である。これをまたいかに解すべきであろうか。

㈤

このように日蓮の東条松原の法難にちなむ一件は、後世実に多様な世界を創出したのであった。日蓮は、まさにその史実と伝承の狭間に生きているといってよい。『日蓮が道』がいうごとく「大聖人の御事蹟はかずかずの伝説にいろどられています」という言葉が妙に実感できたゼミ研修であった。

（二〇〇五・五・一四）

第五章　伊豆参詣記――宗祖日蓮の聖跡を訪ねて――

㈠

宗祖日蓮の生涯は、松葉ケ谷の法難・伊豆の法難・東条松原の法難・龍の口の法難という四大法難に象徴される。そのうち、伊豆の法難は、「悪口の失《しつ》」によるものとされる。日蓮は、鎌倉から伊豆に流罪された結果、弘長元年（一二六一）五月十二日（十三日説もある）から同三年二月二十二日まで伊豆にあった。それにちなんで伊豆の各地に聖跡といわれる場所が存在する。果たして、これらの聖跡が如何なる形で存在するのかを確認したく思っていた。そこで、この（二〇〇六年）六月十六日・十七日両日、安房妙本寺鎌倉日誠師に随伴して行くことにした。以下は、その参詣の記録である。

㈡

最初に訪ねたのが、静岡県伊東市富戸に所在する俎岩山《そがんざん》蓮着寺である。初めての参詣である。当寺は、「日蓮大聖人伊豆俎岩御法難霊場」と称され、現在は法華宗の霊跡別院に位置づけられている。日蓮の本弟子（六老僧）の一人日朗《にちろう》の弟子日印に始まる日陣門流（総本山は新潟県三条市本成寺）に連なる寺院である。住職は、二十七代目という中野日仁師である。広大な寺地は、海洋公園の一郭に

写真１　日蓮崎　俎岩

位置する。道路が整備される以前は、「道なき道をわけて、人跡をとおくへだてて」あったという（増谷文雄『日蓮』筑摩書房、一九六七年四月）。門前をへて海岸部に出ると、その突端に日蓮崎と俎岩《まないたいわ》がある。日蓮が置き去りにされたという俎岩である。この俎岩の写真（写真１）は、『日蓮が道』（継命新聞社、二〇〇一年七月）・『大法輪』六十九号（二〇〇二年五月）にも掲載されている。周辺には、日蓮が袈裟を掛けたという袈裟掛けの松、船守弥三郎の恩に謝して岩肌に矢立をもって題目を認めたという日蓮投げ書きの岩題目などが存在する。

そもそもの寺史は、室町時代に日云《にちうん》という日蓮僧がこの地を「伊豆法難地」に比定したのが始まりで、戦国時代に後北条氏家臣今村氏が堂を寄進して寺院「海岸山蓮着寺」が出来たという。さらに万治元年（一六五九）に小田原大久寺の日霊が再建したという。寺号は、日蓮が漂着した故事にちなむものという。山号は、一九六〇年五月十二日に現在の俎岩山に改められたという。住職の話では、日蓮遺文（御書）・曼荼羅本尊など直接日蓮に関わるものはないとのこと。この様に蓮着寺は、万事伝承に基づく俎岩の存在によって成り立つ寺院であった。

㈢

次に伊東市川奈に所在する船守山蓮慶寺を訪ねた。三度目の参詣である。当寺は、現在は身延門流に属する寺院で、住職は田中智海師である。「日蓮大聖人謫居《たくきょ》御岩屋　船守弥三郎殿御夫妻旧跡」といわれる聖跡で、一九七八年三月に総本山身延山久遠寺から「宗門史跡」の認定を受けている。そもそも、日蓮を俎岩から助けた船守弥三郎の館跡にその後の子孫が建立した寺院という。船守弥三郎は本姓を上之原といい、その子孫が現在も上原と称して寺を格護するという。本堂の御厨子のなかには、日蓮の御影（木造坐像）と並んで船守弥三郎夫妻（清信・妙信）の位牌が並べられ、墓地にも夫妻の石塔二基（江戸時代前期の供養塔。写真２）がある。本堂の前には、船守堂もある。さらには伝船守弥三郎宛日蓮曼荼羅本尊もあるという。

そのうえ、日蓮が弥三郎によって匿われたという「御岩屋祖師堂」が川奈港の奥にある。その川奈沖には俎岩があり、その近くに日蓮像が立てられている。その写真は、『全国本山めぐり　日蓮宗篇』（一九九九年一〇月、日蓮宗新聞社）に掲載されている。これは、日蓮聖人七〇〇遠忌《おんき》の際（前住職

写真２　船守弥三郎夫妻供養塔（蓮慶寺）

小川顕龍師の代）に建立されたものという。蓮着寺を意識してか俎岩の存在を強調するかにみえるが、これはごく最近のことで、やはり当寺は船守弥三郎との結びつきが強調されてきたかにみえる。ここまでは、まさしく伝承の世界である。

ところで、当寺には、二つの重要なモノ史料が存在する。一つは、日蓮宗宗務院宗宝審議会の調査によって、「室町期末、天文十二年　日量上人入院ノ時ノモノカ」とされた御影（像高二十九糎）である。富士門流の読経像《どきょうぞう》である。かって本山柳瀬（伊豆市柳瀬）の実成寺の末寺として富士門流に属していた一面が窺われて興味深かった。御厨子《ずし》で板本尊の前に御影を配するのも、富士門流流である。もう一つは、富士門流の門祖日興の曼荼羅本尊（縦九十一・八×横五〇・五糎。一枚）である。これは、宮崎英修師らによって鑑定され、「准宗宝」とされたものである。その後、興風談所によって調査され、『日興上人御本尊集』（興風談所、一九九六年三月）に図版として紹介されている。ただ肝腎の授与書（脇書）の部分の大方が軸装の際に裁断されているのは惜しまれた。その他、様々な伝来を経たことを示すが如く文字の剥落やなぞった墨書きなどが随所に窺われた。

それにしても、日興の曼荼羅本尊を拝しえたのは、幸いであった。伝説の世界のなかで、キラリと光る史実の世界が垣間見られたのであった。残念ながら、これらは、本来的な伝来ではなく、他寺などからの招来であろうと、住職もいわれる。その通りであろう。なお、その後、安房妙本寺所蔵の「山本坊過去帳」から当寺の住職になった妙本寺関係者が何人かいたことが確認され、十九世紀前半両者が密接な関係にあったことが明らかになった。

㈣

この日は、これを最後に伊東市内のホテルで宿泊した。この伊豆法難を日蓮自身が語るとされる弘長元年（一二六一）六月二十七日付「船守弥三郎許御書」を思い出した。改めて拝読すると、さすが俎岩のことは出てこないが、「伊豆の伊東かわな」の弥三郎夫妻が種々世話をしてくれたこと、病の地頭伊東氏を祈祷で治したお礼に「海中いろくづの中より出現の仏体」を賜ったこと、など、後年伝承の柱となる事柄が簡潔に記されているのには、正直驚いた。伊豆流罪から一ケ月少し経っての御書であるから、僅かの間に周知な事柄が相次いで起こったことになる。また「船守弥三郎許御書」であるが、鎌倉武士の四条金吾宛御書と何の遜色もない高度な内容である。弥三郎は、「船守」（漁師）ではなかったか。本御書は、弥三郎からどのように伝えられたのか。川奈の弥三郎夫妻と佐渡の阿仏房夫妻・国府《こふ》夫妻がだぶってみえるのは、どうしてなのか。総じて「日蓮聖人註画讃」の世界そのものではないか。など様々なことが想起された。

その点、興風談所製作「御書システム」の解題に「その成立自体を含め検討すべきである」とあるのは妙にうなずけたし、先の『日蓮が道』が「船守弥三郎伝説」とされたのはむべなるかなと思った。ちなみに本御書は、兜木正亨校注『日蓮文集』（岩波書店、一九六八年一〇月）の冒頭に掲載され、「写本」と記されている。その初見は、一如院日重（一五四九〜一六二三）編「本満寺録外御書巻四」であるという（坂井法曄師の御教示）。果たして、原本は本当に存在したのであろうか。

(五)

翌日は、まず伊東市物見が丘に所在する海光山仏現寺を訪ねた。二度目の参詣である。当寺は、日蓮が伊豆流罪中に草庵を営んだといわれる毘沙門堂跡（御草庵毘沙門堂紫雲殿。写真3）に建立された寺院である。それ故に「霊跡本山」と呼ばれる。住職は、板垣日祐師である。地頭伊東氏は、病が日蓮の祈祷で治ったことから帰依し、海中から引き上げた立像釈迦像を献上したという。日蓮は、終生これを随身仏としたという。当寺には、「海中出現立像釈迦仏」が寺宝第一として格護されている。ただ当寺には、火事にあったとはいえ、御書・曼荼羅本尊のみならず中世に遡る史料はまったくない。

写真３　御草庵毘沙門堂紫雲殿（仏現寺）

元禄十六年（一七〇三）の元禄大津波の供養塔がある旧山門から草庵跡といわれる小世界がそもそもの原型と思われた。現在の祖師堂などは、すべて近代のものである。その意味で、当寺は、まさしく伝承の世界にある。

ところで、この「海中出現立像釈迦仏」は、その他、京都本禅寺（「立像釈迦牟尼仏縁起」）や京都本圀寺《ほんこくじ》などにも伝来するという。そもそも、この「海中出現立像釈迦仏」は、日蓮御遷化記録に「仏者〈釈迦立像〉」とみえ、また日興原殿御返事に「聖人安置の仏」とみえる仏像を指すとされるが、その淵源は、先の「船守弥三郎許御書」の「海中いろくづの中より出現の仏体」という記事に、そして「日蓮聖人註画讃」の「海底の鱗の中より出現せし仏体」に突き当たる。それらの淵源が崩れると、その存立基盤を失ってしまう。その点、『日興上人全集』

がこの一連の事態をあくまでも「所伝」としたのは、うなづける。なお、「御本尊一体〈釈迦立像〉大国阿闍梨（日朗）」とみえる「御遺物配分事」は、明確な偽文書である。本弟子六老僧の一人日朗に授与されたことを示そうとしたものである。

㈥

これら参詣した伊東市内の蓮着寺・蓮慶寺・仏現寺の三寺は、いずれも日蓮の伊豆の法難にちなむ寺院として建立されたもので、中世の時代に遡る根拠はまったく窺えなかった。「日蓮聖人註画讃」が広く読まれる様になって、日蓮の聖跡めぐりが行われるに至った江戸時代前・中期頃に門流間での聖跡探しが僧俗一体で行われ、その結果として各地に堂や寺院が建立されるにいたった事情が垣間見られた。その過程で、日蓮由緒の場・物・人・御書が創出されて行ったのではなかろうか。それぞれ三ケ寺が固有の特徴を誇示して由緒を語る世界が出来上がって行ったのである。結果として、一種の分業が成立し共存を計ったのである。蓮着寺は俎岩の寺、蓮慶寺は船守弥三郎の寺、仏現寺は立像釈尊海中出現の寺、という風に。これを今風にいえば、キャッチコピーとして聖跡巡りの目玉としたのであった。

㈦

次に訪れたのは、伊東市宇佐美に所在する旭光山行蓮寺である。住職は、曾根顕祐師で、実成寺住職曾根顕恒師の長男にあたる。当寺は、昨年（二〇〇五）十二月十五日にも日誠師・宮良《みやら》順一氏とともに訪れたところで、今回で二度目である。先回は、安房妙本寺所蔵の日我「我邦雑記」（写本）の奥書に「豆州宇佐美村行蓮寺十三代日全（花押）」とあることから、その所在を確認することが目的であった。その結果、行蓮寺所蔵の過去帳から「房州産」「十三世日全」の存在を確認し、さらに「生国ハ房州大六村也、久遠寺塔中より入院」とみえる「十二世日恩上人」の存在も確認した。十八世紀中頃からの安房妙本寺との密接な関係を種々類推した次第である。現在は身延門流に属しているが、もともとは富士門流の寺院で、先の蓮慶寺と同様に柳瀬の実成寺の末寺であった。御厨子の御影もやはり読経像である。

そもそもの当寺の来歴は定かではないが、元禄十年（一六九七）の石塔が存在するので、江戸時代前期には創建されていたと思われる。ただ宗旨替え（富士門流へ）をした「九世蓮生阿日峰」から日恩・日全に掛けて安房妙本寺との関係が出来たのではないかと想定した。そして、当寺では今回も先回拝見した日興の曼荼羅本尊（二枚継）を改めて拝見した。年号の部分は擦り消されてあった。日誠師が微細に見入られた。その結果、伝日興曼荼羅本尊と認識された。今回はもう一幅、日目の曼荼羅本尊を拝見した。正和元年（一三一二）七月とある。日目の曼荼羅本尊は、現在八幅しか確認されておらず、当該年代のものは確認されていない（『日目上人』継命新聞社、一九九八年四月）。日誠師は、これまた微細に見入られた。その結果、これも伝日目曼荼羅本尊と認識された。住職によれば、両幅とも伝来不明のものという。

その後、住職から安房妙本寺所蔵の日蓮筆「愛染不動明王感見記」（「妙本寺文書」四九五・四九六）について日誠師に色々質問がなされ、日誠師が懇切丁寧に説明されるという一齣があった。門流を異にすると、交流の場も失われ、かって盛んであった問答も行われなくなったという。互いに疑問や質問を出して問答しあうことが日蓮門徒として「異体同心」ではないかと思った次第である。来る十月十五日の安房妙本寺のお虫払いでの再会を約してお別れした。実に清々しい気分での離山であった。

（八）

今回は、宗祖日蓮の伊豆の法難の聖跡を訪ねてということで、関連の蓮着寺・蓮慶寺・仏現寺を訪ね、さらに安房妙本寺との関連で行蓮寺を訪ねた。都合四ケ寺の参詣であった。どこの寺にも「平成二十二年で伊豆法難七五〇年を迎えます」というポスターが張られていた。また五月十二日には毎年「日蓮聖人・伊豆法難の日」として盛大な法会が行われるという。これが現実である。現実は現実として認めねばならないが、「伝承のほかほとんどこれを知ることができない」（中尾堯『日蓮』吉川弘文館、二〇〇一年十一月）という言葉が妙に実感できた聖跡巡りであった。（二〇〇六・六・二十二）

第六章　富士参詣記

静岡県の富士地方には、日蓮宗寺院、特に富士門流の流れを汲む寺院が多く存在する。それは、宗祖日蓮の本弟子（六老僧）の一人日興（写真1）が富士上野や北山（重須《おもす》）に大石寺や本門寺（写真2）を開いたことに始まるという。その北山本門寺（住職本間守拙師）で例年四月十三日に「重須本門寺御風入法要」が開かれる。今年（二〇〇五）は安房妙本寺執事鎌倉修郷師とともに出かけることにした。これが第一回目の富士参詣の始まりである。

写真1：日興供養塔

(一)

虫干しは、午前十一時に始まるというので静岡市内のホテルに前日宿泊した。当日は生憎の小雨模様であった。北山本門寺の塔中養運坊に立ち寄ってから本堂に向かった。本堂にはすでに老若男女の檀信徒が大勢詰め掛けていた。最初に法要が行われ、それから宝物の虫干しが行われた。参会者には事前に解説付きの目録が配布された。まず本堂御宮殿の日蓮の生御影《しょう》が御開扉《ごかいひ》され、参加者は焼香とともに拝顔する。内陣には安房妙本寺と小泉久遠寺からの客僧が、外陣には本末関係の諸僧が座す。そのなかには珍しい尼僧二人もいた。北山本門寺ではほ五年単位で宝物の虫干しをするというので全部が出される訳ではなかった。今回は十七点ほどの宝物が出展された。日蓮の曼荼羅本尊四幅・日興の曼荼羅本尊六幅を中心にその他本門寺棟札・「貞観政要」（重要文化財指定）・「曽我物語」などである。日蓮の曼荼羅本尊のなかには、有名な鉄砲曼荼羅も含まれていた。檀信徒は、それらを食い入る様に拝観する。その一方で富士門流寺院の曼荼羅本尊の調査を続ける興風談所の山上弘道・菅原関道両師が文言の一言一句を注視しながら精査されていた。ただわたしにとってもっとも関心があったのは、重須本「曽我物語」であった。天文二十三年（一五五四）の年紀を持つ小泉久遠寺代官日義（後の北山本門寺住職日殿）の書写本である。これと安房妙本寺本曽我物語の書写関係が云々されていることは、関係者には周知の事実であるからである。これは、善本で保存状態がよく安心した。ただ全体で小一時間程度の短い時間の虫干しで果たして本当の

写真２：北山本門寺

写真３：妙円寺

虫干しになるのかとは思いつつ下山し、養運坊に戻って昼食を頂いた。

　その後、小泉の妙円寺（写真３）を参詣した。ここでは伝来のものとされる日興・日郷・日我などの曼荼羅本尊や小泉次大夫の位牌などについて住職伊藤地張師とお話をした。その際、小泉久遠寺との歴史的関係や妙円寺が下之坊と呼ばれた所以などを考えた次第である。なお、住職が『中世東国日蓮宗寺院の研究』（東京大学出版会、二〇〇三年十一月）を読んで寺史を学んでおられたのは、正直嬉しかった。

　さらにその後に三ッ沢の長遠寺《じょうおんじ》（写真４）を参詣した。ここでは、妙本寺住職日要の曼荼羅本尊と日前の板曼荼羅本尊を中心に拝観した。前者は、すでに立正大学日蓮教学研究所や興風談所によって調査されたものであったが、わたしにとっては初めてのもので、感慨深かった。明応六年（一四九七）七月のもので本賢寺日幸に授与したものである。本賢寺日幸は、日向の本源寺日幸のことと推定され（坂井法曄師談）、日要の日向での活躍を示す貴重な史料である。ただこれは、本来的に長遠寺伝来のものではなかろう。後者は、寛永十八年（一六四一）九月の妙本寺住職日前の板曼荼羅本尊である。その所在は存知していたが、保存状態もよく長遠寺の固有な史料としては最古のものであった。この長遠寺は、江戸時代創建の寺院であり、中世の聖教《しょうぎょう》類に出てくる三沢《みつざわ》本隆寺と直接繋がるのか否かが問題となる。中世寺院が衰退し改めて近世寺院が近隣地で建立されるという例は存在するのでその例かとも思われた。いずれにせよ、この周辺に戦国期の小泉久遠寺再建の際に前線基地となった寺院が存在したことは間違いない。なお、長遠寺の住職小西唯信師の奥方は旧姓片寄《かたよせ》で戦中・戦後妙顕寺住職にして妙本寺執事であった片寄海照師のお嬢さんであることをお聞きして妙本寺との寺縁を改めて感じた次第である。拝観が済んだ頃には、夕暮れ時となり、静岡のホテルに戻った。

写真４：長遠寺

　翌十四日は、天気も回復して春日和であった。まず富士市岩本に所在する霊跡寺院実相寺を参詣した。日蓮が二年間にわたって一切経を閲読したといわれる一切経堂を見学するためであった。そこでしばし日蓮の勉学の様子を想像し、「立正安国論」執筆の起点が実にここにあったことを確認した。

　その後、小泉久遠寺（写真５）を訪れた。現執事で四月二十四日に晋山《しんざん》式を迎える吉田顕綱師とお会いした。吉田師の祖父は、戦前妙本寺の住職を勧めた吉田日顕師で現妙本寺住職※鎌倉日櫻《にちおう》師（鎌倉芳太郎の弟）の師匠にあたる人とのこと、ここでも寺縁を感じた。小泉久遠寺では戦後まもなく米軍が

写真５：小泉久遠寺本堂

撮影した航空写真を拝見した。その旧観を通じて久遠寺の要害性を窺い、戦国期しばしば戦場となった理由の一端が存知された。確かに要害であった。また本堂に掲示されている明治期の寺院景観図の扁額を拝見した。新住職になられる吉田師からは、小泉久遠寺の置かれてきた状況や宝物の行方などについて種々お話を伺い、寺宝の管理の難しさを痛感した。昼食を頂いた後、墓地で小泉次大夫の供養塔（写真６）を確認し、その功績を偲んだ。供養塔は、何回となく移動し現在は中野氏宗家の墓地に置かれているが、不自然な観が否めなかった。

そして、長泉町元長窪の円蔵寺（写真７）を参詣した。わたしにとって初めての参詣である。円蔵寺は、先の吉田師が住職を勤めておられる寺院である。円蔵寺は、過去何回となく火事にあい曼荼羅本尊・古文書類はまったくないとのことである。墓地では、日安の供養塔が一際大きく存在していたのには注目された。室町期に妙本寺住職であった日安が隠居寺として建立したのが始まりという。ただ供養塔は近世の天和年代のもので中世のものではない。石塔も近世中期以降のものがほとんどで中世に遡るものは確認できなかった。ただ中世の史料（「妙本寺文書」「定善寺文書」）には、長久保＝長窪云々がしばしばみられる。それがこの円蔵寺を指すものと考えられる。戦国期の小泉久遠寺再建工事の前線基地となったのも、さきの三ッ沢の寺院とこの長窪の寺院であった。確かに円蔵寺という寺名は現れないが、中世の時代から隠居寺の様な形で存在していたことは間違いなかろう。

その後、訪ねたのは、沼津の車返しであった。交通の要衝であった車返しには、文永十一年（一二七四）五月に日蓮が鎌倉から甲斐身延山に赴かれる時に立ち寄ったという場所があり、そこに現在お堂が建っている。聖跡であることを示す石碑も建てられている。ただその場所については、異論もあるとのことであった。

その後、伊豆畑毛《はたけ》（函南《かんなん》町畑毛）の三祖日目の生誕地と一代

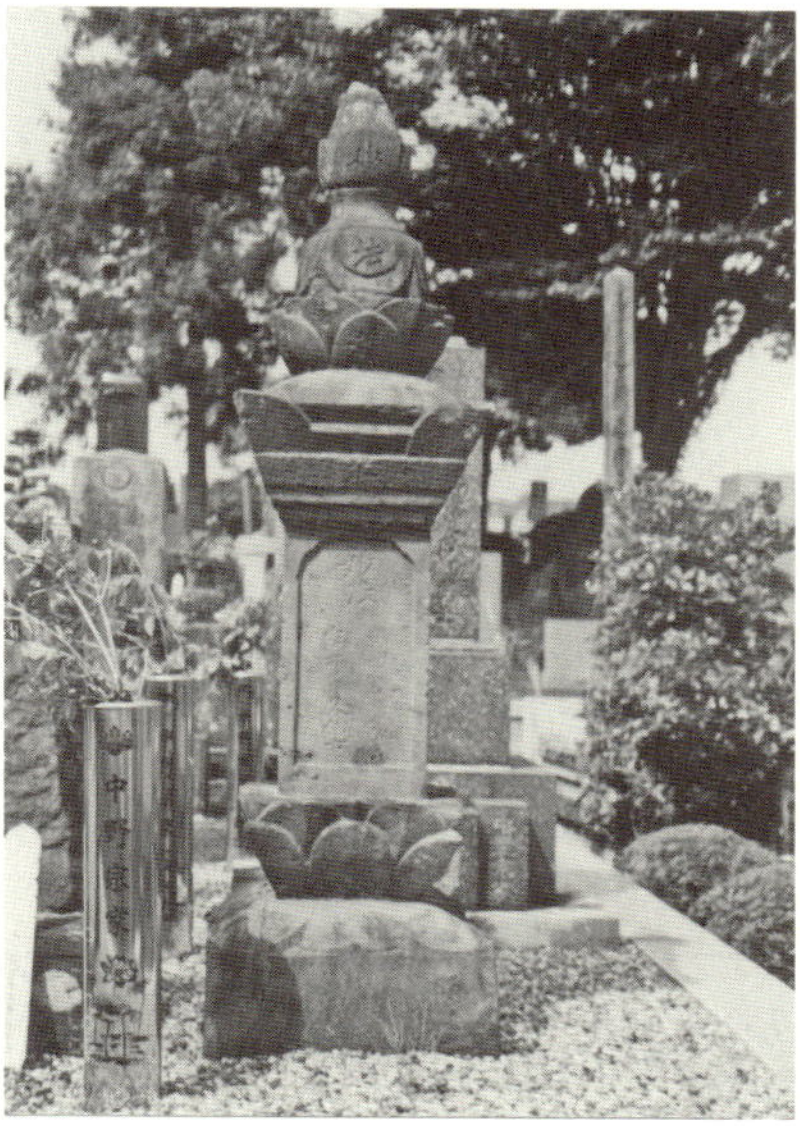

写真６：小泉次大夫供養塔

写真７：円蔵寺

の雪《せっ》の碩学堀日亨（慶応三年〔一八六七〕二月十四日～昭和三十二年〔一九五七〕十一月二十三日）の山荘《さんそう》の跡地を訪ねる予定であったが、時間もなくそのまま東名高速を利用しつつ久里浜まで走った。そして、総武線直通で帰宅した。

㈡

そして、第二回目の富士参詣は、四月十八日の西山本門寺（写真８）の虫干し参詣であった。この日は、開山日代の忌日にあたる。やはり十二時から始まるということで前日に修郷師とともに静岡に入った。この日は、お天気に恵まれた。小泉久遠寺・妙円寺・北山本門寺を通って西山に向かった。その途中上野の大石寺（写真９）を久し振りに参詣した。巨大な三門には日蓮正宗総本山の大きな竪札が立てかけられていた。整然とした東西の塔中を通り御影堂に参詣した。熱心な檀信徒が数名唱題中であった。その背後には正本堂に代わって建立されたという奉安堂が聳えていた。確かにその偉容さは他を圧するものがある。ただ広大な境内にまばらな参詣客で現在の置かれている大石寺の将来を思わざるをえなかった。大石寺でも四月六・七日に虫干しを実施されているとのことであるが、他寺と異なって一般に公開されず檀信徒のみを対象とするにすぎないとのことであった。何故一般公開されないのか門外漢にとっては不思議でならなかったが、それがまた大石寺の現状なのであろう。

大石寺をすぎさらに日興の両親の墓地があるという東光寺をへて西山本門寺に入った。西山だけは、富士宮市に属さず芝川町に属している。西山本門寺は、日興の弟子日代によって開かれた寺院である。

最初に塔中妙円坊の住職にして西山本門寺の執事長岡田日産師を訪れ挨拶をした。そこで昼食を頂いた。十二時から法要そして虫干しである。本堂に向かう前には、信長饅頭を販売する婦人たちがいた。まるで縁日気分である。寺内に織田信長の首塚が存在し、信長所縁の寺院となっているからであろう。本堂のなかにはすでに千葉（福正寺）・神奈川・新潟などから大勢の老若男女が参集していた。法要の後で内陣に御宝蔵からすでに搬入されていた長櫃の解錠から始まり、日蓮・日興・日代の曼荼羅本

写真８：西山本門寺客殿

写真９：大石寺三門

尊がところ狭しと奉掲される。その後、日蓮の御書（一代五時鶏図など）が檀信徒に説明と称して差し広げられる。わたしは、国重要文化財に指定されている日蓮御遷化記録を拝見したく思っていたが、これは今回虫干しの対象とはなっておらず拝見できなかった。はなはだ残念であった。それにしても、虫干しを通じて日蓮と寺院、そして檀信徒の一体感が演出される工夫がなされていた。なお、西山本門寺の御宮殿は、県の重要文化財に指定されている。御影がその間御開扉されている。やはり富士門流の読経像の姿であった。

ただ問題は、奉掲される曼荼羅本尊のみならず御書までがカビが生えているものが多いという現状である。また時間も北山本門寺以上に短く必ずしも十分な虫干しにはなっていないのではないかということである。そのうえ取り扱いの面でも、如何なものかと思われる点も存在した。その意味で、西山本門寺の虫干しは、文化財保存の意味からも再考の必要を痛感した。これまで安房妙本寺・北山本門寺・小泉の妙円寺などで虫干しを拝見してきたが、ほぼ完璧な虫干しとなっている安房妙本寺に比して、西山本門寺のそれは、極めて憂慮すべきものといってよい。日蓮を渇仰恋慕する檀信徒にとってその曼荼羅本尊や御書は、信仰対象以外なにものでもなく、寺院にはそれらを永久に伝えて行かねばならない義務があろうかと思う。そのためには何が必要なのかを考えて頂きたいと思った次第である。この第二回目には、その後富士五山の一つ下条の妙蓮寺と下之坊を参詣する予定であったが、時間なくできなかった。次回に回すことになった。前回と同様な形で帰途についた。

㈢

この様に二回に及ぶ富士四山（北山本門寺・小泉久遠寺・上野大石寺・西山本門寺）を中心とした参詣は無事終了した。まことに信行学を実践するに相応しい行程であった。それは、二つの虫干しを中心にした参詣であったが、その周辺の聖跡や富士門流寺院をも参詣できて大変有意義であった。都合三泊四日修郷師と寝食を共にし師と富士門流の来し方行く末を談じえたのもこれまた有意義であった。現在富士門流寺院は、身延門流に属したり単立寺院化したりでかつての纏まりは薄れているが、それでも人脈において化儀《けぎ》において様々な面でなお息づいているのも実感できた。富士門流の再生あれと思わざるをえなかった。そのことを強く感じた二回に及ぶ富士参詣であった。

（二〇〇五・四・二〇）

※鎌倉日櫻（明治四十一年〔一九〇八〕二月二十八日〜平成二十一年〔二〇〇九〕九月十八日）

①安房妙本寺（千葉県安房郡鋸南町吉浜）
②遠本寺（千葉県鴨川市奈良林）
③本乗寺（旧千葉県冨津市佐貫。現富津市加藤）
④円蔵寺（静岡県駿東郡長泉町元長窪）
⑤小泉久遠寺（静岡県富士宮市小泉）
⑥妙円寺（静岡県富士宮市小泉）
⑦長遠寺（静岡県富士市三ツ沢）
⑧北山本門寺（静岡県富士宮市北山）
⑨下条妙蓮寺（静岡県富士宮市下条）
⑲上野大石寺（静岡県富士宮市上条）
⑪西山本門寺（静岡県富士宮市芝川町西山）
⑲身延山久遠寺（山梨県南巨摩郡身延町）

第七章　鹿児島研修記——日我「島津家物語」と重野安繹——

(一)

二〇〇九年八月二日から四日まで、〈異邦人研究会〉の趙景達・須田努氏らとともに鹿児島に行った。鹿児島へは初めての踏み入れである。鹿児島空港に着くと、眼前に西郷隆盛像が目に止まる。隣国の宮崎空港に着くと、東国原英夫知事の法被姿が目に止まるのとは好対照である。確かに鹿児島の各地を廻ると、その他大久保利通像もあり、維新関係者の史跡が随所に存在する。東郷平八郎・大山巌・松方正義などの誕生の地など際限ないくらいである。改めて鹿児島の幕末から近代日本にかけての果たした役割の大きさに驚かされる。かれらは、今に地域の偉人として生き続けているのである。

この研究会の調査の目的は、苗代川《なえしろがわ》（現日置市東市来町美山）の鮫島家（何家）・大迫家（沈家）・東郷家（朴家）などの朝鮮人陶工（文禄・慶長の役で朝鮮半島から薩摩に強制連行された陶工）の近世から近代にかけての動向であるが、わたしの目的はその研修もさることながら、日頃関心を持っている安房妙本寺日我「島津家物語」の写本の調査であった。

(二)

「島津家物語」は、日我（永正五年〔一五〇八〕～天正十四年〔一五八六〕）が永禄年代中頃に日向の門流再建と統制のために直接赴き、その際に島津氏支配の現状分析を行った〈時代の書〉である。その鹿児島大学図書館所蔵本については、すでに五味克夫《よしお》氏によって「『島津家物語―日我上人自記―』について」（『鹿大史学』二十三号、一九七五年十二月）と題して全文紹介されている。またその後、重永卓爾氏によって都城《みやこのじょう》島津家所蔵本も紹介され（『都城島津家史料第三巻』都城市立図書館、一九八九年三月）、「島津家物語」の存在が改めて注目されるに至った。五味氏は、その点を「島津家物語―日我上人自記―」（『千葉県の歴史資料編中世3』所収「千葉県史のしおり」二〇〇一年三月）で敷衍されている。なお、小生も、内容的な検討を行ったことがあった（『中世東国日蓮宗寺院の研究』東京大学出版会、二〇〇三年十一月。『安房妙本寺日我一代記』思文閣出版、二〇〇七年一〇月）。

そうした「島津家物語」の写本なりとも、是非この目で一見したく思っていた。日向出身の日我の痕跡は当然ながら宮崎ではそれなりに窺われるが、二本とも隣国鹿児島に存在することは、江戸時代事実上日向・大隅・薩摩三国が島津支配にあったことを考えれば、何ら不思議ではない。鹿児島大学図書館所蔵本は、五味氏の調査後の近年貴重書に指定され、裏打ちなど新たに施されて、保存に万全が期されている。それ以前は、五味氏が調査された、大正十三年（一九二四）に鹿児島高等農林学校図書館所蔵に帰した時の姿であったと思われ、まさに「虫損本」であったのである。五味氏が翻刻不能であった箇所はそれこそ虫損部分で、新たに解読不能となったところは存在しなかった。この十九帖からなる和綴本自体は、文政十二年（一八二九）四月に池水政峯が福崎九五左衛門所蔵本を書写したものである。もう一本の都城島津家所蔵本は、慶長十二年（一六〇七）十月吉日に村田越前守の命を受けて大村市兵衛が書写したものである。その意味では、鹿児島大学図書館所蔵本よりも古態を残す写本ということになる。

それにしても、江戸時代に入っても再三書写され続けたことは、注目に値しよう。それは、日我の「島津家物語」を通じて示した歴史認識が、なお有効であったことを示唆するが如きである。その点、日我はなお生き続けたのであった。現在はこの二本しか知られていないが、五味氏が推定されたように、都城島津家所蔵本の親本になったと思われる、旧島津家本「島津家物語」およびその原本の発見が鶴首される。

㈢

ところで、この「島津家物語」を一見した後に、図書館で丁度廃棄本の販売を行っていたので、一巡したところ『重野博士史学論文集中巻』（雄山閣、一九三八年五月）が目に留まり購入できた。本書は、「鹿児島大学文理学部」が昭和二十八年（一九五三）二月五日に東京の古書肆小宮山書店を通じて購入したものである。本書は以前から探求していたが、なかなか入手するに至らなかった代物である。

何故にこの本かといえば、重野安繹《やすつぐ》（文政十年〔一八二七〕十月六日～明治四十三年〔一九一〇〕

十二月六日）は、太政官修史館編修副長官時代の明治十八年（一八八五）九月二十四日に史料採訪のために安房妙本寺を訪れているからである。妙本寺所蔵「妙本寺文書」・「申状見聞私」・「日我百日記」・「堯我問答」などの採訪を行った当事者であった。現在東京大学史料編纂所に架蔵されている、それらは、その時の成果である。

重野は、その報告書（「関東六県史料採訪日記」）のなかで、面談した時の妙本寺住職山口日勧のことを「頗ル書史ノ嗜アリ」とわざわざ明記している。千鈞の重みのある言葉である。重野にとって安房妙本寺と日勧は、記憶に残る存在であったに違いない。それを象徴するのが、本書収録の「里見義通義豊義堯世次及事実の弁誤」という論文である。重野の「修史館時代カ」とされる論文である。これは、里見氏の天文の内乱について執筆した論文であるが、その際に修史館で採訪した安房妙本寺関係の史料（「申状見聞私」「堯我問答」）を初めて使っているのである。そこには、「日我自筆の本同寺に現存せり」と記述するなど、その史料採訪の成果が窺われて興味深い。

周知のように、重野は薩摩藩士であった。その痕跡など、地域の偉人として再生産される小松帯刀・西郷・大久保・東郷・大山・松方などの「巨人」の前に隠れて、表面的には埋もれているようにみえる。

しかし、われわれ歴史研究者にとっては、修史館での全国的な史料採訪・東京大学史料編纂所の原点を作った人物として、その名を顕著に刻された人物である。幕末から近代にかけて武人・政治家のみに特化されがちな鹿児島にあって、文人としてキラリと光る仕事を遺した人物として、もっと評価されてよいのではないか。

その点、旧制七高造士館を土台にスタートした、新制鹿児島大学文理学部のおそらく史学教室の日本史教員（桃園恵真《えしん》・鳥羽正雄両氏）が、鹿児島文人重野の論文集を当時としても相当高価な代償をもって購入した見識は、高く評価される。

㈣

なお、鹿児島大学図書館を後にして、鹿児島県歴史資料センター黎明館《れいめいかん》に向かい、同館の栗林文夫氏から鹿児島中世史全般のお話を伺った。さらに偶然にも五味克夫氏とお会いすることができた。氏からは、鹿児島大学赴任（昭和三十年〔一九五五〕十月）当時の史学教室の様子や「島津家物語」についての、直接種々御教示いただくことができた。まさに僥倖であった。

このように、この度の研修は、わたしにとって安房妙本寺日我・「島津家物語」・重野安繹・五味克夫氏が一つの縁をなすものとなった。そこに確かな仏縁を感じたのであった。

第八章　常総天台談義所参詣記

(一)

稀代の碩学硲《はざま》慈弘《じこう》・尾上寛仲両師および吉田一徳氏の田舎天台と称される関東天台宗寺院、特に談義所寺院の研究を一読して以来、いつかは参詣してみたいと思っていた。後述するように特に近年内山純子さんや渡辺麻里子さんの研究が相次いで発表されるに至り、その感を一層強くした。そこで、いずれ順次参詣するとして、今回は著名な天台談義所が各所に存在した常陸と下総に赴くことにした。（二〇〇六年）五月の連休（三・四両日）を利用してのゼミ生引率の研修旅行として行った。特別参加の石附敏幸氏を含めて総勢十三人による遥か中古天台への追憶の旅である。

(二)

五月三日午前一〇時上野駅に集合する。東北本線に乗車して小山駅で水戸線に乗り換えさらに下館駅で関東鉄道常総線に乗り換えて黒子《くろご》駅で下車する。黒子駅から旧道を通り約一〇分くらいで東睿山金剛寿院千妙寺（正式名称は千部大乗妙典寺）の巨大な山門に着く。古びた案内板で概要を確認して山門をくぐる。千妙寺の所在地は、平成の大合併の結果、二〇〇五年三月に茨城県真壁郡関城町黒子

千妙寺

から茨城県筑西市黒子二一四の一となった。

現在の千妙寺は、境内の庫裡・書院棟と客殿および総本堂、そして境外にある安楽院など四支院でもって構成されている。先々代によって造られたという大きな池があり、そこに咲くハスでもって千妙寺は、東国花の寺百ケ寺の五十七番目に数えられている。それが千妙寺の現在の一面である。

寺伝では、最澄の弟子慈覚大師円仁の創建とされ、観応年代の中興の祖亮守によって現在地に移されたという。亮守のほか亮珍・亮信などの活躍が思い出される。天台宗三昧《ざんまい》流の関東の拠点として、また伝法灌頂《かんじょう》道場として栄えた。慶長九年（一六〇四）に徳川幕府から寺領一〇〇石と格式一〇万石が与えられたというが、度重なる火災によって多くの堂舎が失われ、現在は元文三年（一七三八）復興の総本堂（筑西市指定文化財）を最古の建造物とするという。なお、千妙寺は、僧正寺といわれ、僧正位の僧侶が住職を務める寺格である。

しばらく境内を散策して石碑などを確認した後に、書院で代務者の方から種々のご説明を頂く。昼食を取らせて頂いた後、客殿で御本尊釈迦如来像や元三《がんさん》大師像などを拝した。結界《けっかい》で仕切られた奥には、黒童子像や灌室《かんしつ》が存在する。灌室は、残念ながら関係者以外立ち入り禁止とのことで入れなかった。灯り一つない灌室で二年に一度伝法灌頂の儀式が行われるという。これは、比叡山延暦寺とこの千妙寺のみで行われる重要な儀式という。

この千妙寺には、数多くの文化財が残されている。頂いた『関城町の文化財』によれば、鎌倉時代の絹本著色毘沙門天二脇侍像・金銅五鈷杵・金銅五鈷鈴などがある。また古河公方足利氏・青蓮院宮・豊臣秀吉・天海などの文書を含む「千妙寺文書」も注目される。これらすべて、現在茨城県立歴史館に寄託されているとのこと。『茨城県史料中世編Ⅲ』（一九九〇年三月）には、詳細な解説と八十九通の文書が翻刻紹介されている。また所蔵史料については、『千妙寺文書目録㈠㈡』（茨城県立歴史館、一九八三年三月・一九八四年三月）に詳しい。

なお、千妙寺の所在する筑西市には、南朝遺跡として戦前一世風靡した関城跡があり、そこの「坑道跡」「関宗祐墓」などを見学したかったが、時間の関係から断念し、次の目的地に向けて離山した。

（三）

われわれは、黒子駅からふたたび下館駅に戻って水戸線に乗り換えて羽黒駅に向かった。目的は、曜光山月山寺《がっさんじ》である。羽黒駅から北方約一㌔くらいで比較的新しい石垣の塀と山門に囲まれた月山寺に着く。門前の道路が拡幅されて往時の寺域を偲ぶことは難しい状態であった。月山寺の所在地は、茨城県西茨城郡岩瀬町西小塙一六七七である。

月山寺は、寺伝によれば、延暦年代に法相宗の徳一によって創建されたが、永享年代に光栄によって天台宗に改宗されて以降、恵心流の談義所として隆盛を極めたという。通称磯部の談義所といわれる。関ヶ原の合戦の際、時の住職恵賢が天海とともに戦勝祈願した功で格式一〇万石を与えられ、関東八檀林の一つとなったという。そこから多くの学僧を輩出したという。

山門をくぐり、住職光栄純貴《みつはな》師にお目に掛かり、過日お送り頂いた『中世常陸国天台宗の高僧の足跡―（付　常陸国を中心にした天台宗の談義所について―）』の御礼を申し上げた。その際、また近年出版された内山純子『月山寺磯部談義所』と同・渡辺麻里子編『曜光山月山寺　了翁寄進鉄眼版一切経目録』という貴重な図書をお分け下さった。月山寺の研究が近年急速に進んでいることを示す貴重な成果とその重要性を認識した。改めて尊舜らの活躍を想起したのであった。

住職には、本堂にご案内頂き御本尊薬師如来像・十二神将・元三大師像などを拝させて頂いた。その壁に貼られた祠堂金の名前に小塙姓が多く、わたしの関心からも興味がひかれた。住職のお話では、月山寺は過去に火災にあったことがないのにもかかわらず、中世の時代の典籍類はまったく伝来していないという。その点は、前掲書で内山さんが「広学竪義のために舜慶の手で叡山に運ばれ、さらに天海によって日光や叡山に集められ」たことをその「理由のひとつ」にあげられている。とにかくまったくないのは事実で、『茨城県史料中世編』も取り上げていない。ただ国・県指定の重要文化財十三点（「弁慶の網代笈」など）をはじめとする仏像・仏画・工芸品は伝来し、境内に設けられた月山寺美術館に展示・保管されている。なお、月山寺は、現在先の千妙寺と同様に東国花の寺百ケ寺に加えられ、五十五番もみじの寺として親しまれている。これが月山寺の現在の一面である。

その後、住職から月山寺は中世の時代、近隣の磯部にあったとのお話をお聞きしたので、ご挨拶をして離山し、その旧跡を訪ねた。磯部稲村神社の磯部宮司宅の前方の道場前という小字が残るところという。同神社は、南北朝・室町時代の館跡遺構（土塁と空堀跡）を残すなかにあり、神官領主磯部氏の姿を想起した。

偶然お会いした磯部宮司からこの周辺が河川交通（桜川）で結ばれた要地であったことを伺い、そうした交通上の利便な地に談義所ができたことを実感できた。千妙寺の前住職は、月山寺からの入寺といい、歴代深い関係にあったという。それにしても、お若い現住職が長い伝統と由緒を誇る月山寺を現代における仏縁の場とされようとする御姿を拝し前途幸多からんことを祈らざるをえなかった。月山寺は、現住職から世襲になったという。

われわれは、磯部稲荷神社を後にしてふたたび羽黒駅に向かい、水戸線に乗り宿泊予定地の笠間に向かった。笠間駅に着いた頃は、とうに日が暮れていた。その途中の稲田に親鸞が「教行信証」を著した草庵（西念寺）があることを思うと、親鸞の学問環境と月山寺の談義所との関係密なることを想像した。親鸞は、この稲田に二〇年間留まって関東・東北への布教を行っている。常陸は、親鸞にとっても重要な拠点であった。

㈣

翌四日は、笠間駅から友部駅に向かい、常磐線に乗り換えて、常陸の中心部石岡・土浦・常陸牛久各駅を通って、佐貫駅に向かった。佐貫駅から関東鉄道龍ヶ崎線に乗って龍ヶ崎駅に着いた。笠間駅を出発してから約三時間が経っていた。目的地は、小野の逢善寺《ほうぜんじ》である。龍ヶ崎駅からの交通手段はバスかハイヤーしかない。バスで約四〇分くらい乗ると、「小野の観音様」の立看板がみえてくる。地元では、現在そう呼ばれる寺院である。所在地ほ、平成の大合併の結果、二〇〇五年三月に茨城県稲敷郡新利根村小野から茨城県稲敷市小野三一八となった。正式寺名は、慈雲山無量寿院逢善寺という。

バス停から北に向かって歩くこと、約二五分くらいであろうか。登り詰めたところ小さな神社があり、そこを右折すると、まもなくみえてくるのが太田道灌ゆかりという仁王門（茨城県指定文化財）である。そこをくぐると、天保十三年（一八四二）建立の本堂（茨城県指定文化財）がみえる。左側には、朽ち果て崩落寸前の万日堂が無惨な姿を晒している。右側には、文久二年（一八六二）建立の

逢善寺

客殿・庫裡《くり》（茨城県指定文化財）がみえる。

寺伝によれば、逢善寺は奈良時代の天長年代に逢善道人によって創建された寺院であったが、南北朝時代の永和年代に覚叡によって天台宗に改められたという。以降天台宗の檀那流を中心とした談義所として隆盛を極めたという。そこでは、尊雄・定珍らの名前がすぐに浮かぶ。戦国時代には、江戸崎城主の土岐原氏の庇護を受けたという。そして、江戸時代には一〇万石の格式を与えられるとともに、月山寺同様に関東八檀林の一つに数えられて優れた学僧を輩出したという。中世から近世にかけて関東有数の談義所であった。

わたしたちは、早速庫裡に住職坂本幸仁師を伺った。住職は、本堂の内陣にわたしたちを入れてくださって、秘仏とされる千手観音や閻魔様などを説明してくださった。長野善光寺のものを小さくした胎内巡りと後戸・前立の構造が興味深かった。その折、全員が本堂再建の際に作成された『逢善寺』（内山純子「逢善寺の歴史」を掲載）という冊子を頂いた。その後、庫裡で種々お話を伺った。

庫裡の土間には、南北朝時代（康暦四年他）のものと思しき武蔵型板碑が四基立てかけられていた。先年千々和到氏による調査があった由である。この地域に武蔵型板碑が伝播していたことに興味が注がれた。庫裡では、鎌倉時代初頭の金銅五鈷鈴・金銅五鈷杵を拝見した。ともに茨城県指定文化財で、一九九二年四月の奈良国立博物館「特別展　密教工芸　神秘のかたち」に出品されている。静寂に響きわたる振鈴の音色は、千年の響きをともなう厳かなものであった。どれほどの人々の仏性を覚醒してきたことであろうか。

逢善寺は、そうした貴重な文化財とともに貴重な古文書も伝来されている。『茨城県史料中世編Ⅰ』（一九七〇年三月）には、詳細な解説とともに二十四点の文書が翻刻されている。そのなかでも、著名なのは、「檀那門跡相承資幷恵心流相承次第」（「檀那流門相承資」）である。勝野隆信・硲慈弘・宮田俊彦・玉村竹二・菊地勇次郎らの諸先学によって調査・研究されてきたものである。『千葉県史料中世篇県外文書』（一九六六年三月）が最初の翻刻であろうか。戦前の早い段階から史料調査が行われていたようである。現在も研究者がしばしば訪れるという。教学の面での最新の成果は、大黒喜道「『檀那門跡相承資幷恵心流相承次第』の什覚記録について」（『興風』十七号、二〇〇五年十二月）であろう。いずれ改めて同学の士と古文書・聖教類の調査をさせて頂けたらと思っている。

逢善寺は、都会から比較的離れたところに所在し、昔日の雰囲気を強く残す寺院であった。それは、いまに江戸時代創建の庫裡で慎ましく御仏に仕える日々を送られている住職ご夫妻のお振る舞いにも強く感ぜられた。都会の喧噪をしばし忘れさせてくれる数時間であった。いつまでもこうした自然環境下にあって欲しいと願わざるをえなかった。なお、逢善寺は、先々代まで独身住職であったが、現住職の代から世襲になったとのことである。

㈤

こうして庫裡で種々お話を伺っている時、迎えのハイヤーが来たので、ご挨拶をしてお別れをした。次の目的地である下総龍角寺に向かった。当初龍ヶ崎に戻り我孫子から鉄道で向かう予定であったが、利根川を横断すれば、遥かに近いとのご住職のお話で、ハイヤー三台に分乗して龍角寺に向かうことにした。国道四〇八号線の長豊橋を越えての千葉県入りである。車で約四〇分くらいで着いた。確かに地図をみれば、茨城県稲敷市と千葉県印旛郡栄町は、利根川を挟んで向かい合っている。まさに常総一衣帯水の世界である。鉄道が開通する以前は、もっぱら河川を利用した交通が盛んであった地域である。

龍角寺は、千葉県印旛郡栄町龍角寺二三九に所在する。現在は再建された小さな「天竺山龍角寺」が所在するにすぎないが、遥か昔の古墳時代をへて白鳳時代に創建されたという古刹である。いまに白鳳仏として著名な国宝銅造薬師如来が伝来することは、有名である。境内には、その痕跡を示す金堂跡や三重塔の心礎（「不増・不滅の石」）などが残されている。

とはいえ、わたしたちにとっては、中古天台の談義所としての龍角寺への関心である。上総佐貫の談義所と三途台《さんずだい》の長福寿寺と並び称される県内最古の中古天台の談義所であったからである。その龍角寺といえば、すぐさま鎌倉時代に活躍した朗海や心慶などの学匠の名前が浮かぶ。金沢文庫所蔵聖教類にその名前がみられるように、金沢称名寺との繋がりが深かった人たちの活躍した舞台であった。

この後、卒業生が勤務する隣接する「房総のむら」を訪ね、銅造薬師如来の仏頭部分のレプリカを拝した。小さな仏頭であったのは、意外であった。これを拝すると、「天竺山龍角寺」の御厨子に収められている現物を拝顔したくなるのが人の常である。ために御開帳を望む声が多いという。宜なるかなと思った。これを最後にバスで安食《あじき》駅に向かい、成田駅経由で千葉駅に行き解散した。

㈥

二日間にわたる常陸・下総の中古天台の談義所めぐりは、千妙寺・月山寺・逢善寺・龍角寺の四ケ寺に限られたが、天候にも恵まれ充実した研修となった。これは、ひとえに談義所の伝統と由緒を守っておられるご住職のご配慮の賜物であった。談義の会もあるとのこと、各寺院往時談義所であったことに誇りを持っておられるご様子と拝した。

現在はそれぞれ閑静な寺院であるが、中世・近世の時代は、それこそ全国から選び抜かれた学僧たちが日々講義に書写に研鑽を積んだ世界であった。そうした息吹を過去の史料のみならず遺跡を通じて学び追憶することができたことは、無上の悦びとするところであった。そして、信仰と学問が不可分な関係にあることを学生とともに身をもって学ぶことができたのも、本当に嬉しいことであった。

合掌。

（二〇〇六・五・九）

写真１：妙本寺客殿

第九章　安房妙本寺と日我

一、日我の生い立ち

安房の妙本寺（千葉県鋸南町吉浜字中谷《なかやつ》）は、建武年代（一三三四～三七）に開山日郷・開基佐々宇《さそう》氏によって開かれた日蓮宗寺院である（写真１）。ただ日蓮宗寺院とはいっても、宗祖日蓮の本弟子（六老僧）の一人日興につらなる富士（日興）門流の寺院である。開山の日郷は、日興の弟子日目《にちもく》の弟子である。この妙本寺の中世の時代にあって、その名前を現在にまで強く残す住職（「上人」）には、寺祖と呼ばれる南北朝時代の日郷と室町時代後期の中興の祖といわれる日要、そして戦国時代盛期の日我の三人がいる。ここでは、とくに日我について述べたい。

日我は、永正五年（一五〇八）九月十六日に九州の日向児湯《こゆ》郡佐土原（宮崎県宮崎市）で生まれたという。出自は、本姓安部氏、氏姓長友氏といい、父は安治（要耳）、母は妙義といった。日向と妙本寺の関係は、遠く南北朝時代初期にまでさかのぼる。日向出身で寺祖日郷の弟子となった日睿が安房と日向を往復しながら、日向で積極的に布教活動をおこなったことに始まるという。日睿は、定善寺（宮崎県日向市）以下多くの寺院を建立したり檀那を獲得した。その結果、日向は、妙本寺にとって本拠地安房に次ぐ重要な基盤となったのである。そうした教線活動のなかから長友氏が登場してきたのであった。

長友氏の檀那としての活動は、すでに室町時代中後期頃から確認されるが、その氏族としての特徴は、九州（日向）―瀬戸内海―畿内間交易において大きな利益をあげる日向有数の流通商人であったことである。長友氏は、当時の時代変革の主体であった有徳人《うとくにん》であったのである。日我の父要耳は、当時の妙本寺住職日要から有力檀那三人（安房の藤平道心・和泉堺の是弥日堯・日向の長友要耳）の一人に挙げられる程、多額な供養（布施）を行うと同時に信仰心の厚い人物であった（「我邦雑記」）。早くに死去した母も信心深い婦人であった。日我は、そうした経済力に裏打ちされた信仰心の厚い両親の影響を強くうけながら宗教者としての道を歩み始めた。幼名を乙都丸といい、六歳の時に日要から要の一字をもらって坊名要賢房と称したという（「中状見聞私」）。日要の名目上の最後の弟子となったのである。

その後、日我は、仏法を指導する地位にあった学頭坊本永寺日杲《にちこう》について学ぶと同時に日俊・日柔らの天台宗の学僧からも厳しい指導をうけた。日我は、長友氏一族の希望の星として育まれたのであった。日我は、またそれに十分応える学問的力量を有する人物であった。

二、日我が妙本寺住職となる

日我が妙本寺に入寺したのは、天文二年（一五三三）であった。日我、時に二十六歳であった。ただその時は、住職としてではなく学頭坊本永寺日杲の代官としての入寺であった。それからまもなくの天文六年十月には、妙本寺に立ち寄った安房の大名里見義堯（当時二十五歳）と法華問答をして、有名な「堯我問答」を残している。若いこの二人は、これをきっかけにして親交を深め合い、その関係は、義堯の死去（天正二年六月一日）まで続いた。そして、日我は、その二年後の天文八年に学頭坊本永寺日杲らの後押しを受けて正式に住職に就任した。寺祖日郷から数えて十一代目の住職であった（妙本寺法脈を参照）。

妙本寺法脈

（1日蓮―2日興―3日目）―4日郷（妙本寺開山）―5(2)日伝―6(3)日周―7(1)日祐―8(5)日永―9(6)日安―10(7)日信―11(8)日要―12(9)日清―13(10)日継―14(11)日我―15(12)日侃―16(13)日珍……40(37)日勧（山口）……53(50)日櫻（鎌倉）―54(51)日誠（鎌倉）

＊　数字は妙本寺歴代譜上世代数、（　）内は実質上の世代数。

日我が代官や住職に就任した頃の妙本寺は、内外ともにさまざまな困難に直面していた時期であった。たとえば、妙本寺は、戦国時代の到来とともに、上総と安房の国境付近に位置することや妙本寺砦（太鼓打場）が存在することなどから、その軍事的役割が注目されるようになった。それにともなって諸勢力間の戦争に直接巻き込まれるようになったのである。里見氏における天文の内乱においても、激戦地の一つとなった（「申状見聞私」）。さらにこれから以降、江戸湾を挟んで向いあう後北条氏から攻撃されることも、しばしばであった。それは、現に妙本寺に残る多くの禁制や制札の物語るところであった（「妙本寺文書」四七三～四七九）。

その結果、御影《みえい》（日蓮坐像）が妙本寺を離れたり、廟堂（墓所）が破壊されたり、僧俗の宗教活動も十分に行うことができない状態に陥った。と同時にこれまで寺院を支えてきた有力な檀那たちが没落したりして、寺院経済もままならない状態となっていた。またそうしたなかで、妙本寺の内部から化儀《けぎ》（仕来り《しきた》）や教義を破る僧（日是《にちぜ》など）なども現れてきたのであった（「化儀秘決」）。こうした内外の状況が日我登場前後における妙本寺の状態であった。日我は、天文十四年十二月に「妙本寺年中行事」（「定善寺文書」二九）をまとめているが、そこでは、そうした厳しい現実を直視して、その宗教行事の復興にかける決意を示したのであった。

三、日我と「いろは字」

日我が直面したもっとも困難な事態は、天文二十二年六月に安房と上総の国境付近の土豪による武装蜂起にともなうものであった。この境目地域では、敵対する里見氏と後北条氏が、在地の土豪を味方につけようとさまざまな工作をおこなっていた。そこで里見氏に対する反乱が起こったのである。

日我は、身の危険を感じて牛十頭に乗せた聖教《しょうぎょう》（仏典）などを持って上総金谷城（富津市）に籠城した（「いろは字」下巻奥書。写真2）。日我は、天文十四年の戦争の時にも、同じように金谷城に籠城した経緯があった。

金谷城は、この地域を支配する正木氏の城であったので、その庇護を求めて籠城したのであった。籠城したのは、なにも日我や弟子たちだけでなく、一般住民も同様であったに違いない。金谷城が地域住民を守る城になっていたのである。日我は、籠城中に明日をも知れぬと弟子との結縁《けちえん》のために「日我弟子交名」を書いている（「妙本寺文書」一八七）。しかし、その弟子からも敵対者が出る始末であった。そのうえ、金谷城は、敵のゲリラ部隊の夜襲をうけ、日我は、持ち込んだ聖教以下の多くを焼失したのであった。

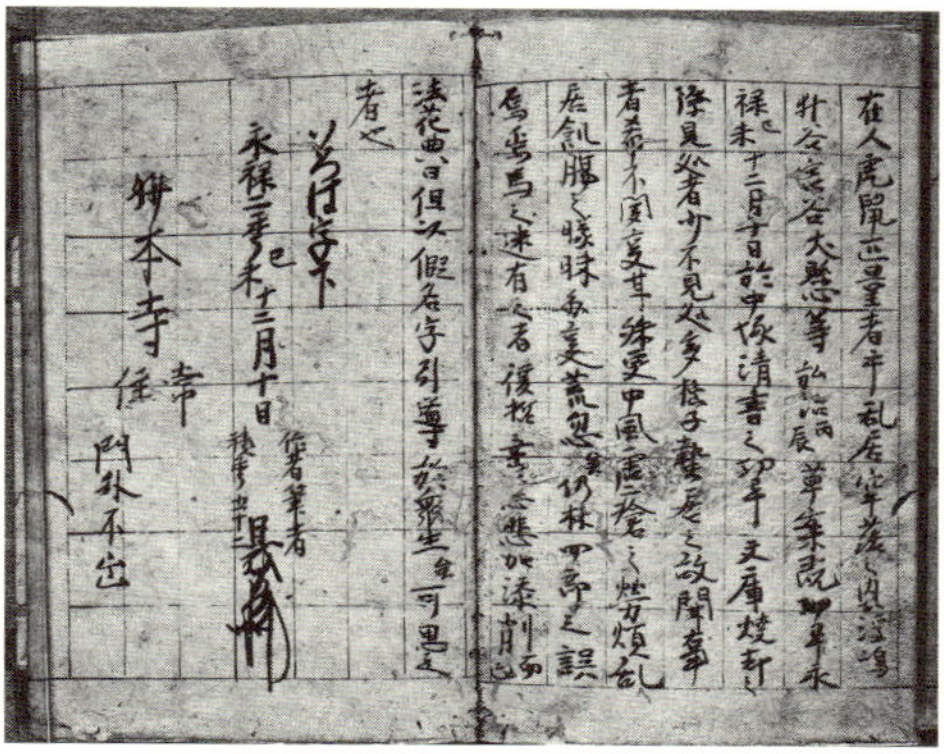

写真2：「いろは字」下巻奥書（妙本寺所蔵）

日我は、ここで金谷城を脱出し、その後、浮島（鋸南町）に入ってから井谷・宮谷《みやさこ》（南房総市）・犬掛（同市）などの各地を流浪したのであった。浮島では、日向や駿河の末寺宛に重要な定文を執筆している（「妙本寺文書」三六四・三六五）。これらの地域は、いずれも、妙本寺の教線上にある地域であった。日我を支える僧俗がいたのであった。日我は、この間、妙本寺には戻らず、一種の法難と位置づけて、みずからに難行苦行をしいたのであった。そのなかで、特記すべき事柄は、天文二十三年二月から古辞書「いろは字」の編集を始めて、永禄二年

（一五五九）十二月にそれを完成させたことであった。宮谷の小屋（写真3）などに籠もっての編集であった。小屋が一つの宗教的世界であったのである。

その際、日我を物心両面から支えたのが、弟子というよりも能重《のうじゅう》氏に代表される地域の有力檀那たちであった。日我は、これを疾病・飢饉・戦争に苦しむ民衆救済の心を込めて編集したのであった。日我は、出来上がった「いろは字」上下二巻を携えて妙本寺に帰ったのであった。上巻はいつしか失われ、現在は下巻のみが妙本寺に残っている。

四、日我の西国下向と隠居

日我は、住職に就任して以降、門流再建のために本寺妙本寺のみならず末寺の再建にも精力的に取り組んでいた。天文年代（一五三二〜五五）中末期には、富士の小泉久遠寺（静岡県富士宮市）と和泉堺（大阪府堺市）の本伝寺の再建に取り組んだ。とくに小泉久遠寺は、妙本寺住職による代官支配の寺院であっただけに本格的な再建を試みたのであった（「妙本寺文書」一〇・一一）。それが一段落すると、日我は、こんどは西国の末寺支配の再建に取りかかった。西国では、本寺妙本寺の支配に服さず自立化の動きを示す末寺や定善寺と本永寺の対立などがあったのである。その解決のために日我みずから西国に下向したのであった。日我にとって妙本寺の住職に就任してから最初にして最後の西国下向であった。その位に重要な下向であったのである。

下向は、永禄四年（一五六一）春からであった。それは、小泉久遠寺や堺本伝寺など教線に連なる各地域で檀那たちに直説法しながらの下向であった。とくに日向では、定善寺と本永寺の関係を調停したり、有力檀那のさまざまな要求を受け付けたり、真剣に問題解決のために努力したのであった。帰国したのは、永禄七年中のことであった。数年に及ぶ下向であったのである。その間の見聞の一端をまとめた「島津家物語」が残されている。そこには、日我の諸大名の政治姿勢に対する鋭い見識がうかがわれる。

写真３：「御小屋様」（南房総市富山町宮谷字小屋）

日我は、帰国して二年後の永禄十年十月十三日に日侃《にちかん》に住職の地位を譲っている（「妙本寺文書」一六）。この十月十三日は、宗祖日蓮の祥月命日＝御会式《おえしき》の日で、日蓮宗寺院にとっては、もっとも重要なハレの日次であった。またこの年、日我は、ちょうど六十歳の還暦であった。それもあっての住職交代であったに違いない。住職を譲られた日侃は、若い頃から日我を補佐した筆頭弟子で、日我の西国下向中も妙本寺の管理を任せられた、日我の信任厚い人物であった。日我は、これを契機に妙本寺を出て隣接する谷山《やつやま》の妙顕寺（鋸南町）に入り、みずから隠居と称したのであった。

ただ隠居したとはいえ、住職日侃が病気がちなこともあって、曼荼羅本尊の揮毫をはじめ万事にわたって寺務に関わり続けたのであった。天正元年（一五七三）正月には、日侃・日我連名で天皇・将軍への意見（諫暁《かんぎょう》）書である宗義伝奏文を作成する程であった（「妙本寺文書」一九）。事実上二人による寺務支配が展開されたのであった。晩年は、やはり信頼する本乗寺（富津市）日膳の弟子の看護をうけて生活し、天正十四年十一月十一日に死去した（「妙本寺文書」一一九）。時に七十九歳であった。その際の記録である「日我上人御臨終記」が残されている。

五、日我と里見義堯・正蓮

日我が安房の大名里見義堯と個人的な次元で親交を重ねたことは、「堯我問答」と「唯我尊霊百日記」によっても明瞭にうかがわれる事実である。ともに日我がみずからまとめた記録である。前者は、先述のように義堯と日我との間で行われた法華問答をまとめた記録であるが、そこで、日我は、義堯を俗人でこれほどまで質の高い質問をした賢者はこれまでいないと称賛している。これは、義堯の日蓮宗に関する理解の深さを示すものであった。里見家は、そもそも禅門（曹洞禅）の家柄であった。

また後者は、義堯が六十八歳で上総久留里城（君津市）で死去した天正二年六月一日以降、百日忌・一回忌・三回忌・七回忌の法事次第を詳細に記録したものである。その際に、日我は、特別に義堯の法名を唯我《ゆいが》と名付けて、「房州守護義堯」の四十余年に及ぶ厚情に感謝したのであった。永禄十一年八月一日に五十五歳で死去した義堯夫人正蓮の石塔の脇に義堯の石塔を建立して、供養をしたのであった。

そして、正蓮について、日我は、すでにその四十九日の法要の際に「里見義堯室追善記」をまとめている。日我は、正蓮の手紙を西国下向の際に持参して、九州の諸大名の奥方に進上し、残った分を裏打ちして妙本寺に奉納したという。正蓮の婦徳と法華信仰のほどがうかがわれる。義堯といい、正蓮といい、日我にとって記憶されるべき人物であり、理想の夫婦であったのである。その夫婦間の「四拾弐年やらんちぎり（契）」にみられる人間性＝倫理観（一夫一妻）を高く評価したのであった。そうした両人を記念して、それぞれの記録をまとめたのであった。

六、日我の著作

日我は、これまでみてきた「堯我問答」「妙本寺年中行事」「いろは字」「島津家物語」「里見義堯室追善記」「唯我尊霊百日記」以外にも、「中状見聞私」「化儀秘決」「一流相伝大事」「宗祖一期略記日我御記」「我邦雑記」「当門流前後案内置文」など多くの著作を残している。日我の生涯は、先述の通り金谷城での焼失があるとはいえ、聖教の書写と著作の生涯といってもよかった。とくに戦乱の最中の天文十四年十月から十一月にかけては、日蓮遺文（御書）の書写を妙本寺全山をあげて取り組んでいる。御書・富士門流・妙本寺にまつわる記録を後世に残すことに生涯をかけたのであった。そうしたこともあって、時を同じくして多くの著作を残した京都の要法寺日辰と併せて「東我西辰」（「西辰東我」とも）と後世称されたのであった。

そのなかでも、隠居時代の天正年代に入って執筆されたものが多いのが特徴である。それは、名目

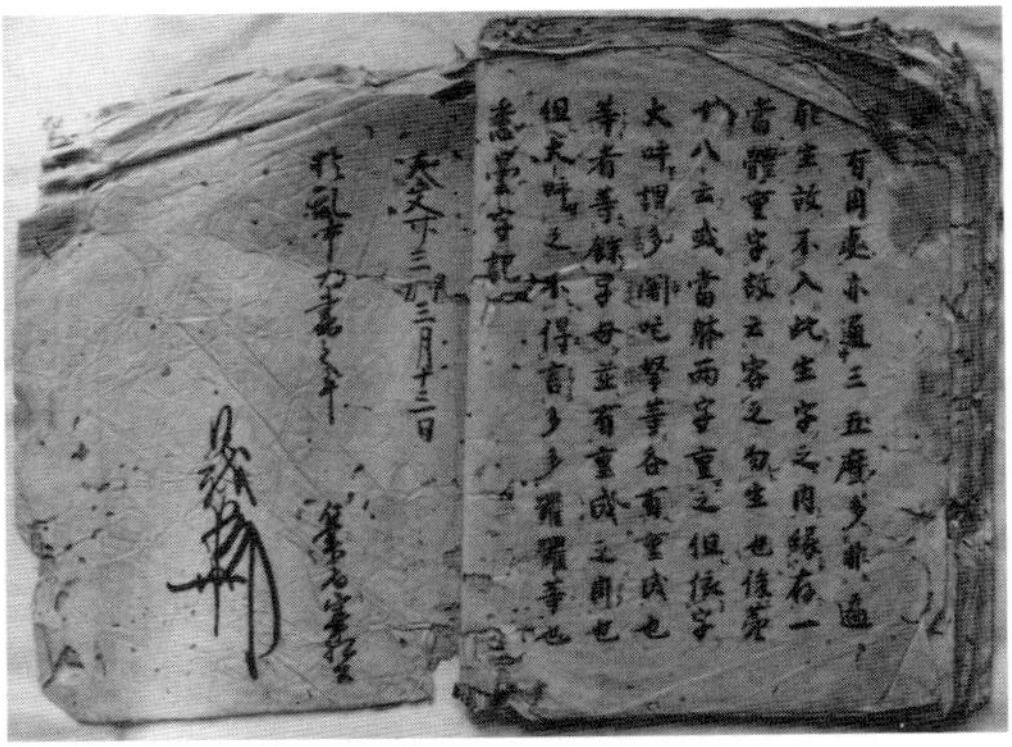

写真４：「悉曇字記」奥書

上の師日要によって確立された妙本寺の化儀・教義をみずから確認して記録に残そうとした一連の作業でもあった。それは、逆にいえば、それだけ、日我の晩年の天正年代には妙本寺の化儀・教義が急激に変化しつつあったことの現れでもあった。日我は、それに危機感を強く抱きながら、執筆活動を行ったのであった。日我の晩年は、戦国の争乱から天下統一の動きが急速に強まってきた時代であった。江戸時代の足音が迫ってきていたのであった。妙本寺も内外ともに新たな対応が要請されていたのである。それは、日侃とその後の住職日珍《にっちん》に課せられた大きな課題であった。妙本寺は、この日侃・日珍を通じて、江戸時代を迎えることになったのである。

第十章　日我

――戦乱に生きた日蓮僧の生涯――

写真１：妙本寺山門

一、生い立ち

日我は安房の日蓮宗寺院妙本寺の住職となった人物であるが、出身は、遠い九州日向佐土原（宮崎県宮崎市）の長友氏であった。そもそも、日向と妙本寺の関係は、南北朝時代にまでさかのぼる。建武年代（一三三三～三七）には妙本寺を開いたとされる、日郷は、宗祖日蓮の本弟子（六老僧）の一人日興の弟子日目の弟子であった。その日郷の弟子となったのが、日向出身の日睿であった。日睿は、安房と日向を往復しながら、日向で布教活動を行い、定善寺（宮崎県日向市）を建立したり多くの門徒を獲得したりした。それ以来、日向では日蓮宗が栄えたのであった。

長友氏の門徒としての活動は、室町時代中後期から確認されるが、当時すでに日向有数の流通商人として、九州─瀬戸内海─畿内間交易で大きな富を獲得していた。日我の父は安治（要耳）、母は妙義といったが、父要耳は、当時の妙本寺住職日要から大信者三人の一人に挙げられる程、多額の寄付を行った熱心な信者であった。母も信心深い人物であった。日我は、そうした両親の影響を受けながら、宗教者として道を歩んだ。幼名を乙都丸といい、六歳の時、日要の一字をえて要賢房という坊名を称した。その後、仏法を指導する立場にあった学頭坊日杲に師事し、また叔父日円らの支援をうけて大いに勉強に励んだ。さらに日俊・日柔らの学僧からも個別指導をうけて一層の磨きをかけた。日我が幼少の頃から将来の大成を期待されていたことが、うかがわれる。

二、妙本寺の住職に

日我は、天文二年（一五三三）頃に妙本寺に登っている。住職としてではなく、代官としての入寺であった。天文四年十月には、妙本寺に立ち寄った安房の大名里見義堯と問答をして、有名な「堯我問答」を書いている。二人はこれが縁で、義堯の死去（天正二年）まで親交を深めることになった。天文八年には、日杲らの推薦で正式に住職についたが、当時の妙本寺は、様々な困難に直面したので、日我はそれに取り組まなければならなかった。

妙本寺は、戦国時代の到来とともに、その軍事的位置が注目され、里見氏によって境内に砦が造られた結果、諸勢力との戦争に直接巻き込まれることになった。江戸湾をはさんで向かいあう後北条氏からも攻撃されることが、たびたびであった。その結果、本来の宗教行事も十分に行うことができない状態であった。もちろん、その背景には、社会の構造の変化もあって、これまでの有力な檀那たちが没落したりして、経済的に行き詰まっていた事情もあった。

　そうしたなかで、妙本寺の中から、仕来りや本末の秩序を破る僧たちが現れてきたのであった。妙本寺にとって、内外ともに危機そのものであったのである。そこに日我が登場したのであった。日我が天文十四年十二月に書いた「妙本寺年中行事」は、そうした現実を直視し、宗教行事復興にかける決意を示した著作であった。

三、金谷籠城と「いろは字」

　天文二十二年六月に、安房と上総の国境付近の土豪たちによる反乱が起こった。この地域では里見氏と後北条氏が、土豪たちを味方につけようと様々な工作を行っていた。日我は、戦争の危機を感じて、牛十頭に乗せた仏典などを持って、金谷城（富津市）に籠もったのである。すでに天文十四年の戦争の際にも、同様に金谷城に籠城したことがあった。

　金谷城は、妙本寺一帯を含む内房地域を支配する正木氏（内房正木氏）の城であったので、その庇護を求めて籠城したのである。それは、日我や弟子たちだけでなく、地域住民も同様であった。籠城中の日我は、明日を知れぬと弟子との結縁のために「日我之弟子本末之中 次第不同」を書いている。しかし、その弟子にも敵に通ずるものが出る始末であった。そのうえ、金谷城は敵の夜襲に遭い、日我の持ち込んだ仏典以下多くが焼失するという憂き目にあったのである。

日我は、ここで金谷城を船で脱出したが、妙本寺に立ち寄ることもなく、浮島（鋸南町勝山沖）から宮谷《みやさこ》・犬懸（ともに南房総市）など各地を転々としたのであった。日我は、この間を法難と位置づけて、みずから難行苦行を課したのであった。そのなかで、天文二十年二月から、古辞書「いろは字」の編集を始め、永禄二年（一五五九）十二月に完成させたのであった。飢饉や戦争に苦しむ民衆救済の心を込めてまとめた日我渾身の作品であった。宮谷の小屋などに籠もっての作業であった。その時、能重《のうじゅう》氏以下の有力檀那が物心両面から日我を支えたのであった。日我は、出来上がった「いろは字」上下二巻を持って、妙本寺に帰ったのである。

四、西国下向と隠居

日我は、今度は、外に目を向け、本寺である妙本寺の支配に服さず自立化の動きを示す末寺、日向の定善寺などの統制のために長い西国下向を行った。それは、永禄四年（一五六一）春からであった。日我にとって、妙本寺に登って以来の故郷日向への旅であった。各地で檀那たちに説法しながらの下向であったに違いない。とくに日向では、定善寺などを支える有力檀那の突き上げなどもあって、統制に苦慮したが、一応の目的を遂げて帰国したのであった。永禄七年中には帰国したようである。

日我は、帰国して数年後の永禄十年十月十三日に日侃《にちかん》に住職の地位を譲っている（「妙本寺文書」一六。写真2）。その日は、宗祖日蓮の命日・御会式の日であった。日侃は、若い頃から日我を補佐した筆頭弟子であり、留守中の妙本寺の管理も任せられた、日我の信任厚い人物であった。日我は、これから谷山《やつやま》妙顕寺（鋸南町吉浜字谷山）に入って隠居し、みずから隠居と称したのであった。ただ隠居後も病気がちな日侃を支えて活動し、あたかも二人で寺務を担当しているようで、天正元年（一五七三）には、連名で天皇への意見書である宗義伝奏文を作成する程であった。また日我独自にも活動し、天正年代の日向法難には直接指示して末寺再興に奔走したのであった。

私生活の面では信頼する本乗寺（富津市）の日膳の弟子に看護をうけて生活し、天正十四年十一月十一日に七十九歳で死去した。

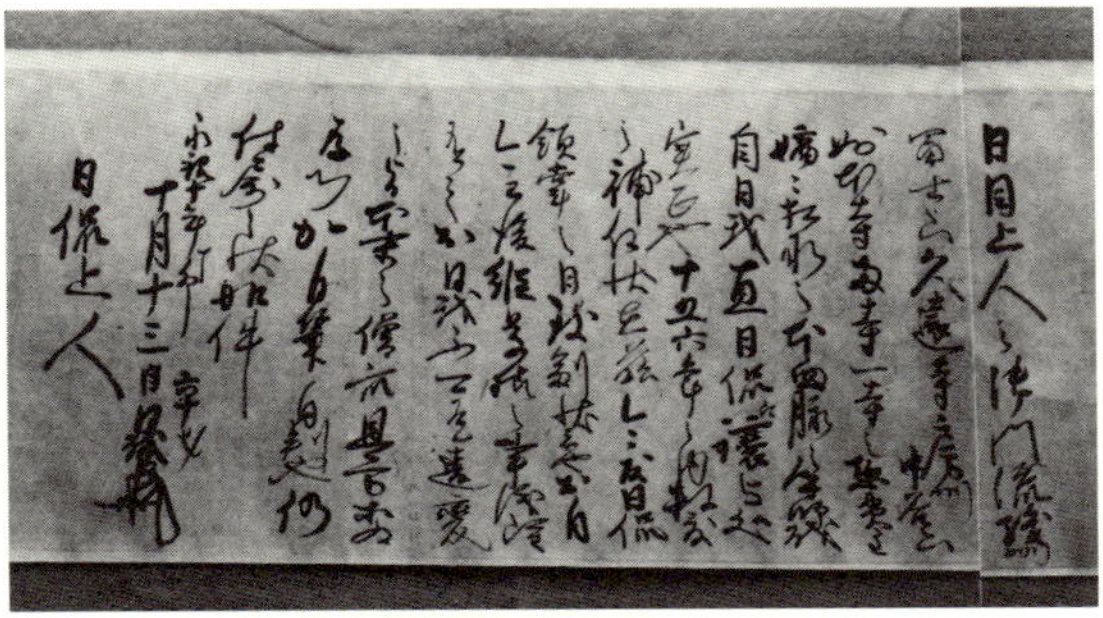

写真２：日我付嘱状

五、里見・正木両氏との関係

日我が里見義堯と親交を重ねたことは、先に述べた「堯我問答」だけでなく、「唯我尊霊百日記」によっても明らかである。これは、義堯が六十八歳で死去した天正二年六月一日以降の追悼の法事次第を詳細に記録したものである。日我は、義堯の法名を唯我《ゆいが》と名付け、四十年に及ぶかわらぬ友情に感謝したのであった。永禄十一年八月一日に五十五歳で死去した義堯夫人正蓮の石塔の脇に、義堯の石塔を建立して、供養をしている。

日我は、正蓮の手紙を日向下向の際に持参して、九州の大名の奥方に進上し、残った分を裏打ちして妙本寺に奉納したという。日我にこのような行動をとらせるほどであった、正蓮の義堯夫人としての教養と法華信仰の程が、うかがわれる。また、日我は、金谷城主であった正木時忠や勝浦城主であった正木頼忠とも、極めて親しい関係にあったことが、知られている。

六、学僧としての日我

日我は、これまでみた「いろは字」「堯我問答」「唯我尊霊百日記」「妙本寺年中行事」「里見義堯室追善記」以外にも、「我邦雑記」「申状見聞私」「当門流前後案内置文」など多くの書物を残した。後世に妙本寺にまつわる記録を残すことに情熱を燃やしたのである。

また日我は、天文十四年（一五四五）に宗祖日蓮の御書（日蓮遺文）の書写を多くの弟子たちを集めて行っている。御書の書写は、日蓮宗寺院にとって極めて重要な行為であったが、戦国争乱下のこの安房の地で粛々と行われていたことは、注目される。日我が西国下向中の永禄六年（一五六三）にも、弟子の日膳を中心に御書の書写が行われている。御書の書写・伝存への厚き思いが、日我周辺にあったことを物語っていよう。

これらの書物執筆や御書の書写には、文房四宝といわれる筆・紙・硯・墨が必需品であった。その用意は、費用の面からも大変なことであった。それを支えたのは、法華信仰を柱とする住職・僧侶・檀那の一体感そのものであったに違いない。

第十一章 「松本問答」と茂原の藻原寺

(一)

京都における天文法華の乱の契機となったとされる、天文五年(一五三六)春の天文法華問答の主役としてみえる「上総国藻原妙光寺の檀度(徒)松本新左衛門久吉」については、宗門関係の立正大学日蓮教学研究所編『日蓮教団全史上』(平楽寺書店、一九八四年一〇月)・『日蓮宗事典』(東京堂出版、一九八一年三月)が、「松本問答」として立節・立項するのは当然としても、歴史家の辻善之助『日本仏教史第五巻中世篇之四』(岩波書店、一九五〇年九月)も「松本問答記に見ゆる宗論の始末」と項目を立て、また今谷明『天文法華の乱』(平凡社、一九八九年一月)も序章で「田舎武士松本新左衛門久吾」に注目しさらに「松本問答」なる章を立て大きく取り上げ、また最近の河内将芳『中世京都の民衆と社会』(思文閣出版、二〇〇〇年十二月)も、一次史料の発掘を踏まえて論ずるなど、それ自体は、一定の市民権をえた事柄といってよい。

そして、近年冠賢一「天文法難の一考察―京都町衆と諸国末寺信徒の動向―」(『日本仏教学会年報』六十七号、二〇〇二年一〇月。本論文は、都守基一氏の御教示)によってほぼ同時代の六月十八日付妙金寺宛日助書状(「下野妙金寺文書」)が紹介され、「問答」の存在やその後の動向が具体的に明らかにされた。従来ともすれば、史料的に問題視される「天文法乱松本問答記」によったり、「天文日記」の同年二月二十三日条の「日蓮宗就雑説之儀」、「祐維記」の「法花衆ト号シ、彼（「山門ノ阿闍梨」）談義ニ種々ノ答ヲ入之、問答之処」云々、「二条寺主家記」の「日蓮宗杉（松）本ト云者、談義ノ座より望テ不審ヲ立云々」など、間接的な日記の記事によったりしていたことからみれば、当事者の確実な同時代的史料で裏付けられた意義は、極めて大きい。その問答が「松本問答」と称されるに至った時期については、なお不詳であるが、天正七年（一五七九）八月九日付正木頼忠宛妙本寺日侃書状案（「妙本寺文書」一一八）には同文言がみえるので、その当時東国（房総）でも、周知の事柄であったことが窺われる。

ただその実体については、先の日蓮宗寺院の安房妙本寺住職日侃《にちかん》が同年の「江州宗論之風説」（「安土宗論」）と絡めて「松本問答之昔語、如今聞成、多犬伝実之分野之由申候」（「妙本寺文書」一一八）と述べており、同様な「多犬伝実之分野」と認識していたのも実情であった。ある段階に「松本問答」として概念化され、日蓮宗の教線拡大の重要な題材として各地に伝播されていったものと思われる。

(二)

この「松本問答」の主役とされる「松本新左衛門久吉」が「上総国藻原妙光寺の檀度（徒）」、すなわち現千葉県茂原市所在の日蓮宗寺院常在山藻原寺（旧妙光寺・写真1）の檀那であったという。天文法華の乱の過程で、京都妙伝寺が「放火」されたのは、同寺が藻原寺と同じ門流であったためとされる（前掲河内著書）。その藻原寺は、宗祖日蓮の本弟子（六老僧）の一人日向《にこう》を門祖とする寺院である。たしかに藻原寺の檀那松本氏の存在は、永禄六年（一五六三）六月一日付藻原寺仁王像銘（藻原寺所蔵）に「松本三郎左衛門　同彦二郎」などとみえ、天文年代に「上総国藻原妙光寺の檀度（徒）」「松本」氏が存在した可能性は、極めて高い。

それでは、「松本新左衛門久吉」は茂原で如何なる存在とみられてきたであろうか。その点、『茂原市史』（一九六六年八月）は、一節「天文の宗論と松本新左衛門」を設けるに際して、「室町時代茂原に松本新左衛門という偉大な日蓮宗の学者がいたということは一部に伝えられていたが、（中略）いかなる家業を営んでいたか、何の目的で宗教的対立の最もはげしい京都に行ったのか、これ等については全く不明である」と記述するに止まっている。

それは、当の藻原寺に「松本問答」に関わる史料が残っていないこととも関係しよう。もちろん、藻原寺にも栄枯盛衰があり、中世史料もわずかしか伝存していないので、なかったとはいいきれない。藻原寺とその周辺で、「松本問答」が明確に語られるようになったのは、元住職戸村堯澄『藻原寺史談』（私家版、一九九七年九月）によってからである。

同書では、「天文の法難と松本久吉」の項目を立てて、「口伝等により、大体現在昌平町の松本湯がその子孫だと推定されるが、その家は火災等によりほとんど文献が残存していない。然し先祖が代々新左衛門を襲名している点、現主は新一といい、先代が新次郎と、代々新の字を冠している」と記述する。その「口伝等」が如何なるものであったか不明であるが、その根拠とされたのは、「松本新左衛門久吉」の「新」を名乗る松本家であったということであったことは、ほぼ想像に難くない。それと、この新一家が近世の藻原寺住職日廣（?～安永五年（一七七六））、およびそれ以降の曼荼羅本尊を有する有力檀那であったということも、その背景にあったと思われる。

そして、この松本新一家の墓地に平成十五年（二〇〇三）十二月吉日付で「松本新左衛門久吉公廟所」という石碑（写真2）が建立された。その石碑に「天文五年三月十一日京都一条烏丸《からすま》観音堂に於いて比叡山西塔の僧華王房と問答におよび法論に勝利せし藻原門徒の亀鑑になり　常在山藻原寺」「天文五年七月華洛陣営にて陣歿」「維時平成十年十二月吉日建之　久吉公後裔松本新一　妻するゑ　松本英男　妻芳子」という顕彰碑文が刻字されたのであった。今に香華が絶えない。

㈢

ただ藻原寺の檀那としての松本家はこの新一家だけではなく、松本久右衛門家（茂原市茂原二四〇）も存在する。この松本家は、先述の『茂原市史』編纂当時の史料提供者＝「茂原地区茂原　松本久右衛門」にして、現在藻原寺境内の墓地に「寛永廿癸未稔（一六四三）卯月六日」と「妙法　日性霊」の刻銘を持つ宝篋印塔（総高約二四〇糎。写真3）を有する家筋である。この石塔は、境内で確認される元和三年（一六一七）十二月十七日付の年紀銘を持つ宝篋印塔＝住職「日僚」（この刻字が同時代のものか否かは検討の余地がある）に次ぐ古いものである。住職以外では、最古の檀那の墓碑にして最大規模を示す石塔となる。

また所蔵史料には、享保六年（一七二一）七月の高札《こうさつ》（木札。鉄砲打禁止定）以外古いものは処分されて残存しないが、「慶長十六年六月十日付加藤清正筆御本尊」や、寛文・正徳・享保・宝暦・明和から明治・昭和に及ぶ、身延山久遠寺住職・藻原寺住職などからの一遍首題・曼荼羅本尊が五十点ほど確認される。初見の寛文七年（一六六七）の授与書＝「松本久右衛門」（写真4。縦三十二・六糎×横十三・七糎。一枚）と「寛永廿癸未稔卯月六日」・「妙法　日性霊」の刻銘を持つ宝篋印塔との距離は、極めて近い。「日性」は、茂原の中近世移行期を牽引した歴史上の人物であったのである（拙稿「上総藻原郷・二宮庄・藻原寺の中世的展開—寺院・都市・城郭—」『千葉城郭研究』九号、二〇〇八年一〇月）。

とすれば、松本久右衛門家も、中世以来の可能性を示す有力な家ということになる。ただこの久右衛門家には、「松本問答」の伝承はないという。

(四)

宗門史上著名な天文法華問答の主役「松本新左衛門久吉」は、藻原寺の檀那であった可能性は高いものの、やはり遠い彼方の存在であった。とはいえ、松本新一家も松本久右衛門家も、その流れを汲む家筋であったことは、ほぼ間違いなかろう。それだけ松本家と藻原寺とが深い関係にあったのである。「松本問答」は、そうした歴史の一端を示すものと位置づけられる。

写真１：藻原寺

写真２：「松本新左衛門久吉公廟所」
（松本新一家墓地）

写真３：「妙法　日性霊」の宝篋印塔
（松本久右衛門家墓地）

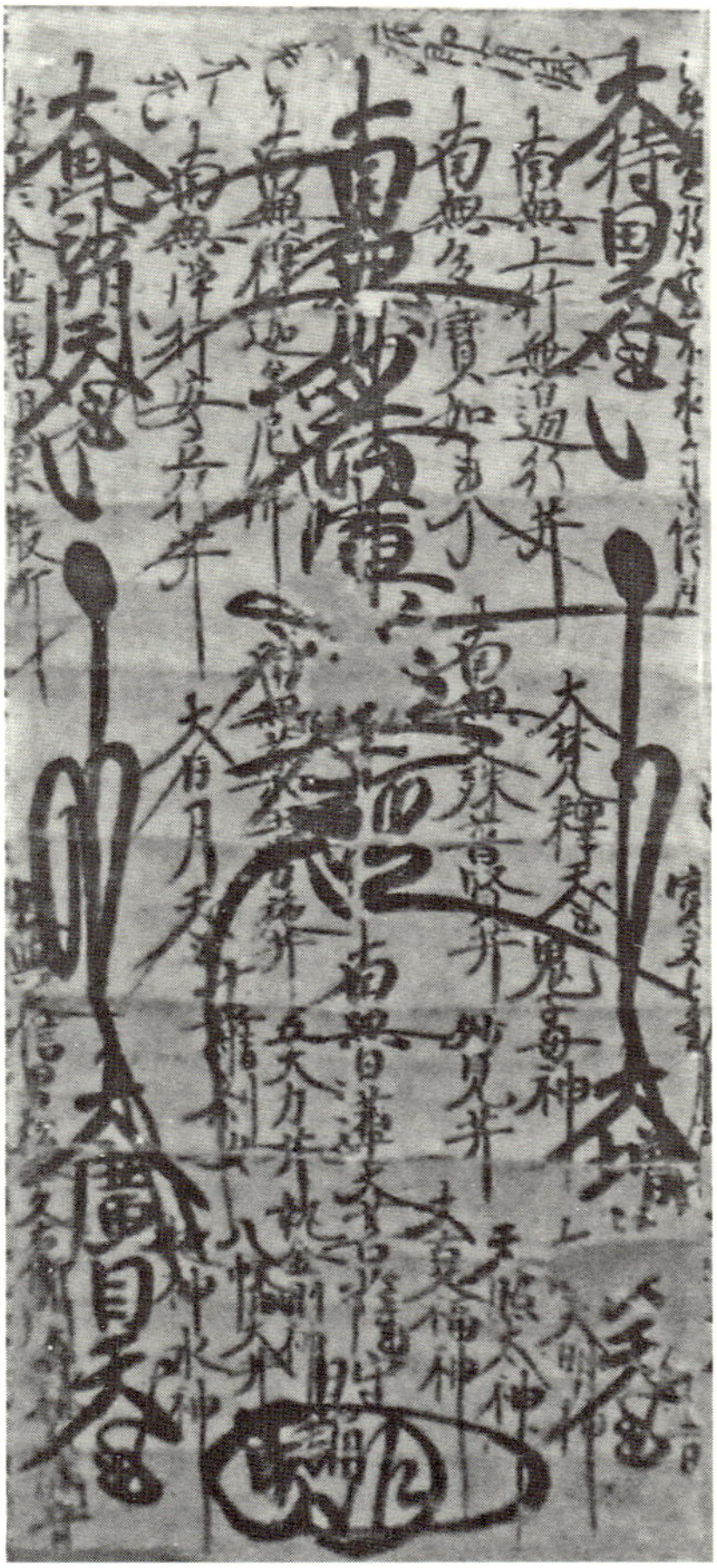

写真４：日誦曼荼羅本尊

第Ⅱ部　日蓮宗研究に寄せて

第一章　『図録　日蓮聖人の世界』をめぐって

――「日蓮聖人の世界展」見学記――

(一)

昨年（二〇〇一年）は、ＮＨＫ大河ドラマ「北条時宗」が放映された。わたしは、みなかったが、そこそこの視聴率を獲得していたらしい。当然のように、その関係の企画物が書店に並べられた。歴史研究者がそうした企画にかかわること自体は、学界の研究成果を国民にわかりやすく提供する意味で、決して否定されるべきことではない。その関係書は、北条時宗を中心とした幕府物、鎌倉仏教の一人日蓮関係物、蒙古襲来関係物に大別されるが、それらが鎌倉時代の全体史のなかで編集されている点は、戦後歴史学の成果といえよう。たまたま一見できた村井章介『北条時宗と蒙古襲来』（日本放送出版協会、二〇〇一年一月、以下すべて同年刊）、『鎌倉仏教と蒙古襲来』（神奈川県立金沢文庫、八月）、川添昭二『北条時宗』（吉川弘文館、九月）、中尾堯『日蓮』（吉川弘文館、十一月）、『歴史評論』六一九号特集（十一月）などは、重厚な内容で、今後の指針となりうる書物である。

『図録　日蓮聖人の世界』

（二）

これらは、歴史研究者による書物であるが、ここに取り上げるのは、日蓮宗関係者による①『図録 日蓮聖人の世界』（日蓮聖人の世界展実行委員会、二〇〇一年五月。写真）である。本書は、「立宗七五〇年慶讃」を目的とした書物である。本年の四月二八日に立教開宗七五〇年を迎える日蓮宗では、数年来さまざまな取り組みが全国的に展開されてきた。本書は、その一環であった。大河ドラマの「北条時宗」とは、偶然の一致にすぎない。そのほか、手元にある②『日蓮聖人のご生涯』（日蓮宗全国布教師会連合会、二〇〇〇年五月）、③『日蓮が道――御聖跡を訪ねて』（継命出版社、二〇〇一年七月）なども、同様である。

この①は、別途展開中の企画展「日蓮聖人の世界展」にともなう展示図録である。企画展は、昨年（二〇〇一）七月の東京展を皮切りに本年（二〇〇二）四月の北海道展まで、全国の主要都市で開催される予定となっている。図録と企画展の構成は、もちろん同一であるが、それは、1鎌倉幕府と蒙古襲来、2日蓮聖人の世界、3御書を心肝に染め――その護持と伝承、4生きている御書の心――日蓮信仰者の群像、5これからの御書――データベース型・御書システムの五部構成となっている。

ここにみられる特徴は、予想されるような日蓮遺文（御書）・聖跡（寺院）のみの紹介ではなく、新出の御真蹟三幅（断片）、関東御成敗式目（天文五年〔一五三六〕写本）、六条八幡宮造営注文、安房妙本寺所蔵日本図、文房四宝、録内御書《ろくないごしょ》、鎌倉時代の生活用具、日蓮の佐渡一谷《いちのさわ》謫居《たくきょ》復元、題目板碑、宮沢賢治・高山樗牛・上原専禄関係書籍など、さまざまな歴史関係の史料と法華経に生きた著名な人物の書籍を多数掲載・展示している点である。また生活用具、謫居復元、題目板碑などの文書以外のモノ史料に着目し、見事な復元や展示となっている点は、一見博物館展示を想起させるにたるものである。

また企画展では、各種の詳細な解説シート（例えば、「御書を写す僧たち」「宮城県の題目板碑と日興門流」など）が用意され、一層の理解ができるように配慮されている。まさに多角的な視点と配慮にもとづく編集と展示といってよい。その展示物の解説も、①の参考文献として列記された近年の歴史研究の成果を前提になされており、学問的批判に耐えうるものとなっている。

なお、安房妙本寺所蔵日本図（永禄三年〔一五六〇〕九月十一日の奥書を持つ日堯《にちぎょう》写本〔日眼《にちげん》御談他合体本〕に所載）は、このたび初めて世に紹介され、これを機に関係する研究者間で種々注目されるに至った古地図である。期せずして学問的な刺激を与えた貴重な一例である。

そのうえでさらに注目されるのは、日蓮遺文のデータ・ベース化を目指した「御書システム」の編集と実演である。別冊『これからの御書　データ・ベース型　御書システム』も編集された。企画展では、その実演が行われた。様々な検索によって瞬時にして映像化される御書に新しい時代の到来を見たのも、わたしだけではあるまい。ＩＴ時代にふさわしいデジタル版の御書の編集と喧伝される通りである。四月の完成が待たれるが、これによって、御書の真偽判定の次元だけでなく、文献史学、古典文学、国語学など諸分野の交流が一段と進み、御書理解＝日蓮理解が一気に進むのではないかと大いに期待される。

㈢

こうした多角的な視点からの①や企画展の在り方は、別途編集された③『日蓮が道――御聖跡を訪ねて』にも、通底するものである。そこでは、「大聖人の御事蹟はかずかずの伝説にいろどられています。また研究上で説の一致しない事項も少なくありません」とまず明記したうえで、伝説を別途括弧でくくって個々に紹介する編集となっている。最初の「ご誕生の伝説」から然りである。また佐渡三昧堂跡については、あえて本文中において「現在、塚原の旧跡と称する塚原山根本寺が新穂村に存在し、境内は整備され様々な伝説がそれらしく語られますが信憑性は薄いといえます」と明記するという具合である。これは、ある意味では、不可侵とされる伝説に対する明確な問題提起といってよい。

もちろん、その一方で、②『日蓮聖人のご生涯』のような書物が、同時的に日蓮宗関係者によって編集されているのも、事実である。これは、「宗祖のご伝記」を「絵と文と御遺文でつづる」と銘打ち、「青少年にも理解できるよう」平易な文章と伝記絵で生涯が俯瞰できる仕組みとなっている。まさに伝説化された一代記の絵解きの現代版である。絵解きが日蓮信仰の普及に大きな役割を果たしたことは、現在まで通説化している伝説の過半が円明院日澄の「日蓮聖人註画讃」（天文五〔一五三六〕年九月の写本が現存）などに起点をもつことで証明済みであろう。

日蓮信仰が確かに伝説と史実の狭間で生き続けている以上、伝説の扱い方が非常にシビアーになることは避けられない。その意味で、①③と②は、信仰として生き続ける伝説の世界と、それと同時により具体的な史実を求める世界とが混沌として、なお対峙している現状を遺憾なく示す結果となったといってよい。

とはいえ、批判的精神を持ち、それを共有しあうことが、近代的思考による学問の最低条件とすれば、修学者にとっても、それは、同様ではないかと思われる。「御書システム」の完成が宗祖日蓮に帰れというメッセージのように聞こえるのも不思議である。たとえ日蓮の伝説の過半が後世創作されたものであったにせよ、「立正安国論」以下を著した宗教者日蓮は、永久に不滅なのである。

(四)

ところで、①③の編集と企画、とくに「御書システム」の編集の中心となったのは、日蓮正宗正信会に属する興風《こうふ》談所の若い修学僧の方々であったと仄聞する。それらが「宗史・宗学の研鑽」の具体的な成果とすれば、それは、従来の宗門とか門流とかいう狭い枠から一歩踏み出ることによって、新しいというよりも本来備わっていた宗門としての修学の側面が全面的に打ち出された結果ではないかと、宗門外の人間には不遜にも思われる。

その点で、とかく閉鎖的にして排他的といわれた宗教界（とくに日蓮正宗）の世界にあっても、他分野・他門流との人的・物的（書籍）交流を通じた新たな展開が予見されるものとなった。篤信の文学者高山樗牛に関する展示も、担当者みずからが生地山形の鶴岡を訪ね、史実の背後にあるものを確かめたうえでなされたという。何よりも、あの日蓮遺文の全文書の入力と準備にどれほどの時間と労力が注がれたことか、想像に絶する。宗祖日蓮への熱き思いこそがそれを可能にさせたと表現する以外にないのである。

㈤

もちろん、この企画展自体の準備と運営は、檀信徒の方々の献身的奉仕で行われた。その意味では、僧俗一体の成果であった。それこそ、本来のあるべき姿と確信した次第である。

東京展には、昨年（二〇〇一年）十月二十四日に急逝された石井進氏も、九月十六日に見学され、その感想を感嘆をもって関係者に述べられたと聞く。わたしも、東京展に二度ほど足を運んだが、その都度、従来にない充足感を味わうことができた。まさに果報であった。

第二章　『興風』と『日蓮仏教研究』

――新たな日蓮・日蓮宗研究の潮流――

㈠

日蓮・日蓮宗研究は、現在様々な意味で転換点を迎えている。これまでこの分野で指導的な役割を果たしてきた髙木豊・川添昭二・中尾堯三氏の仕事が様々な形でまとめられ（髙木『増補改訂　日蓮―その行動と思想』太田出版、二〇〇二年七月。川添『日蓮とその時代』山喜房佛書林、一九九九年三月。中尾『日蓮真蹟遺文と寺院文書』吉川弘文館、二〇〇二年三月ほか）、今後の指針が様々な形で示される一方で、既存の組織や発表媒介とは異なる組織や発表媒介が整備されるようになったからである。それは、一つに岡山県岡山市に所在する興風《こうふ》談所の活動であり、もう一つは、東京都新宿区に所在する日蓮仏教研究所の活動である。

㈡

岡山市北区富吉に所在する興風談所は、談所とあるように僧侶の学問所である。日興門流＝富士門流の若い僧侶たちが一九八一年十月に立ち上げた組織である。その活動はすでに四半世紀に及ぶが、

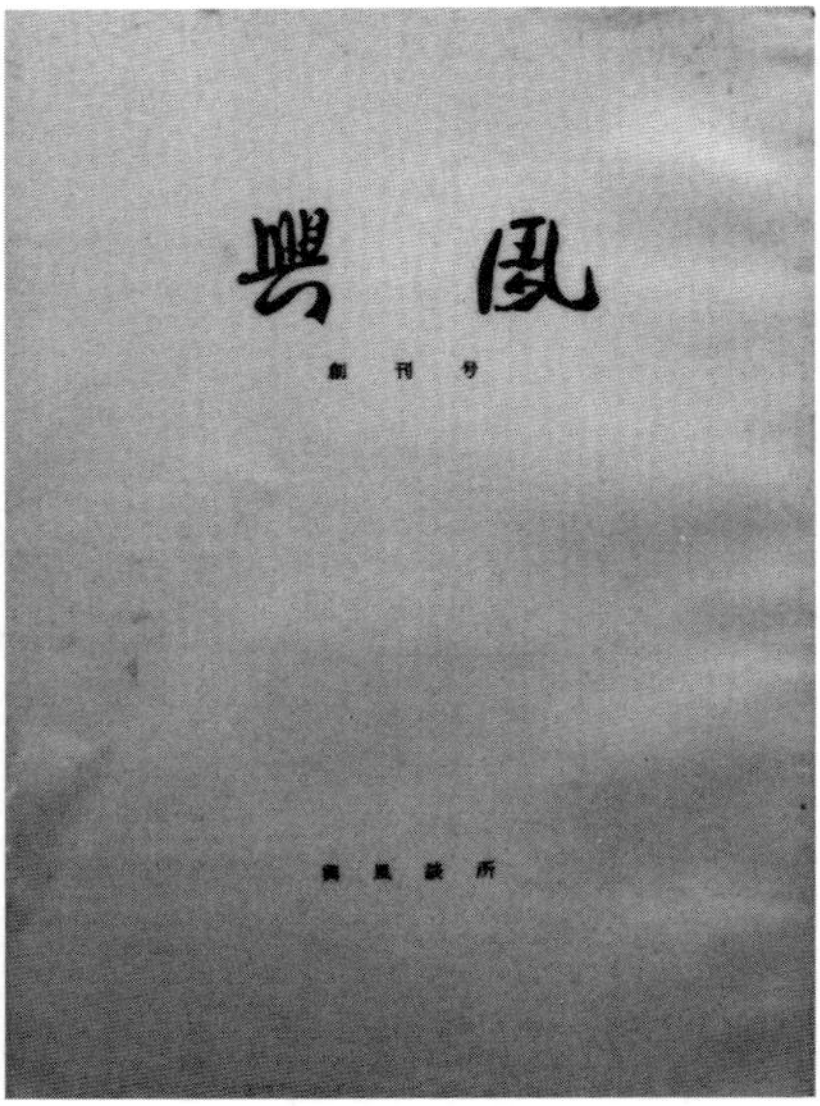

写真１：創刊号　1982年１月

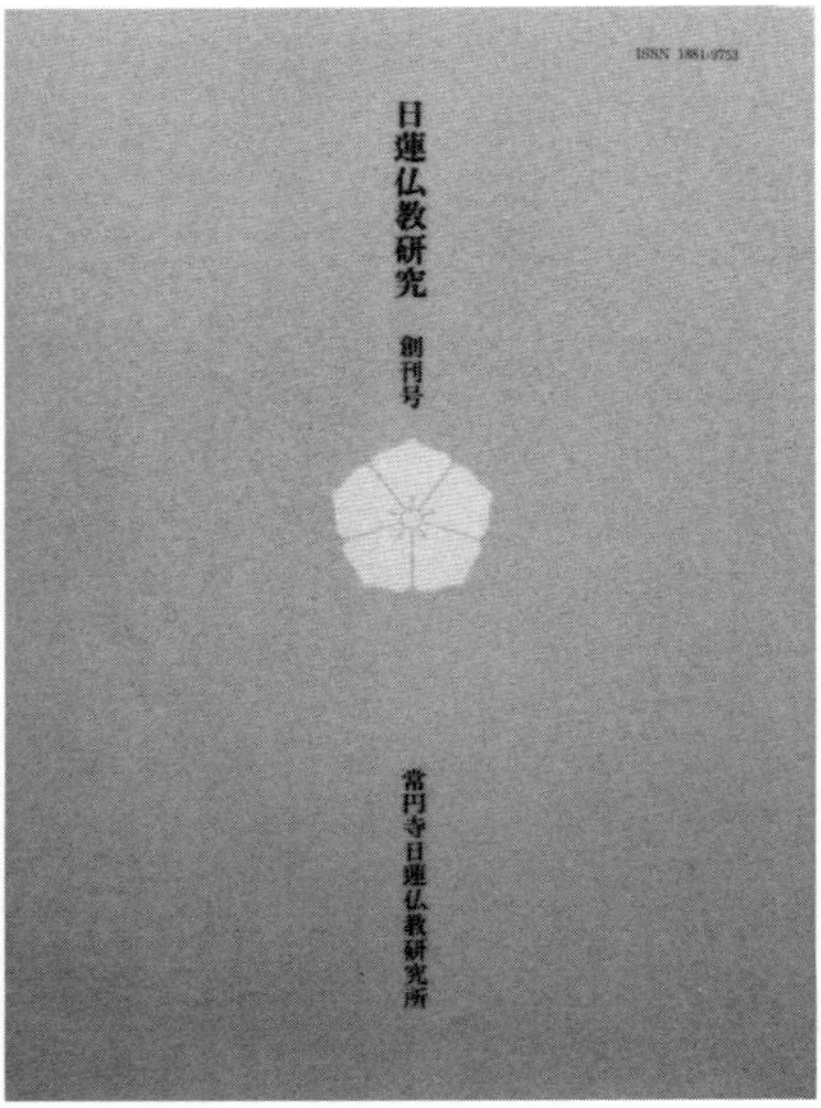

写真２：創刊号　2007年３月

存在が注目されるようになったのは、近年といってよい。というよりも、積年の地道な研究がここに開花するに至ったというのが妥当である。その飛躍台となったのが、二〇〇一年四月の立教開宗七五〇年記念「日蓮聖人の世界展」であったと思われる。

　この展示の開催自体が既存の組織から独立してなされたこと、またこの種の開催自体が既存の組織ではほとんどなされなかったこと、を考えると、画期的なことであったと思われる。同時に刊行された『図録　日蓮聖人の世界』も、新たな研究成果をふんだんに取り入れたものであった。二〇〇三年一月に東京国立博物館で開催された「大日蓮展」の図録『大日蓮展』は、その豪華さでは圧倒的であるが、学術的には『図録　日蓮聖人の世界』の方が遥かに優れている、とわたしは思っている。

その「日蓮聖人の世界展」で示した画期的なことは、「これからの御書―データベース型・御書システム」の開陳であった。従来日蓮教学研究所編『昭和定本日蓮聖人遺文』（全四巻）などで日蓮遺文（御書）はまとめられてきたが、その後の研究を踏まえた遺文集の編纂と刊行が待ち望まれていた。これには、人的にも財政的にも、確固たる基盤がなければ不可能である。それをほぼ興風談所の所員によって「御書システム」としてデータ・ベース化されたのであった。もちろん、そこには、たんに日蓮遺文を掲載するだけではなく、解説を付して、今後の遺文研究に資する工夫が凝らされている。さらに二〇〇七年四月からは「日興門流史料システム」も稼働し、日蓮遺文だけでなく日興門流の僧侶・典籍も学ぶことが可能となった。その入力に費やされた労力は、察するに余りある。「御書システム」のアドレス（http://www.5f.biglobe.ne.jp/~goshosys/）からダウンロード（ソフト桐を使用）すれば万人が無料で利用することができる。これは日蓮遺文研究上画期的な仕事と評価され、宗教史・歴史学・国語学（辛島美絵『仮名文字の国語学的研究』清文堂出版、二〇〇三年一〇月ほか）などに大きな影響を与えるに至っている。

その研究の基本的立脚点は、従来ともすれば宗学の枠をこえられず、門流の教学の域に留まり勝ちであった呪縛をみずから解放し、大いなる日蓮遺文（御書）・典籍一つを批判的に扱い、再生させることがむしろ宗祖日蓮への回帰・日蓮宗再生に繋がるとの強い確信であったと思われる。

もちろん、興風談所の所員のこうした姿勢は、年二回の定例勉強会の開催（六月と十二月）によって支えられている。その研究成果が『興風』に掲載されるという仕組みである。『興風』の創刊号は、一九八二年一月の発行である（写真1）。現在二十号（二〇〇八年十二月）に至っている。これも、十一号（一九九七年四月）の「日興上人研究特集」が大きな飛躍台になったように思われる。これは、その前年に日興上人生誕七百五十年の記念に出版された『日興上人全集』・『日興上人御本尊集』の編纂の成果をまとめたものであった。以後の『興風』には、教義的な論文のみならず歴史的な論文も掲載されるに至った。

それは、富士門流としての日興関係の史料調査と宗祖日蓮関係の史料調査が同時的に進められていたことと結び付くものであった。研ぎ澄まされた解読能力がその前提にあってこそ可能な事態であったが、厳密な史料翻刻の作業が進められた。そのためには、原本調査とよりよい写本の探求が要請される。ただそこには、様々な壁が存在したと推測される。それぞれ「寺宝」として格護されているものである。談所の作業としては、困難を極めたに違いない。安房妙本寺の様に積極的に対応される寺院だけではなかったからである。そこで収集された史料が厳密な校訂をふまえて『興風叢書』として現在十二冊刊行されている。後世のための確かなる史料固めである。

(三)

以上のような『図録　日蓮聖人の世界』、「御書システム」、『興風』、『日興上人全集』、『日興上人御本尊集』、『興風叢書』に至る作業の成果は、当然ながら日蓮宗寺院のみならず日蓮・日蓮宗の研究者に多大な影響を与えることになった。その一つの到達点が二〇〇六年六月の興風談所設立二十五周年記念研修会であったと思われる。

その研修会には、所員のみならずこの分野の碩学川添昭二氏の特別講義「蒙古襲来研究と日蓮遺文」と非所員で門流を異にする都守《つもり》基一師の研究発表がなされた。さらなる脱皮と飛躍が図られたのであった。『興風』十八号（二〇〇六年十二月）には、川添論文が巻頭を飾り、次いで都守論文が掲載されたのであった。ここに興風談所の所員外の研究者の発表の門が開かれたのであった。

わたくしも、二〇〇七年六月の定例勉強会で研究発表させて頂いた。全国から参集した四十五名の前での発表であった。その場にたって、岡山市内とはいえ、いまなお農村の雰囲気の色濃く残る世界から発信する学問力と信心力を身をもって学ぶことができたのは、まさに果報であった。また『興風』十九号（二〇〇七年十二月）に「岡山・鳥取研修記―興風談所・富木氏発祥の地を訪ねて―」を掲載させて頂いた（本書第Ⅰ部第一章）。そして、二〇〇八年六月の定例勉強会では、鎌倉時代の研究者細川重男氏の発表（「鎌倉幕府と北條氏」）が行われた。と同時に興風談所の所員の研究発表も、従来の富士門流関係に拘泥せず、他門流に関する研究も行われるようになった。ここに新たな展開が準備されるに至ったのである。

以上のような興風談所の活動は、最近「公正・自由な活動」を謳って『日蓮仏教研究』を創刊した身延門流の常円寺日蓮仏教研究所（東京都新宿区）の開設の理念とも共通するものであったと思われる。この研究所は、二〇〇六年四月に開設された。その趣旨によれば、「宗門の根幹は教学にあるとの信念のもと」「僧侶の学室に相応しい行学二道兼修の道場をも目指し」「公の機関ではできない活動の一翼を担えれば」「公正・自由な活動を維持するため」「独立した会計制を」謳っている。ここでは、所長・顧問・主任・研究員が置かれているが、身延門流以外の人物も含まれている。研究会の開催、史料の収集、研究者の養成、研究誌の発行などを行うとし、学室月例祭と称される勉強会が毎月一日と十五日午後に行われている。その主任が先述の都守基一氏である。

ここでも、二〇〇七年三月に『日蓮仏教研究』（写真2）が創刊され、二〇〇八年三月には二号が刊行された。いずれも、顧問中尾堯氏の論文が巻頭を飾り、また所員の研究論文が過半を占めているが、それ以外の非研究職の方々の論文も掲載されている。なかでも、興風談所の所員の論文が創刊号・二号ともに掲載されている点は、注目される。創刊号の山上弘道「日蓮聖人の摂受・折伏観―今成元昭氏への批判」の掲載に当たっては、「その当否はさておき、氏の緻密な論考には、宗祖の教学理解に関して妥協を許さない真摯な態度が感じられます。私どもが日頃お世話になっている現役の先生に対しての名指しの批判なので、いかがと思いましたが、内容は決して個人批判ではなく、学問的であり、今後の議論の基点ともなり得ると判断し、ここに掲載させていただきました」とコメントを付している。ここに本誌の真骨頂がうかがわれる。また二号には、興風談所所長池田令道「日蓮遺文をめぐる二三の覚書」が掲載され、日蓮仏教研究所々長及川真介氏の「研究者の喜び、胸の高鳴りがそこからこちらに伝わってくる」と感嘆の言葉を寄せられている。確かに「白木御消息」の分析は、圧巻である。なお、『日蓮仏教研究』には、「学室だより」が掲載され、日蓮・日蓮宗に関する様々な情報が記載されており極めて有益である。

もちろん、これらの前提に興風談所との門流を越えた深い人的・学問的交流があることはいうまでもない。本誌の事実上の編集者都守師が先述の通り、興風談所で研究発表し、『興風』に論文を寄せているからである。両者に共通するのは、門流から自立した史料調査・研究発表・学問的交流の重視である。

㈣

このように、興風談所にせよ、日蓮仏教研究所にせよ、その日蓮・日蓮宗研究が既成の組織や体制から自立して新たな展開をもたらしていることは、間違いない。宗祖日蓮・日蓮宗研究の原点に返れという共通の思いを抱いて。富士門流では、東（安房）の妙本寺日我、西（山城）の要法寺日辰を称して「東我西辰」（「西辰東我」）と呼び、また現代の日蓮・日蓮宗研究では、東の高木豊、西の川添昭二と称されるという。その点でも、東（東京）の日蓮仏教研究所、西（岡山）の興風談所と称される日が来るのではないかと想像する。

思えば中世の談所は、多様な宗派・門流を超越したものとして存立したものの、近世に入ると特定の宗派・門流を中心とする檀林へ、さらに近代になると檀林から大学へと変わるなかで枠組みや親織体が優先され、人・学問の交流も宗学の世界に閉じこめられてしまった。現在の宗学の閉塞状況も、それと無関係ではあるまい。いま一度宗学の枠を越えた人と学問の交流が行われることを願うのは、わたし一人ではあるまい。それに耐えうる地道な研究がこうした在野の興風談所・日蓮仏教研究所によって担われていることに改めて敬意を表したいと思う。

なお、両所の連絡先は、興風談所は、〒七〇一―一一三三　岡山市北区富吉二一六八。電話〇八六―二九四―五四二六。日蓮仏教研究所は、〒一六〇―〇〇二三　新宿区西新宿七―十二―十二。電話〇三―三三七一―二一八八。

第三章　東京国立博物館「大日蓮展」に思う

㈠

鎌倉新仏教の宗祖の一人、日蓮が初めて「南無妙法蓮華経」のお題目を唱えたのは、建長五年（一二五三）四月二十八日、清澄山の旭ケ森においてであったとされる。宗門では、この四月二十八日をもって立教開宗の記念日（宗旨建立会）と定めている。昨年（二〇〇二）は、ちょうどその立教開宗七五〇年に当たり、宗門内外で盛んに行事が奉修された。先の立教開宗七〇〇年は、一九五二年であったから、それから半世紀が経過したことになる。この慶事に値遇しえたことは、果報であったといわねばならない。

㈡

宗門では、江戸時代中期（享保年代）の宗祖日蓮の四五〇遠忌《おんき》頃から五〇年単位で遠忌を奉修する慣行が定着するが、立教開宗がいつ頃から奉修されるようになったのかは不明である。遠忌よりもかなり新しい近代の伝統ではないかと思われる。この立教開宗七五〇年は、宗門にとって宗祖七〇〇遠忌が行われた一九八一年以来の大行事であった。昨年は、時あたかも一昨年（二〇〇一）のＮＨＫ大河ドラマ「北条時宗」の放映もあって日蓮に関する書物が様々出版されるなど、宗門内外で盛り上がりをみせた年であった。宗門内部でも、日蓮正宗正信会による「日蓮聖人の世界展」が全国で巡回展示され、また図録『日蓮聖人の世界』が発刊されるなど、新たな展開を予想させる動きであった。

この一連の慶事の掉尾を飾るものとして、今年に入って、東京国立博物館で「立教開宗七五〇年記念」として「大日蓮展」が開催された（二〇〇三年一月十五日〜二月二十三日）。日蓮に関する展示自体は、先の「日蓮聖人の世界展」を含めて過去でも一九六九年の東京東武百貨店での「日蓮聖人展」、一九七一年の京都での「日蓮聖人展覧会」、一九七九年の鎌倉国宝館での「鎌倉と日蓮展」など、様々な場所で行われてきたというが、今回の「大日蓮展」は、展示品の質と量を見る限り「まさに空前の規模の展覧会」（図録『大日蓮展』の「ごあいさつ」）であったといってよい。東京国立博物館が日蓮聖人門下連合会（日蓮宗・法華宗本門流など十一団体。富士大石寺を総本山とする日蓮正宗は属していない。それゆえ、その関係寺院からの出品はみられない。日蓮「愛染不動明王感見記」（二幅）を出品した安房妙本

写真　『大日蓮展』

寺は現在日蓮正宗から独立した単立の大本山である）の協力をえながら総力を挙げた一大展示であった。それは、展示品が国宝四点・重文四十六点を含む都合一六一点に及ぶことにもうかがわれる。

㈢

「大日蓮展」は、その主旨に「今回の展覧会は、その日蓮聖人の立教開宗七百五十年を記念して、日蓮諸宗の寺院に伝わる聖人ゆかりの品々、法華信仰にまつわる美術品、さらには、宗門に帰依した多くの芸術家たちの作品を取り上げ、一堂に展示しようとするものです」とあるように、①日蓮聖人ゆかりの品々、②法華信仰にまつわる美術品、③宗門に帰依した多くの芸術家たちの作品、という三つを柱に構成され展示された。分量的にも、①よりもむしろ②③に圧倒的な比重が置かれている。その意味では、「立教開宗七五〇年記念」を捉えて日蓮・日蓮宗というよりも法華信仰にかかわる文化遺産を人と物を中心に紹介しようとした展示であったと評価される。これは、展示主体の東京国立博物館の性格からしても当然の結果であった。その点では、信仰を前提にした僧俗一体の手に掛かる「日蓮聖人の世界展」などとは、そもそも出発点を異にするものであった。ただそれは、それで評価されるべきであると考える。

その圧倒的な比重を占めた②③関係では、長谷川等伯・尾形光琳・葛飾北斎・本阿弥家・狩野家・後藤家など、名だたる法華経信者（外護者）の各方面にわたる作品が数多く展示された。そのなかには、新発見の長谷川等伯の「鬼子母神十羅刹女像」（富山妙伝寺所蔵）も含まれていた。等伯作とされる京都本法寺の仏涅槃図など、その巨大さ（縦七九二・八×横五二一・七糎）に圧倒されたのは、わたしだけではあるまい。展示品も、仏像・刀・彫刻・鐘・絵画・和歌・鏡・調度品などなど多種多様で、一つ一つ紹介しきれないほどである。時代的にも平安時代の十一世紀から江戸時代の十九世紀に及び、日蓮の鎌倉時代に限られるものではない。

㈣

さて、以下、わたしの関心に従って、いくつかの感想を述べさせていただきたい。一度なりとも拝したことのある安房妙本寺の「愛染不動明王感見記」、平賀本土寺の「諸人御返事」・金銅蓮華草透彫華籠・「大過去帳」などを改めて拝し、その全体としての歴史的価値を再確認することができた。また鎌倉妙本寺の日蓮聖人坐像、千葉浄光院の日蓮聖人像（水鏡御影）、静岡妙法華寺の日蓮聖人像、身延久遠寺の日蓮聖人像（波木井御影）などの御影（像）群は、まさに圧巻であった。現在なお礼拝対象として生き続ける存在だけに眼前に立つとおのずから恋慕渇仰の思いが沸き上がってくるのは不思議である。展示コースの最初にほぼこれら御影（像）群が配されたのは、当然なことであったと思われる。作品としては坐像であっても、礼拝対象としてはやはり御影（像）なのである。これだけの御影（像）が一同に会したことがあったであろうか。まさに空前絶後のことである。

そして、「日蓮聖人註画讃」の二本（京都本圀寺《ほんこくじ》本と千葉鏡忍寺本）の展示は、時代背景の違いによる内容の相違に関心が持たれた。この日蓮伝説の世界を作り出した作品にその布教者と受容者の視線が思いやられた。また今回の展示の目玉にしてまさに門外不出とされる中山法華経寺の「立正安国論」・「観心本尊抄」は、一言一句に日蓮の息づかいが今に伝わってくるようであった。さらに日蓮臨終の際に奉掲されたとされる鎌倉妙本寺の曼荼羅本尊（臨滅度時の御本尊）は、日蓮臨終時の様子を種々想定させてくれるものであった。十枚継《つづり》のこの巨大な曼荼羅本尊（縦一五八・五×横一〇一・八糎）には、これまた圧倒される思いであった。多くの観覧者がこれらに釘付けにされたのも当然であった。それくらいの迫力があった。

(五)

また展示品には、房総地域に所在する日蓮宗寺院（妙本寺・藻原寺・中山法華経寺・本土寺・鏡忍寺・日本寺・浄光寺・清澄寺・妙光寺）からの優品が存外多く、やはり日蓮生誕の地としての縁を示すものと、千葉県内に住する人間として強く思わざるをえなかった。そうした関係史料の偏在性も遺憾なく示された展示であったように思われる。

とはいえ、展示品のなかには、宗門からは宗宝と高く評価されていながら、宗門外の人間が改めて拝すると、なお検討を要すると思われるものが複数存在したのも事実であった。例えば、池上本門寺の「御遺物配分帳」（『鎌倉遺文』一四七二三号）・「身延山番帳」（『鎌倉遺文』一四七八一号は駿河〈西山〉本門寺文書による。同文書は正本とされる）などである（補注）。宗門史料は、信仰と伝説の狭間のなかに生きてきたといってよい。それぞれ各門流（各寺院）の正統性と正嫡性を示すものだけに、その史料批判は、タブー視されてきたのであった。もちろん、それは、展示された武家文書にしても絵画史料にしても同然であるが、宗門史料がより顕著であったにすぎない。それがこのように数多くの史料とともに同時的に展示されることで、その史料性が白日の下に晒され、より客観的な評価が下されれば、それは確かなる史実への第一歩となるのではなかろうか。展示した東京国立博物館の姿勢が問われる問題ではないと思う。

㈥

展示と同時に発刊された図録（『大日蓮展』写真）は、出品すべてのカラー写真を掲載し、各分野の専門家による概要論文と各展示品に関する詳細な作品解説を掲載している。これだけでも、大変な史料集であり、今後の研究に資するところ多大といわねばならない。展示をみられなかった方は、ぜひ図録を拝していただきたい。ただ会場展示の解説とやや異なるところがあったこと、先の検討を要すると述べた史料に対する個々の解説などは宗門史料の解説の域を出ていないこと、など多少気になったところである。それは、こうした図録の持つ限界性であろうか。

わたしは、再びこの規模の展示がなされるのはそれこそ半世紀後であろうと考え、二度ばかり足を運んだ。二度目は、知人とともに拝した。ともに拝しともに考えることの大切さを改めて痛感させられた。日蓮とその思想は、慈悲曠大な人間性と相まってなお人々の心を捉えて離すまい。この展示を芸術家の作品というよりも信仰の賜物たる側面からみたく思った所以である。その意味では、出品数こそ少なかったが、①日蓮ゆかりの品々に一際興味が惹かれた。特に御影（像）群と曼荼羅本尊（臨滅度時の御本尊）に。そういう観覧の仕方をされた方々も実は多かったのではないかと思う。ところで、わたしは、一昨年（二〇〇一）の「日蓮聖人の世界展」も二度ほど拝し、このたびも含めて、そのつど日蓮の個人としての歴史に与えた計り知れないインパクトを強く感じた。そうしたインパクトこそがこの種の展示を繰り返し可能とさせるエネルギーではなかろうか。そうしたことを追体験させてくれる貴重な展示であった。

（補注）なお、この点については、『日興上人全集』（興風談所、一九九六年）にすでにその指摘があることを坂井法曄師の御教示によって知った。

第四章　鎌倉の日蓮聖人

――中世人の信仰世界――

㈠

今年（二〇〇九年）は、文応元年（一二六〇）七月十六日に宗祖日蓮が「立正安国論」を宿屋入道最信を通じて前執権・北条時頼に奏上してから、七五〇年にあたる。その関係で、宗門関係の世界ではさまざまな行事が執り行われた。数多くの「立正安国論」に関する書物が出版され、またシンポジウムや講演会などが開催されたのであった。とはいえ、概して宗門外の反応は低調であったように思われる。一般商業紙などで、話題にされたことはほとんどなかったからである。その意味では、現在その発信力が問われているといってよい。

そもそも、宗門では、宗祖日蓮にちなむ行事としては、ほぼ天和元年（一六八一）四〇〇遠忌《おんき》以来の〇〇遠忌を契機とするものであって、それ以外の行事は事実上存在しなかった。それは、御会式《おえしき》（宗祖日蓮忌）を最重要視する宗門・門徒の意識を象徴するものであったといえる。

それが、日蓮生誕七五〇周年記念として一九六九年五月に毎日新聞社主催で東京・池袋の東武百貨店において開催された「日蓮聖人展」以降、さまざまな理由で催事が行われるようになった。たとえ

2009年　京都国立博物館

2009年　神奈川県立歴史博物館

ば、同様な趣旨によって「日蓮聖人展」が一九七一年十月に京都新聞社主催で京都府立総合資料館において開催され、また日蓮七〇〇遠忌として「日蓮聖人展」が一九八一年四月に読売新聞社主催で東京の上野松坂屋ほかにおいて開催されたりしたが、その最大のものが、立教開宗七五〇年記念として、二〇〇三年一月～二月に行われた東京国立博物館での「大日蓮展」であったと思われる（拙稿「東京国立博物館『大日蓮展』に思う」。本書第Ⅱ部第三章）。

それからわずか六年後に今回の「立正安国論」奏上七五〇年記念という次第である。宗門内の出来事が一行事化された延長上の事態であった。要するに、宗門内の御会式中心主義から細分化された一行事が、宗門の布教活動という大儀と博物館などの興業目的と一致して行われるようになったのである。こうした傾向は、他宗でもみられるところで、宗教行事が信仰上の問題から乖離し始めた結果であったと評価される。

今回、「立正安国論」奏上七五〇年記念展示として開催されたのは、神奈川県立歴史博物館での「鎌倉の日蓮聖人――中世人の信仰世界――」展と京都国立博物館での「日蓮と法華の名宝――華開く京都町衆の文化――」展であり、同時開催（十月から十一月）であった。一大イベントとしての催事であったことがより鮮明になったといえよう。

ここでは、見学できた神奈川県立歴史博物館での「鎌倉の日蓮聖人」展について若干記してみたい。

㈡

展示史料は、入れ替えを含めて都合一七七点である。ちなみに前回の東京国立博物館展示「大日蓮展」では一六一点で、点数からいえば、それを上回る規模であったことになる。入場すると、まず「立正安国論」の全文が展示されており、今回の展示の趣旨を明示しているかにみえる。またその側には、鎌倉妙本寺所蔵日蓮坐像が展示されている。「立正安国論」、そして宗祖日蓮、という具合に、今回の展示の導入部分に相応しい配置となっている。

ただ両方とも、レプリカであったのは、残念であった。それは、両方とも前回の東京国立博物館展示「大日蓮展」では、現物が展示されてあったので、なおさらである。「立正安国論」の方は、同時開催の京都国立博物館での「日蓮と法華の名宝」の展示との絡みのためであろうか。またそれゆえであろうか、充実した図録『特別展　鎌倉の日蓮聖人――中世人の信仰世界――』には、その紹介と解説がみられない。今回の趣旨からしてもやはり「立正安国論」に関する一項があってもよかったのではなかろうか。

もちろん、近年注目されている南北朝時代の千葉県香取郡多古町嶋の正覚寺本（坂井法曄「日蓮と鎌倉政権ノート」佐藤博信編『中世東国の社会構造』岩田書院、二〇〇七年）や鎌倉妙本寺の江戸時代の写本などが展示されているが、それはあくまでも「法華経と日蓮」の一部に留まるものであった。

それにしても、「鎌倉の日蓮聖人」という視点から鎌倉の日蓮宗寺院を中心に神奈川県下を初め、隣接する千葉県、山梨県、静岡県、東京都などの日蓮宗寺院からも多くの関係史料が展示され、そのうえで京都からも関係史料が展示されている。まさに東国を中心にした広範囲な展示となっている。しかも、東京国立博物館展示「大日蓮展」のような宗祖日蓮とその周辺に特化させず、六老僧（本弟子）以下のさまざまな日蓮僧とその周辺史料を取り上げることによって、従来はほとんど展示対象とはならなかった関係史料に光が当てられたのは、注目される。これは、これまでの地道な調査・研究の成果があったればこそといわねばならず、そのことを忘れてはなるまい。

例えば、寺院では武蔵品川の（天）妙国寺、上総茂原の藻原寺、下総平賀の本土寺、多古の正覚寺、鎌倉の本覚寺など、また人物では本弟子（六老僧）の一人で鎌倉妙本寺の開山日朗、中山法華経寺の開基日常（富木常忍）、京都妙顕寺の開山日像・同大覚、京都本法寺の開山日親（冠鐺《なべかぶり》日親）、身延山久遠寺の行学院日朝など、曼荼羅本尊だけでなくみるべき関係史料が実に多かった。特に藻原寺の「仏像伽藍記」、本覚寺の「永享問答記」、（天）妙国寺の境内図、本法寺の「伝燈鈔」、本土寺の「妙法蓮華経」などは、今回初めて出品されたものと思われ、興味が惹かれた。

ただ史料的には鎌倉の妙本寺、下総平賀の本土寺、武蔵池上の本門寺（三長三本）を中心に活動した日朗などの比企谷《ひきがやつ》門流が中心で、同様に本弟子（六老僧）の一人日興の富士門流関係寺院所蔵史料としては、安房保田妙本寺所蔵の日蓮「愛染不動感見記」の写真版（東京国立博物館展示「大日蓮展」では原本が展示された）が展示されているだけであったのは、残念であった。

例えば、日蓮宗の信仰対象を象徴する曼荼羅本尊の書写のあり方の違いなど、門流ごとに比較検討することで、日蓮宗の多様な信仰形態と展開が見学者に理解されたのではなかろうか。その点を絡めて、門流とか登場人物などの法脈図があってもよかったかと思われる。中世の日蓮宗の発展と展開といっても、事実上門流中心のそれであったのだから。

㈢

ところで、宗教関係の展示となると、日蓮宗を含めて、どうしても、宗祖・歴代住職の曼荼羅本尊・絵曼荼羅や御影像・絵画・仏像などが中心となりがちである。今回も、従来から随時展示されてきた水鏡御影（重文指定）・日蓮曼荼羅本尊（重文指定を含む）・日蓮遺文（重文指定を含む）・日蓮註画讃（千葉鏡忍寺本・鎌倉安国論寺本）などが、ところ狭しと展示されている。それはそれで信仰の世界のモノ史料として迫力がある。ただ今回の展示は、それのみならず古文書・過去帳・棟札《むなふだ》・寺院境内図・金石文など、確かな史料で日蓮宗の発展と展開の様子が確認できる方法がとられている。

例えば、藻原寺・品川（天）妙国寺・鎌倉本覚寺などの古文書、本土寺・鎌倉妙本寺の過去帳、本興寺・藻原寺・身延山久遠寺の棟札、（天）妙国寺の境内図、藻原寺・鎌倉長勝寺・三浦妙真寺の鰐《わに》口《ぐち》、本覚寺の梵鐘など、今回初めて出品されたと思われる貴重なモノ史料も多かった。これまた迫力がある。その多くは、「中世都市と日蓮」という項目での展示であった。これらは、近年の研究成果をふまえた、従来の展示にはない在地からの視点のものであった。

それにちなんで、下から日蓮宗の発展を支えた檀那が取り上げられたのも、注目される。三浦の石渡氏（滝川恒昭「交流を仲介する海『江戸湾』と海晏寺の雲版」『品川歴史館紀要』二十四号、二〇〇九年）や品川の鈴木氏（拙稿「有徳人鈴木道胤と鎌倉の関係をめぐって」『続中世東国の支配構造』思文閣出版、一九九六年）など、いずれも、近年の江戸湾研究で注目されている氏族たちであった。

しかも、東国の鎌倉を中心とした展示であった関係からか、「東国に開花した宗門の文化」という一項を立てているものの、いわゆる京都中心の町衆の法華文化というきらびやかな美術・工芸の世界（本阿弥光悦・長谷川等伯・俵屋宗達など）とは明らかに一線を画した質素ながら強信振りを示す諸物によって裏づけられた展示であったのも、対比的に注目された。

(四)

その展示史料の内容からいえば、宗教関係の展示では、ともすれば伝説の世界の産物や伝〇〇とされるもの、あきらかに後世作成された文書など、玉石混淆の展示となる場合が多いのも否定できない。

その点、例えば、東京国立博物館展示「大日蓮展」では、とかく問題の多い池上本門寺所蔵「御遺物配分帳」・「久遠寺輪番帳」や身延山久遠寺所蔵「波木井御影」なども展示されていたが、今回は「波木井御影」を「室町時代　一六世紀」としたもの以外はスムーズな理解が可能であった。「波木井御影」の成立年代については近年重大な問題提起がなされていることは、周知のことではなかろうか（坂輪宣敬「『波木井御影』の伝承と系譜」佐々木孝憲博士古稀記念論文集刊行会編『仏教学仏教史論集』山喜房佛書林、二〇〇二年）。再検討を要しよう。

史料は、たび重なる公開・展示によって衆人環視のもとに晒され、必然的にその史料性が問われ取捨選択される運命にある。その結果、より確実な史料によってより確かな宗祖像と日蓮宗像が準備されることになるのである。今回の展示では、「伝」とされる資料名のつくものは、わずか一点（京都妙顕寺所蔵「伝大覚上人絵曼荼羅」）であった。それだけ確実な史料によって裏づけられた展示であったということである。

その点では、結果的に東京国立博物館展示「大日蓮展」を学問的に一歩進める結果となったと評価される。それは、東京国立博物館展示「大日蓮展」の解説・展示の多くが、美術史系の学芸員によってなされたのに対し、今回の展示は多くが歴史系の学芸員によってなされたことにも、その相違の素因があるかと思われる。歴史的評価において、それがよりよい結果を生んだことは間違いない。要するに、展示・解説は、担当する学芸員の力量に規定される面が大であることを改めて痛感した。

(五)

なお、蛇足ながら、図録『特別展　鎌倉の日蓮聖人——中世人の信仰世界——』を含めて若干コメントすれば、(一二三番) 弘治三年 (一五五七) 正月二十一日付胤貞寄進状 (「正覚寺文書」) は千葉胤貞ではなく原胤貞の寄進状であること、(一〇八番) 宝徳二年 (一四五〇) 十一月十四日付簗田中務少輔 (持助) 宛鎌倉公方足利成氏判物 (「妙国寺文書」) については「写しであるかは検討の余地を残す」とあるが、従来正文とみなされてきた文書であり、より慎重な表現が必要ではないだろうか。

また (二一番) 弘安三年 (一二八〇) 五月八日付日蓮曼荼羅本尊 (沼津妙海寺所蔵) については、「聖人の指紋が付着している珍しいものである。指紋は (中略) 約十カ所みられる。遠目では気づかないが、拡大して見るといくつかの指紋を確認することができる」との記述がある。そのほか、茂原藻原寺所蔵日蓮曼荼羅本尊などでも日蓮の「指紋」が確認されたと仄聞される。これは、「立正安国論」一一紙の下部にある墨の跡が「日蓮聖人の右手人差し指の指紋であることがわかった」(中尾堯「国宝『立正安国論』の軌跡」『大法輪』七十六巻八号、二〇〇九年八月) とされることなどと深く結びつく叙述であろう。

すなわち、日蓮の「指紋」なるものが、にわかに注目されてきたのである。これは、近年の日蓮曼荼羅本尊の修復作業を主導し、また今回の展示の事実上の指南者である中尾堯氏が随所で言及してきたことがらであることを考えると、それを踏まえての叙述であったと認識される。ただこの「指紋」を日蓮のものと断定するには、科学的な裏づけと手続きが必要かと思われる。いわば公的機関の展示図録に、新説として叙述するには慎重な配慮が必要と思われるのである。展示会場での説明文といい、今回の展示の最大の話題性を秘めたことがらであっただけに、なおさらそう思った次第である。

なお、これには前後話が存在し、初版の図録にはなかった「日蓮聖人指紋」の写真版が、図録の二刷（十一月十八日付。三三頁）には掲載されているのである。この推移にいかなる事情があったのかは知る由もないが、掲載に何らかの強い衝動があったかにみえる。一線を越えた感が否めないのではないか。

それ以上に疑問を抱いたのは、展示解説の時代区分の表記として、鎌倉・南北朝・室町・桃山・江戸という表記が用いられていることである。確かに美術史などでは、相変わらずこうした時代区分がまかり通っているので、あるいは美術史系の学芸員との合意の結果であろうか。しかし、例えば、天正十八年（一五九〇）四月日付豊臣秀吉禁制を「室町時代」とするのは、果たして一般論として受け入れられるものであろうか。それを含めて戦国時代という時代区分がなぜ使用されないのかは、日本史研究者のみならず一般見学者からも疑問とされる点であろう。

その疑問は、（一三八番）永禄二年（一五五九）付日芸上人棟札を「室町時代」とし、（一三九番）永禄元年付日鏡上人棟札を「桃山時代」とする、などの点に現れているかにみえる。また図録で、写真版のキャプションと列品解説の間で「室町時代」と「桃山時代」の混乱が、さきの秀吉禁制を含めてままみられるのも、その点に由来しようか。

（六）

以上、今回の展示は、些少のことがらは存在すると思われるものの、従来の展示を確実に一歩進めた注目すべき展示であったことは間違いない。この展示を計画・準備された方々に謝意を表する次第である。本来、京都国立博物館での「日蓮と法華の名宝――華開く京都町衆の文化――」展と併せて論ずべきであったが、その見学が時間的に叶わず、神奈川県立歴史博物館での「鎌倉の日蓮聖人」展のみを論ずることとなった点、誠に遺憾である。

（神奈川県立歴史博物館、二〇〇九年十月十七日～十一月二十九日）

第Ⅲ部　安房妙本寺所蔵史料の紹介

第一章「富山一流草案」

【解題】

本章では、安房妙本寺所蔵「富山一流草案」（以下、本書と略す）を紹介したい。本書自体は、これまで数回にわたり紹介されている。最初に紹介したのは、『富士学林教科書研究教学書第三十巻』（富士学林、一九七一年五月）である。これは、堀日亨師の書写本の紹介である。その奥書には、「依妙本寺蔵日杲奥書之本書写之、但一角朽損字体不明処不少、須更他本校正之也、明治四十一年（一九〇八）五月　雪山日亨」及び「昭和四年（一九二九）十二月廿九日再校大得正、旧校近為定本乎　日亨（花押）」とみえ、妙本寺本から翻刻したことがわかる。これは、最近興風談所の「日興門流史料システム」にも収録され一般に閲覧可能となった。

次いで、立正大学図書館が平成元年（一九八九）七月に「撮影」した「富士門流口伝草案（日要述日蓮宗宗学全書刊行会　写）」とされるものである。「日蓮宗宗学全書刊行会蒐集本」の判が捺されているが、その典拠本は不明である。しかも、日杲《にちこう》奥書もみられず、日要の本文のみである。写本も見取り写しである。その意味で、善本とはみなしえない。

そして、『千葉県の歴史資料編中世3（県内文書2）』（二〇〇一年三月）である。これは、江戸時代末期に伊豆宇佐見村行蓮寺日全（拙稿「伊豆参詣記―宗祖日蓮の聖跡を訪ねて―」本書第Ⅰ部第五章）が書写した安房妙本寺所蔵「我邦雑記」（「草案　日要」を含む写本）からの紹介である。これには、奥書として「御正本日州本蓮寺アリ　妙本寺日我（花押影）　本蓮寺日円ヨリ伝授　学頭坊相承日果（杲）ヨリ免許」とみえ、現宮崎県児湯郡新富町所在の本蓮寺（拙稿「日向参詣記―安房妙本寺の旧末寺を訪ねて―」本書第Ⅰ部第二章）に「御正本」が存在したという。これは、年代的に「草案日要」を指すと思われるが、それ自体が日要の自筆本であったか否は不明で、むしろ写本であった可能性が高いと思われる。

この度、以上の三本の写本とこれから紹介する日杲自筆本とを照合したところそれなりに異同が確認され、三本とも必ずしも厳密な書写・校訂を踏まえたものとはいい難いことが判明した。より原本に近い本書をここに紹介する所以である。

さて、この「草案」を纏めた日要（俗姓中村氏）は、永享八年（一四三六）日向細島（宮崎県日向市細島）で生れた。長享元年（二年とも。一四八七か一四八八）に日朝から学頭坊を相続し、延徳元年（一四八九）に日信の跡を受けて妙本寺住職となった。明応から文亀年代にかけては、日向細島の本要寺（現存せず）に在住し、文亀二年（一五〇二）八月に本寿坊日杲に学頭坊を譲り、またその前後に日清に妙本寺住職を譲り渡しており、故地で隠居する予定であった。しかし、日清が文亀三年正月十八日に死去したために、住職に復し安房に戻った。永正十一年（一五一四）十一月十六日に上総下沢（千葉県富津市）の妙勝寺（現存せず）で死去した。

日要は、妙本寺の歴史のうえで開山日郷・中興の祖日要・再建の日我の一人として特別な位置を占めている。そのうえ、天台教学から御書（日蓮遺文）講義への転換を通じて富士門流でいちはやく妙本寺教学を確立せしめた人物であった。それ以前来の御書編纂を踏まえて可能であったのである。その点で、執行海秀『日蓮宗教学史』（平楽寺書店、一九九六年三月）にも、日要は独立立項されているが、大石寺日有《にちう》との関係や尼ケ崎教学（日隆門流）の影響などに関する記述は、再検討の必要があろうかと思われる。日要は本書以外にも「日要愚案」・「当家口伝草案」・「一代大意抄見聞」・「五人所破抄聞書」・「法華本門開目抄聞書」などの多くの著作を残しているが、自筆本は永正八年六月十三日付「日要愚案」（「定善寺文書」二三）のみである。その意味では、弟子日杲の筆にして年代明記の本書の価値は低くない。なお、本書の解説には、大黒喜道『日興門流上代事典』（興風談所、二〇〇〇年一月）がある。

ところで、この「草案」は、奥書にある様に文亀三年（一五〇三）七月二十五日に日要から本寿坊日杲並びに弟子中に授与されたものである。署判には、「妙本寺　日要（花押）六十八才」とあったと思われる。日要から学頭坊を譲られた日杲は「当家法門於九州、日要弟子分中第一也」（日我「申状見聞私」）と称された人物で、この他多くの聖教の伝授や切紙相承を受けている。それがさらに日我に伝授・相承されたことが「妙本寺文書」からも窺われる。

そして、この「草案」の日要自筆本（現存せず）を伝授された日杲が、こんどは天文二年（一五三三）七月七日に六位公（阿闍梨）日鎮に書写・授与したのである。それが本書である。その奥書（写真1）に「于時天文二年癸巳七月七日積年六十六　学頭坊日杲（花押）」とみえる通りである。本書は、学頭坊日杲の自筆本（十六丁）である。表題の「重本　富山一流草案　日要述記」も、日杲の自筆とみられる。妙本寺衆六位公日鎮・継巡房日応が「日是仏法御迷乱」の時に妙本寺代官日我の指示で日向の日杲のもとに赴いた際、日杲が日鎮に相伝したのであった。日杲は、同日に「観心本尊抄・本因妙抄、其外御大事、何茂従　日要上人日杲相承之分」（『妙本寺文書』一七〇）を日鎮に伝授・相伝している（写真2）。それらは、現在残されていない。そこにも、「日州下向之時」とみえる。両本は、もちろん同筆である。また日杲は、その後の天文六年六月十五日にも日鎮の「二度目」の「日州へ下向」の際に日要「五人所破抄聞書」を書写・相伝している。奥書は日杲の自筆であるが、本文には「右筆下野公」とある。特別な使命を担った両度に及ぶ「日州下向」に特別な配慮がなされた結果であった。これらの聖教は、日要の信心根本の在り方を示すものとして相伝されたに違いない。

この「日是仏法御迷乱」云々の奥書は、妙本寺の歴史にあって妙本寺住職日我成立の前提となった日是《にちぜ》の「御迷乱」を伝える貴重な史料として注目されてきた。こうした日杲の努力で日是によってもたらされた妙本寺（日郷）門流の化儀《けぎ》秘決の混乱が正され、日我がその代官・後継者として赴任し再建に取りかかったのであった。その意味で、日杲は、日我擁立の最大の立役者であった。日杲は、天文十三年（一五四四）二月二十五日に七十七歳で死去している（「妙本寺年中行事」「定善寺文書」二九）。その十三回忌の際の供養塔が日向本永寺跡に伝存している（興風談所編『宮崎県題目石塔調査レポート』興風談所、一九九九年六月）。

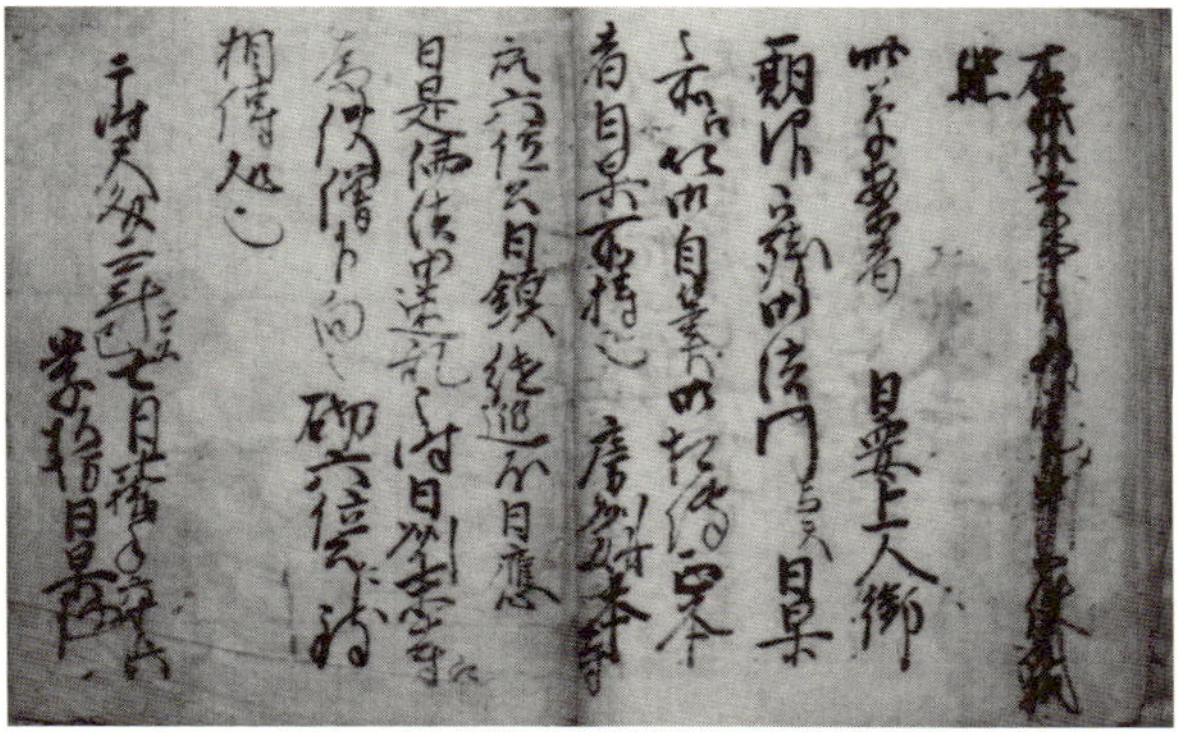

写真１：日杲「富山一流草案」奥書

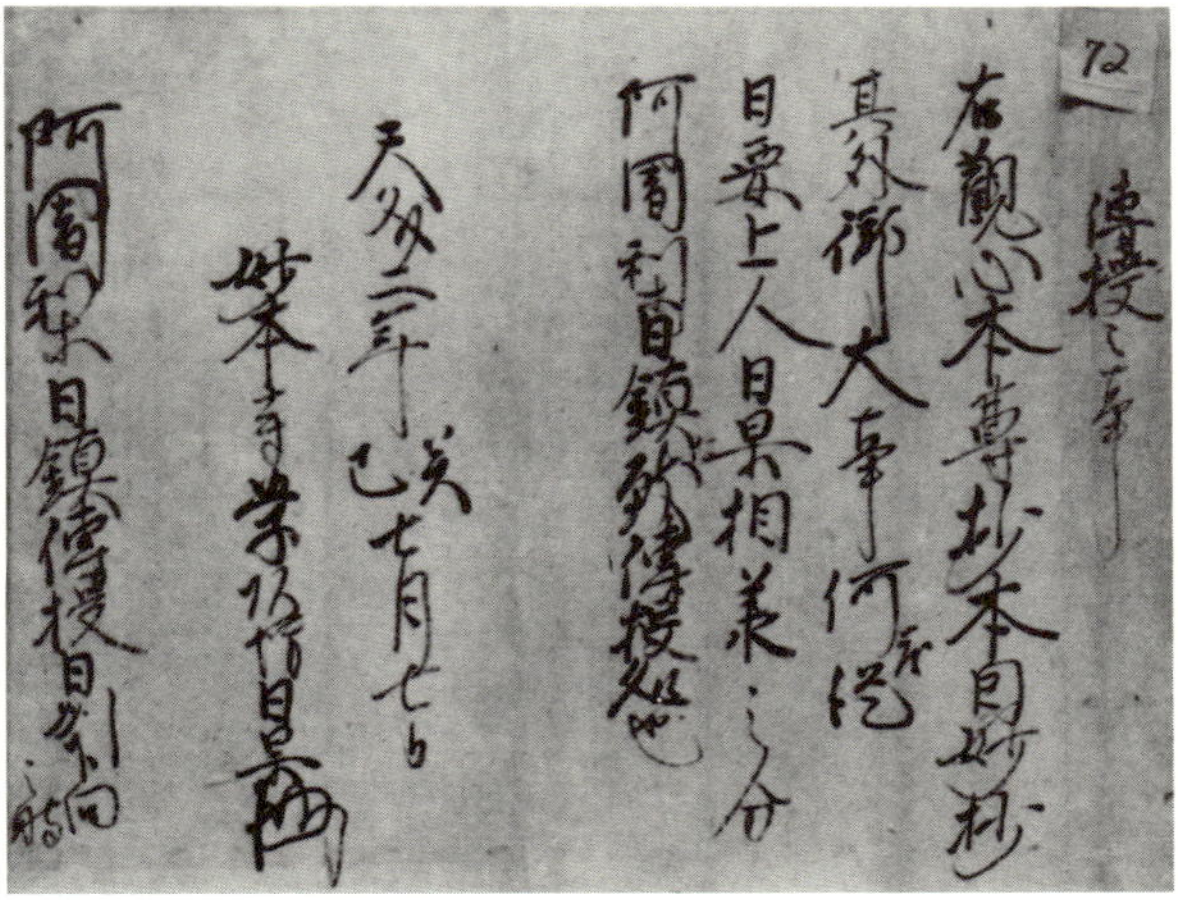

写真２：日杲伝授状

そもそも、本書は、日杲から日鎮に伝授されたものである。それが妙本寺にもたらされ現在に至ったのである。日鎮は、六位公・新大夫・法泉坊ともいわれた日要・日杲の有力弟子であった。日杲の指示を受けて妙本寺に上がった日我を支えるべく活躍した人物である。妙本寺の末寺妙顕寺の住職ともなった関係で、その関係史料として妙本寺に上がったものと思われる。先述の日要「五人所破抄聞書」には、「納妙本寺　法泉坊ノ本也、日我（花押）」とあり、日鎮のものが日我をへて妙本寺に納められた様子が窺われる。日鎮関係史料が妙本寺に伝来した理由には、こうした事情が存在したのである。現在匡真寺《きょうしんじ》（川崎市麻生区）に所蔵される日鎮宛日我授大聖人事・日我置文も、妙本寺から流失したものを昭和十五年（一九四〇）に片山日幹師（後の北山本門寺住職）が入手したものである。ただ日鎮関係文書（「妙本寺文書」「定善寺文書」「匡真寺文書」）には、なお検討の余地があるものが含まれている。

【史料本文】（原則として旧字体や異体字・略字などは現行の常用漢字に改めた）

草案　　富山日要述記

夫以、顕本遠寿之妙風者吹払伽耶始成之迹執、久遠寿量之恵日者照タマヘリ後五百才之長闇、幸哉、我等過テ在世正像受生末法当今、奉値本門最要之秘法事、歓喜充□（遍）身心生大喜悦ナルヘシ、不可信、不可仰、凡本門法花宗者、　本因妙□（為）□（宗）極、名字即ヲ定タリ行位ト、其本因妙□（者）、□（久）遠実成ノ釈迦如来並ニ十方三世諸□（仏）菩薩於テ最初凡夫地、此ノ妙法蓮華経ヲ信シ始メ玉ヒシ本地真因ノ位也、以テ此久遠元初之信心ヲ、忝モ移シ末法今時悪世悪人ノ時機、師弟共ニ三毒強盛ノ愚迷ニ令玉フ口唱本門秘要ノ大法妙法蓮華経ヲ事、併ラ令然時故也、経ニ後五百才中広宣流布ト説キ、大師内鑑ノ尺ニ後五百才遠潤妙道ト尺シ、末法之初冥利不無トモ判シ

高祖師ノ従迹門本門ハ摂下機ヲ教弥受位弥時下ノ六字可留心被遊此意也、然間、当宗ノ信者行者ハ道

俗貴賤共ニ色心ノ二法ヲ納メ置過去久遠ニ、不知不覚ナ□□（カラ）□□無二ノ信心ニ、無ク他念奉唱南無妙法□□□（蓮華経）□（者）、凡身即仏身ニシテ是人於仏道決□（定）□（無）疑ノ名字不退ノ即身成仏ヲ成就□□、経云我本行菩薩道、乃至所成寿命今猶未尽説キ、大師ノ尺ニ本門以テ本因為元始ト尺シ、或壱念信解者即是本門立願之首トモ判シ

高祖大聖ノ御定判ニ、釈迦如来ノ五百塵点ノ当初凡夫ノ御時トモ、或ハ彼ノ不軽菩薩ハ初随喜ノ人日蓮ハ名字ノ凡夫也ト、諸御抄ニ不軽ノ跡ヲ詔《(紹)》継スト在々処々被遊候ハ、此ノ本因妙名字即ノ事也、染心符奉拝見者也、殊更本門宗ノ観心ト者、以テ堅固之信力住シ大慈大悲ニ、十界皆成十界久遠ト廻向スルヲ名ル本門事行ノ観心ト也、就中若シ人耽リ世間ノ名利ニ、□諸人ノ風流ニ、此ノ一念之信心渡ル二途□（事）在之者、是即元品無明ノ根源輪廻生死ノ因縁可得心者也、当家第三法門ト者、師弟共ニ住シ久遠因形ノ信心ニ、不移迹中ノ化儀化法ニ、師弟同聲ノ口唱ニ懸心、無余念題目要行ノ折伏ノ弘通、不軽ノ往昔ヲ移シ、勧持告勅ノ明文可有其人ニ也、富山門人ハ本迹約身約位ノ尺ト、久遠名字ノ本門ヲ為本、今日熟脱ノ本迹二門ヲ為迹ト、相承シ玉ヘル御秘伝ヲ不ン忘者、本迹ノ法門開山以来ノ御立行ニ不可違也、於テ此□（重）ノ法門ニ迹中ノ応仏ヲ造立スヘキ耶ノ事、今日熟脱ノ本迹二経ヲ読誦スヘキ耶否ヤノ事更以不可及諍論者也、但シ道心堅固ニシテ志アラン在好士者、遂談合ヲ事自他ノ本望タルヘシ、理不尽ノ問答、無用ノ雑論等□（者）非仏法之本意ニ、能々此旨ヲ可得心□（也）、願ハ富山門葉○捨我慢偏執ヲ、抛テ名聞名利ヲ奉リ祈仏天、嘆キ宿習厚薄ヲ奉拝諸御抄ヲ者、争カ現当ノ信心ヲ不成就耶、

一以テ次ヲ引来ス、若シ人来テ本迹ノ同異勝劣一致ノ法門ヲ問ン時、先ツ反詰シテ云、本迹ノ同異者、台当両宗上古ヨリ異儀有ル法門也、殊ニ当宗ノ所詮不可過之也、乍去本迹ノ名言数量万多ニシテ不一准、雖然任字（宗）旨ノ本意ニ大綱不過両重ニ、其二重ノ本迹ト者、久遠元初ノ本迹ト一代応仏ノ本迹也、何ノ重ニ於テ勝劣一致ヲ可論談耶ト可答、

又大聖出世ノ御本意ハ此ノ両重本迹ノ中ニハ何レノ本迹ヲ御依用候ヤト尋ヘシ、

又重テサテ勝劣一致ノ中ニハ何レヲ御□□（修行）候ヤト問ン事在者、其時ハ付テ御問難□（本）迹ノ正躰ヲ定テ勝劣一致ノ法門ヲ落居申サン為也ト可反詰、問答ハ四種ノ答アレ共、反詰ヲ以テ為所詮、他ノ不審ヲ其ママ請取事、問答末徹ノ事也、能々可習之、

一権実ノ問答ノ時ハ、何宗也トモ先以テ三説超過ノ経文ヲ正意トシテ尋問ヘシ、一代ノ仏経宗々ノ依経速也ト云トモ、三説ノ外ヲハ不可出、殊ニ真言宗ナント別仏ノ説法ナントト申成ス事多シ、取ツメテ三説ヲ以テ可落居、委細ハ真言見聞抄ヲ奉拝見、如御本意問答スヘキ也、何ノ宗何ノ門流問答ノ時モ本意ヲ沙汰スル誠ニ以テ叶フ冥過（加）者也、知恵才覚立テラシテ無用ノ雑論却テ非仏法ノ本意ニ、殊更当門流上代ヨリ堅ク止アル事也、当流ノ御法門ハ本門至極ノ下種ノ要法ニテ五味ノ主シ、醍醐ノ正□（主）ハ誠ニ三説ノ外超過ノ深法ナレハ過去本因妙名字即ノ本門立行ノ最初ニテ世々番々諸仏菩薩ノ出世成道ノ根本、実ノ五味ノ主也、第三ノ法門ニテ大聖開山過去ノ不軽菩薩ヨリ外ハ弘通シ給ハン秘法也、連々ノ信心談合ノ時モ此存分申候ツル、返々モ閣方事ヲ偏ニ諸御抄ヲ奉拝見、本迹権実ノ法門何モ可有落着者也、

日要案云、久遠元初ノ報仏ノ本迹ナラハ、本因妙ノ約身約位ノ根本下種ノ名字即ノ立行ナレハ始終共ニ本迹勝劣ナルヘシ、

又一代応仏ノ上ノ本迹ナラハ、今日本果妙ノ権実、約智約教ノ権実本迹ナレハ一致ノ重モ可有也、然者文義広転ニシテ輙ク難会法門也、志アラン人習学シテ可得心也、天台伝教ノ智者ノ判尺無量無辺也、雖然迹権本実ト尺ラレテ久遠本迹ニ□（非）□可得心事、当宗ノ信ノ一筋ナルヘキ重也、

一権実本迹共ニ三説ノ文肝要也、権実ノ重ノ三説超過ノ法門ハ漢土日本ニテ天台伝教ノ既ニ賢王ノ御前ニシテ決シ勝負ヲ玉フ事、現前ノ法門也、何モ両大師ノ問答、三説ノ文ヲ以テ諸宗ヲ責破シ玉フ也、

又本迹ノ問答モ三説超過ノ重本意タルヘキ也、其故ハ聊爾ナレ共、観心本尊抄ニ重々ノ難信難解ヲ被遊、再往ノ重ニ本門独リ三説ノ外難信難解ノ正法也ト御定判アテ、迹門ヲモ三説ノ内ニ被遊事、誠以テ超過ノ重也、惣シテ上行所伝ノ要法ハ三世諸仏世々番々ノ御出世ニモ於諸教中秘之不傳ノ深法也、サテ五味ノ主トモ醍醐ノ正主トモ名ル也、仏々ノ五時五味ノ説教ハ皆以テ熟脱ノ教法ナル故也、諸御抄ノ中ニモ大田抄取要抄西山抄上野抄等染心肝ニ奉テ拝見、当家□（法）門ヲハ可得心也、常ノ法談ノ時モ広転ノ諸聖教、台家ノ法門等ヲハ習学シテ内智ニ持テ御抄ノ御意ヲ探ク信解シ、権実本迹共ニ大聖ノ被遊重ヲ心ニ懸テ弘通アラハ即経旨ニモ叶、本書ノ実義ニモ相当スヘキ也、惣シテ当宗ノ法談ハ種熟脱ノ三義ヲ□（簡）（理）別シテ権実ノ法門モ約部ノ尺ヲ用テ可沙汰也、約教ノ尺ヲ弘通セハ、天台ノ止観、権実一致ノ里観ナルヘシ、是皆諸御抄意也、殊以テ富山門流ハ過去ノ種ニ宗

旨ヲ立ラレテ、本門下種ノ立行ニテ以テ信心ヲ事行ノ観心ト名タリ、大師ノ尺ニ、自本処来三世益物故此三世皆属過去ト判ル此意也、寿量品ノ失心不失心ノ両機皆名字即ト習定ル也、

四信五品抄法蓮抄等ノ過去ノ自我偈得道ト被遊、過去益物ト云モ末法下種ノ事也、難有御法門也、文殊ノ智恵富桜那ノ弁説ニテ致トモ法談ヲ、不相当諸御抄ニ者、説法利生何ノ有ニ得益カ耶、

一日要云、一宗ノ学者多分当宗ノ本意ハ第三ノ法門也云々、自元御抄ニ被遊上者、勿論ノ重也、雖然只教相トノミ得テ心、即身成仏ノ事行観心トハ無キ落着歟ト覚候、

当門流ノ信者ハ、久遠名字ノ妙法ヲ師弟一同ニ奉ヲ口唱名ケ事行ノ法躰ト、師弟同意ノ信心ヲ号シ事行ノ観心ト也、是皆受持ノ一行ニ結帰スル也、経文ニ悪世末法時能持是経者ト被説、〇以仏滅度後能持是経故諸仏皆歓喜現無量神力説キ、受持ノ行者ヲ応受持此経是人於仏道決定無有疑ト神力要付ノ結文也、此ノ行者ヲ能居ノ本尊ト定メ、所居国土ヲ常寂光土トモ名ル本門戒壇トモ也、但シ可待時ヲ見タリ、此等ノ経文ヲ本証ニ引玉ヘル事、諸御抄ノ深秘也、敢テ不可為他伝重ニテ候、

第三ノ教相ハ観心ノ上ノ教相ニテ、一代聖教ノ主君ノ教相也、本門ヲ五味ノ主ト申ハ此法門事也、

一当門流ノ勤行ニ方便寿量ノ両品ヲ読誦有ル事、上代ヨリノ儀式ニシテ開山上人重々ノ御義トモ更ニ不及料蕳(箇)ニ、経文御抄ノ本拠分明ニ被遊候ヘトモ、末学末徹ノ故ニ不得其心ヲ、若シ大聖ノ御抄ニ不及拝見者、可待口伝者也、開目抄等ノ諸御抄ニ分明也、

一末法当時ノ法華経ト者、広略要ノ中ニハ要ノ法華経也、本門流通永異諸部ト尺スル此意也、

高師(祖)大聖妙法蓮華経ノ五字者、非ス文ニ非義一部ノ意耳ト御定判有ル、此要ノ法〇経ノ御事也、

又妙法蓮華経ハ世間ノ人ハ名ト思ヘリ、サニテハ候ハス、躰也、意也、所詮也ト被遊、是モ要ノ法花経ノ事也云々、可秘〳〵、方便寿量等ノ読誦皆要ノ助行也、此ノ筋ハ迹ノ文証ヲ借ル一分也、委細口伝可在之、

一本化上行菩薩ハ久遠元初ノ支分ノ御弟子、同躰ノ師弟、一身ノ因果ト者、此ノ本化ノ御事也、娑婆世界ノ一切衆生最初下種ノ本師、有縁ノ主師親也、殊ニ本朝ニ教弥実位弥下ノ本尊、斯人行世間能滅衆生闇ノ導師ニテ宿習深厚ノ大士ニテ、三国末弘之万法、能生種子ノ大慢荼羅、正像末弘ノ大本尊也、

御示云、仏滅後二千二百三十余年一円浮提未曾有之本尊ト被遊タル、誰カ可疑、末法下種ノ教主、本因妙ノ大師、信謗彼此決定成菩提ノ大慈大悲也、

日蓮カ慈悲広大ナラハ此題目者万年ノ外未来ニテモ可流布、日本ニ渡テ仏法七百余年、未不聞不見妙法蓮華経ト我モ唱ヘ人ニモ勧タル智人ナシ、是ヲ以テ可推、月氏漢土一円浮提ニ肩ヲ並ル者ハ不可有御名乗玉ヘリ、難有主師親也、生疑不信者即当堕悪道ナルヘシ、不信謗法可恐可慎、

右此ノ草案者、日要一期ノ信心ノ一分也、非他伝事ナレトモ於後代弟子等、無慈悲恨不便至極之間、載紙面ニ也、縦ヒ雖為弟子分名聞利養不信高慢之者ニ不可見也、若案立相当御抄ノ本儀者、尤可依用也、若又相違諸御抄者、愚老罪障消滅可吊事、三世之可為助成者也、此言若堕者将来可悲、先哲章案大師ノ非歎(悲)此事也、弟子分ノ中ニモ非起請文者、不及他見者也、誠惶誠恐可怖可信云々、
文亀三年(一五〇三)癸亥七月廿五日ノ草案本寿坊(日杲)並ニ弟子等ノ中ニ所送也、有志者、伝授シテ不可及他見也、

妙本寺

日要□□（在判）六十八才

~~右此御草案者為〆定〆申御使筑紫~~

此草案者、日要上人御一期仰不残御法門トテ日杲之所江以御自筆本御相伝、正本者日杲所持也、房州妙本寺衆六位公日鎮・継巡房日応　日是仏法御迷乱之時、日州末寺江為使僧下向之砌、六位公仁致相伝処也、

于時天文二年（一五三三）癸巳七月七日積年六十六

学頭坊日杲（花押）

（見返し）

一地涌菩薩ヲハ釈尊自□□□□□（性処生眷属）名ケ奉ル也、尚待本眷□（族）□□（菩薩）サタノ御事也、一仏二名ノ本尊□□（因果）円満ノ尊形也、末法応生ノ菩薩也、弥々可秘名目ヲ仕フ事大切也、

第二章 「宗祖一期略記 日我御記」

【解題】

本章では、「宗祖一期略記 日我御記」（以下、本書と略す）を紹介したい。本書自体は、すでに『富士学林教科書研究教学書第二巻』（富士学林、一九七〇年二月）に「大聖人一期事抜書」として堀日亨師の書写本が収録されている。その奥書には、「以保田妙本寺蔵日我正本自写之、更令高芳（高野芳之）謄写略加朱訂了、昭和十三年八月廿五日 日亨（花押）」とみえ、また昭和九年（一九三四）三月十七日に「校了」し、昭和十三年八月二十五日に「訂了」したとの捺印がある。

本書は、妙本寺日我の自筆本（堀日亨師も鎌倉日誠師も自筆原本とされる）で、十四丁からなる和綴本である。最近表装し直されて題箋（鎌倉日櫻師執筆）が附された。その元になったのは、幕末から近代に掛けて所蔵史料の総点検を行った山口日勧による仮綴本である。内題の「宗祖一期略記 日我御記」（写真版を参照）と最後の「上 御仏前」は、その時の山口日勧の執筆と思われる。印章が三顆捺されており、本文の最後に捺された印は「釈日勧」と読める。その段階にすでに奥書の部分は、失われていた様である。それ故、日我の執筆の年月日は不詳である。ただ本文の最後に「日我先年諸御抄伝記ヲ引テ二百丁ホトニ書立タル、籠城火事時焼失、無別本間不及力、用々計為旅中抜書之間、本文ハソラニ書所モ有之、殊急間損失可有之、以能本可有添削者也」とあるので、本書執筆の意図と内容及びその時期がほぼ推定される。

すなわち、「先年」に諸書を参照し「二百丁ホトニ書立タ」ものの、「籠城火事時焼失」したので、その後の「旅中」の過程で「用々計」を改めて執筆したというのである。その「籠城火事時」とは天文二十二年（一五五三）七月十三日の著名な上総金谷籠城中の火災を指すので、「先年」はそれ以前ということになる。日我は、天文五年頃から精力的に著作に取り組んでいるので、その一環であったと思われる。その後、日我は、永禄二年（一五五九）十二月十日の古辞書「いろは字」上下二巻の完成まで安房各地を小屋掛けして著作に専念したのであった。本書も、そのなかで纏められたものであった。「二百丁ホトニ書立タ」書から「少々用々計抜書」の本書へとなったのである。成立年代は、天文二十二年七月十三日から永禄二年十二月十日までとみてほぼ間違いない。

そもそも、宗祖日蓮の伝記は、近年「室町初期の成立」にして大石寺日時《にちじ》の作（従来日道の作）と考証され直された「御伝土代」（鎌倉日誠師談。池田令道「大石寺蔵『御伝土代』の作者について」『興風』十六号、二〇〇四年十二月）を嚆矢にして、文明十年（一四七八）十月十三日成立の行学院日朝「元祖化導記」上下二巻、ほぼその頃成立の円明院日澄「日蓮聖人註画讃」、永禄九年（一五六六）九月十二日成立の証誠院日修「蓮公薩埵略伝」などをへて確立したといわれる。特に日朝「元祖化導記」は、その画期をなすものと評価されている。本書にも「身延日朝モ上下二帖云々」とみえ、すでに周知の伝記となっていたことが知られる。本書の成立年代が天文から永禄年代とすれば、日朝

「元祖化導記」に次ぐ時期の作品ということになる。

その点と絡んで、堀日亨師は、前掲書（頭注）に朱書で「本書日朝元祖化導記之抄録歟、有文不合所、雖然非日我自著也、今煩不加朱訂也」と述べ、日我が日朝「元祖化導記」を典拠に執筆した可能性を指摘されている。ただ日我の本書執筆の基準は、まず御書（日蓮遺文）、次いで「或記」、そして「一、身延御出ノ事」の部分の様な「爰ヨリ中山・浜戸（土）等ノ高祖ノ御縁起書付タル書ヲ移（写）也」という特別な書物、という順序であった。当然ながら御書（日蓮遺文）第一主義であったのである。「或記」※が具体的に何なのかは不詳であるが、その一書か否かは不明にせよ、「大聖人由来伝記」のみ具体名が記されている。この「大聖人由来伝記」は、康永三年（一三四四）二月九日付日祐「本尊聖教目録」（『千葉県の歴史資料編中世5（県外文書2・記録典籍）』二〇〇五年三月）にみえる「大聖人御遺跡日記一巻」・「大聖人御事一帖」などの可能性も指摘されている（坂井法曄師談）。それは、また日我「当門流前後案内置文」にもみえる「大聖記」と同じであろうか。

また本書執筆に際して、中山法華経寺・真間弘法寺《ぐぼうじ》関係の書物が積極的に利用されていたことは、注目される。「爰ヨリ中山・浜戸（土）等ノ高祖ノ御縁起書付タル書ヲ移（写）也」・「爰マテハ中山・真間何門中ノ聞書也、正本ハ浜土門徒ニ有之云々」と明記したり、「後伝記ノ広本中山・真間等有之云々」と記している。それからすれば、先の「大聖人由来伝記」も、その関係の書物と想定されてもおかしくない。

このように中山法華経寺周辺の関連書物がおおいに利用されたことは、本書以外においても、確認

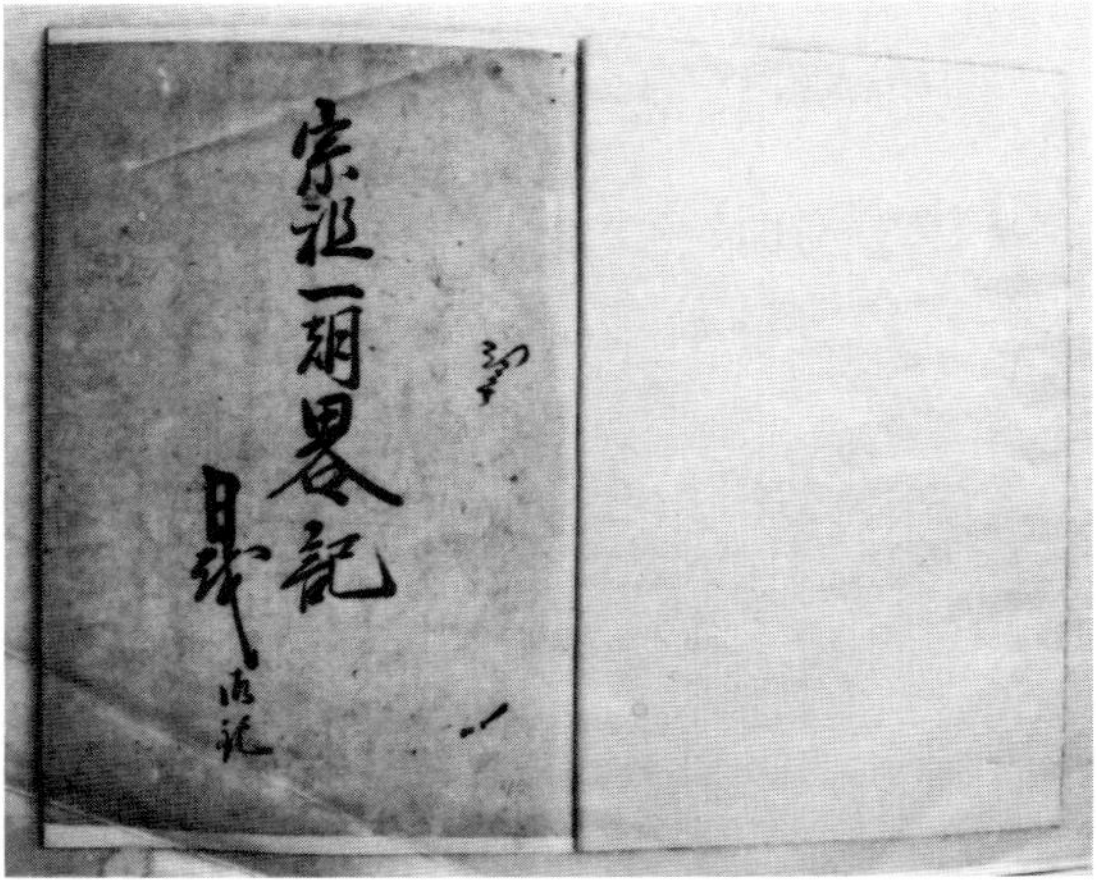

されることである。例えば、日我「観心本尊抄抜書少々」（『富士宗学要集第四巻』創価学会、一九九一年七月）に「中山の聖教に本迹の法門記録抄と云ものに有之、日我当御抄拝見の上云々」とみえる。日我は、実際に間接か直接かは不明にせよ、中山本を何らかの形で「拝見」した経緯があったのである。また日我「我邦雑記」（『千葉県の歴史資料編中世3（県内文書2）』二〇〇一年三月）にも「此事ハ諸門徒ニモ大聖根本記ト云一帖ノ抄アリ、殊ニ中山等ニ有之」とみえる。

すなわち、こうした背景には、日蓮関係の聖教類のみならず関係書物が日蓮宗全体の共有財産化していた事情が存在しよう。日蓮遺文（御書）一つに門流・門家を越えた磁力が存在したのである。その点で、中山法華経寺が南北朝期段階「経典類の宝庫」であったことが改めて想起される（湯浅治久『中世東国の地域社会史』岩田書院、二〇〇五年六月）。

※「或記」については、坂井法曄「南北朝期における中山門流の一齣―本行院日尭とその周辺―」（『興風』二十号、二〇〇八年）を参照。

【史料本文】（原則として旧字体や異体字・略字などは現行の常用漢字に改めた）

「宗祖一期略記　日我御記」

大聖人御一期事、少々用々計抜書、日我

一、御書云、日蓮ハ日本国人王八十六代後堀河院御宇貞応元年壬午安房国長狭郡東条郷生、堀川ハ承久三年辛巳十二月一日即位十才、貞応元年壬午十月廿三日御禅十一才也、同十月廿三日大嘗会、天福二年甲午八月六日崩御、廿三［才、或］記ニ元祖誕生ノ日二月十六［日辰尅］云々、可有口伝也、小湊誕生寺小堂有［之、日］華ト云中老衆開闢也、

一、御先祖ハ遠州ノ人、貫名五郎重実也、前代平家ノ一門也、平家没落ノ時房州へ被流、長男不知之、次男貫名次郎重忠ニ五人ノ子アリ、一藤太、二幼少ニシテ死去、三仲三郎、四元祖聖人、五藤平云々、御母平ノ畠山云々、父ハ妙日二月十四日、母妙蓮「妙興ノコト八月十四日逝去也、日蓮ノ二字ヲカタ取玉ヘリ、入末法百七十一年高祖御誕生也、

一、御登山十二才御時也、八十七代四条院天福元年癸巳千光山清澄寺ニテ道善御房ニシテ学問云々、或記云、五月十二日御登山云々、清澄ハ慈覚建立也、本尊ハ虚空蔵也、明星池トテ有之、本地垂迹意趣、殊ニ高祖明星直見ノ本尊ト云習有之、又上総国フツト（古戸）ノ渡ニテ開悟アル共云ヘリ、追可習之、王代記云、四条院治十二年、後堀河長子也、貞応元年壬午十二月五日即位也、四条院三才ノ御時ト見タリ、

一、御出家事、御書云、延応元年己亥十八才出家云々、或記十月八日御出家云々、延応ハ元年計ニテ翌年□□（改易カ）、
一、得名事、或記云、童名ハ薬王丸、御出家初ノ仮名ハ是生也、実名ハ蓮長、後改之日蓮申、以別渉(抄)可習之、
一、御学問事、御書云、其後十五年カ間一代聖教惣シテ内典外典ニ亘テ無残見究云々、私云、十五年ハ延応元年己亥ヨリ建長五年癸丑至巳上十五年也、其間四条・後サカ(嵯峨)・深草巳上三代也、一学問精誠有之事、或記ニ従虚空蔵如意珠ヲ与玉ヘリト夢想ヲ蒙、願成就トテ遠ク趣(赴)他国ニ広ク学諸宗ヲ、南都北嶺・東寺・高野無残伺之、宗々ノ淵底ヲ極玉フ云々、
一、学問御発心事、御書云、此度如何ニシテモ仏種ヲウエ(植)、生死ヲ離ル、身ト成ラント思テ候シ程ニ、皆人願玉フ事ナレハ、阿ミタ(弥陀)仏ヲ頼奉テ幼少ヨリ名号ヲ唱候シ程ニ、イサ(些)、カノコト有テ、此事ヲ疑故ニ一ノ願ヲ起シ、日本国ニ渡ル処ノ経并ニ菩薩論師ノ釈ヲ習釈候ハヤ、又倶舎宗・成実宗・法相宗・三論宗・花厳宗・真言宗・法花宗・天台宗ト申宗共アマタ(余多)有トキクウエ、禅宗・浄土宗モ候也、此等ノ宗々枝葉ヲハ、コマカ(細)ニ習ハストモ、所詮肝要ヲ知ルミ(身)トナラハヤト思ヒ程《故》ニ、随分走廻リ十二十六ヨリ三十五ニ至マテ廿五年カ間、鎌倉・京・薗城寺ト高野ト天王寺ト国々寺々荒々習身トリ成置ルホト(程)ニ一ノ不思義アリ、我等カハカナキ(儚)心ニ推ルニ仏法ハ只一味ナルヘシ、何モ心ヲ入テ習□□、謗法ト申テ火坑ニ落入テ十悪五逆ト申、日々夜々ニ殺生偸盗□（邪）婬妄語等ヲ犯ス人ヨリモ、五逆罪ト申テ父母等ヲ殺ス悪人ヨリモ、比丘ト成リテ身ニ二百

五十戒ヲカタク（固）持、心ニハ八万法蔵ヲ浮テ候ヤウナル智者、聖人一生カ間一悪ヲモ造ス、人ニハ仏ノ様ニ思ハレ、我身モ又更ニ悪道ニ堕シト思ホトニ、十悪五逆ノ罪人ヨリモツヨク（強）地獄ニオチ（堕）テ、阿鼻大城ヲ栖トシテ永ク不出地獄事候ケルヲ云々、イサ（些）、カコトトハ無記ハ、浄土宗ヲ習、還本山敬言玉フ、於念仏者ノ臨終不二尊故捨之、其後律宗、其後禅宗、其後真言、其後天台宗経山門三井送年月、於叡山椙生ノ法橋［　　］侍玉フ見タリ、旦那流ノ学者也、其後自入経蔵諸宗ノ元祖等違本経其科顕然也、依之邪正ヲ莭（簡）別シ化導ヲ興玉ヘリ、一御弘通発心事、御書ニ云、生年三十二ニシテ建長五年癸丑三月廿八日、念仏無間業也ト見出シケルコソ時不祥ナレ、如何カセン此法門ヲ云ハヽ、誰カ可用、還可成怨○其外ノ余宗皆可堕獄由一々記云々、或記云、於道善房持仏堂南面集一寺大衆念仏○南無○経唱此旨談玉ヘハ、師匠モ座立、大衆驚キ去ル、此事国中風聞間、地頭強盛ノ念仏者ナル故、忽ニ清澄寺ヲ擯出シ畢、然ニ聖人長狭郡四条ニ越ヘ花房郷青蓮房ニ住シ玉フ、四条ノ地頭又念仏者タル故ニ、外ニハ為堂供養導師奉請之、内ニハ欲殺害之也、其時聖人此事知セ申□□□態ト趣（赴）キ彼請至中堂御説法アリ、何帰シ無縁ノ弥陀違□□釈迦故ニ、造堂ノ雖アミタ（阿弥陀）可堕阿鼻大城由無憚述玉フ、聞之人々色ヲ損畢、既欲奉殺害之処ニ、上人供養ノ旁大力ノ人多々ナル故、不及力逃シ申シケル歟、仍上人御堂ノ縁ヨリ馬ニメサ（召）レ宿所ニ帰リ玉ヘリ、如此留難不勝計、其後船而カマクラ（鎌倉）ヘ御上有テ名越ノ小庵ニ住玉ヘリ、毎日名越ノ山中ヘ入御有テ高声ニ首題ヲ唱玉ヒキ、建長ハ八十九代後深草御宇也、建長ハ七年ニテ改易也、

「聖人御難事

或御書ニ四月廿八日、或義ニ潤三月歟云々、故或三月共四月共書談候、私云、夏ノ比ト遊トキン（者）

ハ三月ノ末ナレハ三月ト得心テ宜歟、或御書云、午時此法門申初、今ハ廿七年云々、○シカト（聢）三月廿八日ト遊タル御抄有之、

一、奏状事、安国論是也、九十代亀山御宇制作也、後サカ（嵯峨）第二子正元元年己未十二月廿八日即位、十二才也、此論翌年正元二年庚申也、改文応元年、最明寺道崇時頼ト云其時代也、弘長三年十一月廿二日三十七ニテ死去ス、陸奥守重時法名観覚極楽寺ト云、弘長元年十一月廿三日死、時頼同時ノ人也、将軍ハ宗尊親王、執権時頼、使者ハ宿屋さ（左）衛門入道也、高祖三十九才、文応元年七月十六日奏状也、皆念仏者ノ故不及御沙汰、或記云、念仏者士引率数千人旦那、夜中ニ聖人御房押寄、既為殺害御弟子能登公、進士大（太）□（郎）蒙疵也、聖人多勢ノ中ヲ破リ、其夜ノ殺害ヲ遁玉ヘリ、雖然夜打輩□（念）仏者等終ニ無罪過ヤミニキ、此等ハ鎌倉名越ノ小庵ニテコト（事）□□、

一、伊東御難事、御書云、年四十、弘長元年辛酉才、五月十二日ニハ伊豆国伊東庄配流、伊東八郎左衛門尉ノ預ニテ三ケ年也、同三年癸亥二月廿二日赦免云々、是安国論奏状ノ故也、或書云、伊豆国伊東庄ハ七郷也、七郷内ニ留津浦ニ着玉フ、卅日計住玉ヒテ、其後八郎さ（左）衛門宿所ノ近辺ニ奉移、室形所ト申所ニ奉置三年ヲ経玉ヘリ、弘長二年正月ノ御消息云、此間学問仕事浅ク廿四五年罷成、法花経ヲ殊ニ信シマヒラセシ事、僅此六七年ヨリ此方也等云々、流罪ハ重時・長時ノ義也、極楽寺（重時）ノ息也、西（最）明寺ノ息時宗年少間、長時為代官成敗也、重時ハ弘長三（元）年十一月廿三日死、聖人流罪其年ノ暮也、其時分最明寺ハ隠居也、長時ハ文永元年八月廿一日死云々、赦免、聖人四十二年才、二月廿二日也、其年ノ暮、弘長三年十一月廿二日西（最）明寺死云、

一、悲母生活事、或記云、弘長三年ニ自伊豆赦免アリ、翌年ニ為拝慈父之御墓ヲ安房国ニ御下玉ヘリ、其比八旬ニ及ヒ玉ヘル老母御座、奉見聖人ヲ歓喜シ玉フ事無限、雖然生死ノ習ナレハ受病苦死玉ヘリ、聖人悲嘆ノ余リニ深精ヘ□、シ祈念シ玉□、我若弘通ノ功遂、還法花於一閻浮提可令広宣流布ハ、老母命今度計助玉ヘト念玉ヒ、遣人於山野折花結沢水、道場ヲ荘厳シテ誦経念誦シ玉フ処ニ母速活玉ヘリ、其後四□（箇）年存命シ玉ヘリ、其時道善御房種々ノ問答アリ、即念仏止、造釈迦ノ像安置持仏堂云々、

一、御消息去（云）、建長五年四月廿八日安房国長狭郡内東東条郷天照太神御厨アリ、右大将家ノ立玉ヘナリ、日本第二ノ御厨、今ハ日本第一也、此郡内清澄寺ト申諸仏坊ノ持仏堂ノ南面ニシテ午時此申始テ今ハ廿七年云々、弘安二年己卯御書也、此内今第一ト遊ハ高祖房州長狭ノ御出世、本地垂迹ノ約束歟、又虚空蔵如意宝珠、明星池東ノ東ノ字、小湊清澄ノ二字、千光ト云、山号何モ有其素意歟、不見相承以信心可案之者歟、

一、東条ノ御難ノ事、御書云、如来○僧ナレハ日蓮此法門故ニ被怨死シ事決定也、今度旧里ヘ下リ親キ人々ヲモ見ハヤト思テ、文永元年甲子十月三日安房国ニ下リテ三十余日也、同十一月十一日ニ安房国東条ノ松原ト申大道ニテ、申酉ノ時計ニテ候シニ、数百人ノ念仏者ノ中ニ被取籠、日蓮ハ只一人、物ノ用ニ可合者ハ僅ニ三四人候シカハ、射矢ハ雨ノフル（降）カ如、打太刀ハ電（雷）光ノ如シ、弟子一人当座ニ被打殺候、又二人ハ大事ノ手ヲ負ヒ候テ、自身計被射被切候シカ共、如何候ケン、被打漏候テ、カマクラ（鎌倉）ヘ登云々、或御書云、頭ニ被疵ヲ蒙リ左ノ手ヲ打オ（折）ラレヌ云々、或記云、

自西条花房□□□東条左衛門尉カ宿所玉フ時、前ノ大所《道》ニテ景信之郎党引□（率）数百人、致合戦也、御弟子一人さ《(左)》近丞ト云者ニ被打殺玉フ、鏡忍坊蒙疵身無究処、左藤次蒙疵等云々、御書云、本安州ノ者ニテ候シカ、地頭東条さ《(左)》衛門尉景信ト申セシ者、極楽寺藤次さ《(左)》衛門入道、一切念仏者ニカタラハレテ度々問注アリキ、結句ハ合戦ヲシテ候上、極楽寺殿ノ御方ノ人理ヲマケラレ候シカハ、東条郷ヲヒカレテ入事無、父母ノハカ《(墓)》ヲミス《(見捨)》シテ数年也云々、

一、蒙古牒状事、或記云、文永五年戊辰後正月自蒙古国可襲日本之由牒状渡之、就之安国論符合旨以書状諫云、其後ハ書絶○謹言、

蒙古牒状云、上天眷命セル大蒙古国ノ皇帝、奉ス書ヲ日本国王、朕惟自古《(小)》国之君、土相接、尚務講ハ信修睦、況我祖宗、受天明命ヲ、奄有《オホヒニタモツ》区夏、遊方ノ異域、畏威懐徳者、不可悉数、朕即位之初、以高麗無辜之民久瘁《ヤメテ》鋒鏑《テキ》、即令罷《ヤメ》兵、反□彊域、反ス其倪旄《ケイホウ》、高麗君臣感戴来朝ス、義雖君臣、君臣親ヘルコト若父子、計王之君臣、亦已知之、高麗朕之東藩也、日本密邇高麗ニ、開国已来、亦将通中国、至朕躬而、無一葉之便《(使)》、以不通和好ヲ、尚恐王国知之未審、故将《(特)》ニ遣使持書布先レハ朕志ヲ、冀クハ自今以往、通門結好、以相親、朕且聖人以四海為宗、不相通好、豈一家之理ヲ哉、以至ニ用兵、夫孰所好、王其図之不宣、

至元□（三）年八月日、或記云、牒状公家へ参着事、文永五年二月一日也、無返牒使ヲ被帰、彼牒使ツクシ《(筑紫)》ツ、《(津々)》浦々軍場委差図ヲ□□、文永十一年十月五日卯時ツシマ《(対馬)》国府八幡宮ノカリ《(仮)》殿ノ中ヨリ火炎オヒタ、シク出テ、国府ノ家人等焼亡出来カト見程コソアレ、同日申時ツシマ《(対馬)》西面サス《(佐須)》浦ニ異国船四百五十余艘三万人計乗寄来云々、

一、就祈雨勝負事、或記云、文永八年辛未六月十八日ヨリ廿四日至マテ七日之内天下ノ仰ヲ蒙リ、極楽寺ノ良観房雨ヲフラス《（降）》へ□□（キ由）披露アリ、聖人仰云、雖為小事、此砌以現証可顕法問邪正者也、其比周防公・入沢入道ト申念仏者有之、対之ノ玉様ハ、汝等ハ念仏者也、未信法花経、所詮以現証可知法邪正、若七日ノ内降雨、八斎戒念仏可往生浄土信之、不降雨一向可ト信法花経ヲ仰アレハ、二人大ニ悦ヒ至良観房許ニ申様、日蓮御房ノ玉ヒ候ハ、良観房日来ノ仰ヲ承及ヒ日本国ノ僧尼ニハ二百五十戒・五百戒・八斎戒等ヲ一同ニ持セント思処ニ、日蓮此願ヲ障ル□時々嘆キ玉フト聞エタリ、若七日カ内一雨モ降ナラハ、忽ニ御弟子ト成テ具足戒ヲ持、念仏無間業也ト云法門ヲ可申止ム之由ノ玉フヒ候ハ、如何申タリシカハ、良観チノメ《（ママ）》ニ悦之、七日ノ内ニ雨ヲフラス《（降）》ヘシトテ、百余人ノ弟子ヲ集ヨセ、煙ヲ立テ声ヲ大ニ響シ、或念□（仏）、或請雨□、或法花経、或ハ真言、惣シテ小法大法無残行之玉ヘ共、□験モ無之、□至四五日ニ更以雨気無之、又聖人遣使七日祈雨已ニ半過候、雨気無之カラン、急キ遽ニ雨ヲフラシ《（降）》大旱魃ノ憂愁ヲ救玉ヘカシトアリシカハ、良観房以外ニ迷惑シテ極楽寺・多宝寺等数百人弟子ヲ召集メ肝胆ヲ摧テ祈レ共、露程ノ雨不降、七日モ漸ク過シカハ、又聖人以使被仰様ハ、伝聞ク和泉式部ト云ヘル婬女、能因法師ト云破戒ノ僧、以三十一字ノ和歌ヲ雨降スト見タリ、良観房ハ持戒人ソカシ、法花真言其義理ヲ極メ玉ヘリ上ニ慈悲深重ニシテ名称アリ、又一人二人ナラス数百人集会抽テ丹精ヲ玉フ処ニ、七日之内ニ一雨モ不降、大以不審也、二百五十戒役拙也ト云共、狂言綺語ノ和歌ニ可劣之様ヤ有ヘキ、以之思之、一丈不越堀者二丈三丈ノ堀ヲ可越歟、祈雨ノ小事、不成就人、大事ノ仏道ヲ可成乎、如此七日ノ内及三度遣使責レシカ共、二七日雨不降、結句炎旱弥盛ナル上ハ風頻ニ吹人民嘆無限、サレハ聖人ヨリ自今已後日蓮誹謗シ玉フナヨ、所詮後世ヲ畏玉ハヽ、来リ玉へ、降雨ノ法ト成仏ノ法□□奉ント教、第二七日マテ御使アリシ時ハ、良観ヲ初トシテ数百人弟子旦那等汗ヲ流シ声ヲ立テ皆悲泣シキ云々、然間良観房有道心忽翻邪へキ歟、不然者、隠身於山林ニ処敢テ無其儀、弥興邪見念阿弥之弟子行敏ヲ為使者構無尽ノ讒言、以書状処々へ訴之奉ント失結構セシコト不可勝計、然間文□（永）八年九月十二日之龍口御難、併由此等讒奏也、一昨日見□（参）此□（時）□、

一、九月十二日御勘気事、御書云、平さ《(左)》衛門尉大難トシテ数百人兵者ニトウ《(胴)》丸キセ○事シケ□ハ不書、行敏等ノ状如目録御抄、八幡大菩薩諌玉事、御書云、十二日ノ夜、武蔵守殿ノアツカリ《(預)》ニテ夜半ニ及頸切シニ鎌倉ヲ出シニ、若宮小路打出○又馬ニ打乗テユ井《(由比)》ノ浜ニ打出ヌ云々、四条金吾頼基へ御告アルコト御書云、御リヤウ《(霊)》ノ前ニ至テ○中務三郎左衛門尉ト申者モトニ、熊王ト申童子ヲ遣タリシカハ○さ《(左)》衛門尉兄弟四人馬ロニ取付キ、コシコ《(腰越)》へ龍口ニ行ヌ云々、其夜怪異事、御書云、江島ノ方ヨリ月ノ如クヒカリ《(光)》タルモノ、マリ《(鞠)》ノ様ニテ辰巳ノ方ヨリ戌亥ノ方へヒカリ《(光)》ワタル、十二日ノ夜ノアケホノ《(曙)》ナレハ○トカク返事モナシ、或記云、良久有テ兵者ノ方々以使者鎌倉腰越ノ子細ヲ注進ス、自鎌倉使者ヲ遣、腰越へ申下サル、様ハ鎌倉中ニ大ナル物怪共有之、日蓮房不可打由有之、両方ノ使七里浜ニテ行合リ、依之其夜ノ死罪御延引アリキ也云々、或御抄云、九月十二日丑時頸ノ座ニ引スヘラレニキ云々、

一、依智奉移事、御書、夜見クカリナントス《(マヽ)》、メ《(勧)》シカトモ、トカク《(兎角)》ノ返事モナシ、ハルカ《(遥)》計有テ云サカ《(相模)》モ《(ミ)》依知ト云所エ入ラセ玉ヘト申〇自天明星大星下リ、前ノ梅木ノ枝ニ懸リ有シカハ〇江島鳴トテ空ヒヽキ《(響)》大ナル鼓打カ如シ、明ヌレハ十四日卯時十郎入道ト申者来テ云、過夜戌時計守殿〇日蓮弟子等鎌倉ニ不可置トテ、三百六十余人江□（島）、皆遠島ニ遣ヘシ、籠ニ有ル弟子、其ヲハ頸《(頸)》ヲ刎ラルヘシト聞ク、サ□□□火ヲ付ル者持斎念仏者カ計事也云々、文永十年十一月七日自武蔵前司殿下佐渡国ニ自判有之、委如御抄、依智六郎さ《(左)》衛門アテ《(宛)》所也、十月十日ニ依智ヲ御立有テ日数十二日越後寺泊着玉ヘリ、十月廿二日也、廿三日御抄ヲ寺泊御書ト云、トキ《(富城)》殿ヘ状也、寺泊ヨリ十月廿八日ニ佐土《(渡)》ニ着、十一月一日ヨリ塚原ト申一間四面ノ堂、上ハフカ《(葺)》ス、四壁アハラ《(荒)》ニ、仏モナシ、敷皮計、雨時ミノ《(蓑)》ヲキ《(着)》テ居玉ヘリ、

一、御赦免状事、文永十一年二月十四日日付也、同三月八日ニ付日朗所持之、同十三日佐渡ヲ御出、同国マウラ《(真浦)》トカ云津ニ下玉フ、十四日ハ彼津ニ御滞留、十五日ニカシハサキ《(柏崎)》ニ着玉フ、十六日越後ノコフ《(国府)》、十二日ヲヘテ三月廿六日ニ鎌倉入玉フ、同四月八日平さ《(左)》衛門尉ニ見参、同五月十二日鎌倉ヲ御出、同十七日ニ身延山ニ着玉フ、九ケ年御隠居、

一、身延御出ノ事、弘安五年壬午九月十八日、武州池上着玉フ、其路ノ次第事、「爰ヨリ中山・浜戸《(土)》等ノ高祖ノ御縁起書付タル書ヲ移《(写)》也　九月八日身延沢ヲ御立有テ、其日下山兵四郎宿所ニ御トマリ《(泊)》、九日斎藤入道ノ宿所一夜、十日ニ弥次郎宿所ニ一夜、十一日黒駒ニ一夜、十二日ニ河口ニ一夜、クレチ《(呉地)》ニ二夜、十四日竹下ニ一夜、十五日関本ニ一夜、十六日ニ平塚、十七日ニ瀬屋、十八日午剋武州荏原郡千束郷池上ニ着玉フ、九月廿五日ニ鎌倉ヨ

リ法花宗上下御参有□（之）、立正安国論ノ御談義有之、然大聖人仰云、我ハ三七日ノ内ニ可死トノ玉フ、彼釈尊ハ四十五日ニ当テ涅槃スヘシト説玉フ、今ノ大聖廿一日ノ内ニ可死ノ玉フ、然処トキ（富城）入道日常上人申サセ玉フ様ハ、所詮王ト御生レ候テ、法花経広宣ル（流）布サセ玉ヘト申玉フ時、大聖人ノ御返事ニ非情共有情共成事ニテサコソト仰有之、所詮如此仰奉安相似御書御文体有之、夫ト者観心本尊抄云、行摂受時成僧弘持正法ヲ、行折伏時ハ成賢王誡責愚王等云々、概ソ此御書ニ相似セリ、其後種々ノ御法門被仰也、彼釈尊ハ三十成道シ、一代五十年ノ説法過キ、沙ラ（羅）双樹抜提河ノ辺ニシテ御入滅アリ、我モ亦武州田波（多摩川）（ママ）河辺ノ（ニ）可滅、其時堅牢地神身ヲフルフヘシ、以夫日蓮カ死相ヲ可知被仰、又日蓮カ墓所ハ身延沢ニ可立テノ玉フ、然シテ弘安五年壬午十月十二日、北向御座時、御マヘ（前）ニフツク（仏具）一ヲ立、焼香散花ヲ致シ、釈迦像ヲ立進セ、同御本尊ヲ立進キ候ト申時、見上テ御覧シ、面ヲフ（伏）ラセ玉フ時、御弟子白蓮阿闍梨御筆ノ曼荼羅ヲ懸進セ候、此釈迦仏ノ方ヘヨセ、妙〇経ノ御本尊ヲ奉懸御前ヲ御覧有ニ後、十三日卯始ニ宗仲妻共ニ二人鎌倉ヨリ参テ、御枕下ニテ宗仲参リテ候ト申時、大聖人両眼ヲ開キ御覧有之、弘安五年壬午十月十三日辰剋、御年六十一ニシテ、武州田波（多摩川）（ママ）河ノ辺千束池上ニテ御遷化畢、然ニ大地六種ニ振動ス、種々ノ御供養、釈迦仏ノ御入滅ニハ梵天・帝釈・日月星宿・四大天王・竜神八部・人天大会恭敬供養ト成シ奉、今末法ニ於テ［　　］七字ヲ付属セラレ玉フ上行菩薩ノ垂迹日蓮大聖人御遷化ノ時、比丘々々尼等ノ四種最後ノ供養ヲ申也、同十四日ニ御葬送御遺言ニ任テ御舎利ヲ同廿一日池上ヲ御立有テ、其日ハ飯同（田）、廿二日ハ湯本、廿三日ハ車返シ、廿四日上野南条七郎宿所入参ス、廿五日甲州南部・飯野・牧三ケ郷ノ内波木井ノ郷身延沢、本土寂光ニ御舎利ハ入参ス、同月廿九日、聖ミソキ《(御衣木)》御影ヲ造立玉フ、御弟子日法四十九日御仏事ニ御影堂ニ入参ス、御墓一百ケ日ノ時御舎リ《(利)》ヲ納也、御葬送ハ同月十四日戌時御入棺、其時役人、越中公葬□、先火次郎三郎云々、別紗《(抄)》ニアル間略末也、爰マテ《(迄)》ハ中山・真間何門中ノ聞書也、正本ハ浜土門徒ニ有之云々、御最後ノ釈迦像ヲ被立時、御面ヲフリ玉フ、其時興上御本尊ヲカケ《(懸)》御申時御入眼見タリ、諸門徒ノ存知歟、在世ノ釈迦末代非本尊コト《(事)》ヲ、其上墓所ノ傍ニ可立置云々、御葬送ノ次第異本可見合、

一、御遺物配分之事、弁阿闍梨日昭ニ御本尊一体・釈迦立像、大国阿闍梨日朗ニハ小袖一・御馬一疋、佐土公ニ御本尊・太刀・小袖一ツ・ケサ《(袈裟)》代五貫文、侍従公ニハ智満丸ト云御馬・御衣一・小袖一・ケサ《(袈裟)》、越前公ニハ福満丸ト云御馬一疋、小袖・頸《クヒ》ホウシ《(帽子)》・□《鞍歟》皆具・御アシダ《(足駄)》、白蓮阿闍梨日興ニハ御腹巻・銭二貫文、伊予阿闍梨日頂ニハ御馬一疋・小袖・手ホコ《(鉾)》、蓮花阿闍梨日持ニハ小袖・衣・銭三貫文、卿公ニハ御馬一疋・小袖一・御念珠、筑前公ニハ小袖一・衣一・帷一、治部公ニハ小袖一・頸ホウシ《(帽子)》、摂津公ニハ銭一貫文・衣一、伊賀公ニハ銭二貫文、淡路公ニハ一貫文、又寂日房ニハ代二貫文、信濃公ニハ二貫文、出羽公一貫文、帥公一貫文、越前公《(ママ)》ニハ□貫文、但馬公ニ一貫文、下野公一貫文、讃岐公二貫文、妙法尼御前ニ一貫文・馬一疋・染物一・鞍皆具、宮士四郎大郎殿ニ一貫文、藤内三郎殿ニ二貫文、椎地四郎ニ小袖一、竜王ニハ絹、安房国新大夫入道殿ニ小袖一、同国伊豆殿ニ御小袖一、同国義浄房ニ御小袖一、藤五郎小袖一云々、右遺物配分如此、此分大聖人由来伝記ニ見タリ、後伝記ノ広本中山・真間等有之云々、身延日朝モ上下二

帖ニ御縁起ヲ被書タリ、日我先年諸御抄伝記ヲ引テ二百丁ホトニ書立タル、籠城火事時焼失、無
別本間不及力、用々計為旅中抜書之間、本文ハソラ（空）ニ書所モ有之、殊急間損失可有之、以能本可
有添削者也、

「（異筆）上

御仏前」

第三章　「正蓮百ケ日忌日我談」

【解題】

本章では、「正蓮百ケ日忌日我談」を紹介したい。本書は、これまでに堀日亨「妙本寺古書物目録」（一九二八年一月）には掲載されたものの、『富士宗学要集』・『富士学林教科書研究教学書』などには抄録もされなかったものである。その意味では、初めて紹介される史料といってよい。それは、紀年も筆者も明確な貴重な中世の記録であった。なお、書名は元来なく、堀師の目録で「里見正蓮一百日忌」とされ、さらにこの度の修補に際して鎌倉日誠師によって「正蓮百ケ日忌日我談」と題箋が附された。ここでは、以下「正蓮百ケ日忌日我談」と呼びたい。「半紙二折十七丁」からなる。

その内容は、妙本寺の前住職日我が永禄十一年（一五六八）八月一日に五十五歳で死去した里見義堯室正蓮の百ケ日忌の追善供養を同年十一月十一日に行った際の記録である。日我は、「国母」とみた義堯室の戒名を正蓮と名付けて独自に追善供養を行ったのである。妙本寺において初七日の追善供養も行ったと思われるが、その記録は伝来していない。続いて行われた四十九日忌の追善供養については、「里見義堯室追善記」として纏められている。これについては、拙稿「日我と里見義堯室正蓮――『里見義堯室追善記』を読む」（『中世東国日蓮宗寺院の研究』東京大学出版会、二〇〇三年十一月）で検討した。日我は、その四十九日忌の法華談義（女人成仏）を「一座書附」として纏めたが、これも、伝来していない。続いて行われた百ケ日忌の法華談義を「大巻物」に纏めたのであった。前掲拙稿では、その「大巻物」に纏められたのが、この「正蓮百ケ日忌日我談」の原型ではないかと推定した次第である。

そもそも、日我がその「御法事一座」を纏めた理由は、日我が「先年」（永禄四年〔一五六一〕か）に上総久留里城（千葉県君津市久留里）にいた里見義堯・正蓮夫妻を訪れた際に、夫妻から法華経の一品寿量品の聴聞を強く「競望《けいもう》」されたが、他門徒（里見氏は曹洞禅）であることもあって「上洛ノ道ヲイソキ申ス」という口実で断った経緯があった。それを慮ってのことであった。そこで、法華経寿量品のことを説いた御書（日蓮遺文）を引用して、その功徳を記し、正蓮の成仏を期したのであった。その点は、天正二年（一五七四）六月一日に死去した義堯＝唯我《ゆいが》における「唯我尊霊百日記」（『日我百日記』）の場合と同様である。この点は、拙稿「安房妙本寺日我と里見義堯―『唯我尊霊百日記』を読む―」（『中世東国政治史論』塙書房、二〇〇六年一〇月）でも記した通りである。

日我は、こうして百ケ日忌における「御法事一座」を「大巻物」に書き、さらに永禄十三年八月一日の「大祥記（忌）」（三回忌）の追善供養に際して詠んだ詩歌・連歌などを書き加えて纏め上げたのであった。百ケ日忌の時も、「地盤中風、殊寒気故手モ不叶、老眼アキラカ《（明）》ナラサル」故に法門教義ではなく「物語ノコトク《（如）》」執筆したというし、三回忌の時も、妙本寺の大坊に集まって僧衆たちが供養をし卒塔婆を書いたものの、日我は、病気故に隠居の坊（谷山《やつやま》の妙顕寺）で一人回向したという。

その意味で、現在「正蓮百ケ日忌日我談」と名称されているが、三回忌の記録を含むものであった。この点も、義堯に関する「唯我尊霊百日記」と同様であった。その最後に日我が「前妙本寺　日我（花押）」と署判を据えて、この「大巻物」を纏め上げたのであった。残念ながら、この「大巻物」の原本は、伝来していない。

そして、その原本を元亀二年（一五七一）二月時正（彼岸）に日恩が書写したのが、この「正蓮百ケ日忌日我談」である。比較的近い年代の写本がこうして形で成立したのであった。書写した日恩が、太輔公日恩とよばれ、日我の後に妙本寺住職となった日侃《にちかん》や末寺本乗寺の住職となった三河公日膳らとならんで、日我を支えた有力弟子であったことは、拙稿「日我周辺の人々の軌跡—日侃・日膳・日恩をめぐって」（『中世東国日蓮宗寺院の研究』所収）で見た通りである。いわゆる学法の弟子である。それ故の書写であろう。具体的には、弟子日恩が師匠日我に法門の摂取を懇望した結果、書写が許されたのであった。こうした事態も、師弟間における一種の法門継受であった。

その他、日恩は、元亀三年七月二十五日にも日我から「御判之筆法」以下の切紙相承《きりがみそうじょう》（「妙本寺文書」一五七・一七六・一七八他）を受けているが、それらは、妙本寺に伝来している。日恩は、さらに天正七年六月にも駿河小泉久遠寺において北山（重須）本門寺住職日殿所持の「源家系図」「平家系図」を書写したが、それも妙本寺に伝来している。この様に日恩関係のものがかなり妙本寺に伝来している。「正蓮百ケ日忌日我談」も、その延長上に位置づけられようか。

ただ奥書によれば、天和二年（一六八二）某月に武蔵川崎妙遠寺（川崎市川崎区宮前町）で可伝なる僧侶が「求」（入手）めたといい、さらに享保六年（一七二一）九月二十三日に了伝なる僧侶が「拝」（拝読）したという。すなわち、日恩から某（人・寺）をへて妙遠寺にあったものを可伝が入手し、それを了伝が拝読して妙本寺に伝来し現在に至ったということになる。可伝と了伝は、法縁に繋がる間柄であろうか。日恩関係のものがさまざまなルートで妙本寺に伝えられたことを示唆しよう。

【史料本文】（原則として旧字体や異体字・略字などは現行の常用漢字に改めた）

永禄十一（一五六八）戊辰霜月十一日正蓮一百ケ日ニアタレリ、
御法事一座奉ニ書付一、地盤中風、殊寒気故手モ不レ叶、老
眼アキラカ（明）ナラサル間、物語ノコトク（如）書レ之、先年クルリ（久留里）ニ□寿
量品ノ法文キコシメシ（聞召）タキ由、義堯（里見）御競望「　　」

権実本迹。小大偏円ノ次第、事ユカ（行）スシテハ耳ニ「　　」

文ナレハ、是ヲノヘス（述）、其時　御台モ御聴聞ア□（リ）タキ由、「　　」

上洛ノ道ヲイソキ（急）申ス故、サシヲキ（差置）候キ、然「　　」

経トテイツカタ（何方）ニテモ、正蓮御聴「　　」

御ミヽ（耳）ニニアハセ、アサ〳〵（浅々）ト因縁物語ノ「　　」

次第ヲカキタテ（書立）申サハ、百座ニモ二百座ニ「　　」

モニカキツクシカタシ（書尽難）、サレハ我宗ノ先師□（日）蓮□「　　」

経々ハ寿量品ノ遠序也トモ、或ハ一切経ノ中ニ此寿量［　］
天ニ日月ナク国ニ大王ナク山河ニ玉ナク人ニタマシヒ（魂）ノナカラン□［　］
或ハ又□爾前迹門ナラ、生死ヲハナレカタシ（離難）、本門寿量品ニ至必
生死ヲハナル（離）ヘシト云云、於此品一過現未ノ次第二身三身六身ノ
相違、爾前迹本ノ寿量ノカハリメ三双六句ノ智見形□耳ノ
益依正二報ノ得益不生不滅三世益物ノサタ（沙汰）文ノ上□ソコノ
寿量品ノ相傳種脱ノ習ヒ因果表裏ノ口伝於二一宗一大事
秘蔵ノ法文ナレハ、クチ（口）ニノベ（述）耳ニキ（聴）、テモ実義本意ニハイタリカ（至難）
タシサトリ（悟）［　］

「　」
「　」
「　」
「　」
「　」
「　」
「　」
「　」

主師［　　　　　　　］マツル処、師弟一ケ《カ》ナルヲ
自《時に》我及衆僧倶出霊鷲山トトカレ候倶ニ出ルト申処カ
師弟因果一体ニシテ如我昔所願今者已満足ノ重ニ□
シカラハ、此品ヲトカル、地盤ヲ申セハ、ハテナケレ共、高祖ハ宝塔ヨリ□
事起リ涌出寿量［　　　　　］リ［　　　］
其［　　　　　］
［　　　　　］
［　　　　　］
［　　　　　］
［　　　　　］
［　　　　　］
［　　　　　］
［　　　　　］
［　　　　　］
［　　　　　］
［　　　　　　　　］往未来悪世ノ衆生ノ
［　　　　　　　　　］証前ノ方ハ迹門起後ノ

［　　　　　　］門也、宝塔品ヨリ事起ルトハ、起後ノ宝塔ノ事也、其
ツキ《(次)》ニ末世ノ悪人女人ノタメニ提婆竜女ノ作仏ヲ説キタマ《(給)》フ、提
婆品是也、正蓮四十九日ノ御法事ニ委ク書レ之間、略レ之、サテ
又在世ノ機ノタメニ如来本地ノ三身ヲアラワシ本因ノ元旨ヲ説テ久
遠ノ本下種ヲ示シ爾前迹門ノ熟益ヲ打破テ本門増道摸
生ノ益ヲナシ在世ノ機ニ脱ヲエセシメンガタメニ涌出寿量ヲトキ《(説)》タ
マ□□、所詮ハ未来悪世ノ本□有善ノ衆生ヲスク《(救)》ハ、ヤト思
［　　　　］夕子《(種)》ヲ寂光ノ大地ノ底ニ隠シ
［　　　　］量無辺ノ経々今ノ迹門ノ時
［　　　　］疑ノ涌出品ノ時召シ出シ給フ、
［　　　　　］万恒沙ノ大菩薩各六
［　　　　　　　］□士二生甫
［　　　　　　　　］因縁ト申サセ
［　　　　　　］ノタマ《(宣)》ヘハ弥勒尚疑ヒ
［　　　　　　　］仰ラル、仏ハ今日四十余
［　　　　］御夕子《(種)》トノタマ《(宣)》フ菩薩ハ入重玄門ノ利益ニトシタケカフヘニ
ハ三冬ノ雪ヲイタ、キ到修梵志ニ齢ヒ傾テ額ニ四海ノ波ヲタ、ミ腰シ

ハ半月ノコトク(如)ニカ、マリトシヲヘテ久シキ大菩薩ナルヲ今日ノ仏我弟子トノタマフ(宣)コトハ世ニ難キレ信事也、我等ハトニモカクニモ仏語ナレハ、信シ奉ラン、未来悪世ノ衆生ヨモ信シ奉ラシ信シ申サスンハ、定テ謗ヲナサハ必三悪道ニオチン(堕)、願クハ世尊末世ノ衆生ヲ哀ミ、此因縁ヲハノヘ(述)サセ給ヘト、弥勒菩薩サマ〳〵(様々)ニ申サセ給シカハ、上ノ涌出品ニテ略開近顕遠トテ御弟子ノ顕本ヲナサル、也、此寿量品ニハ仏弥勒ノ請ニコタヘテ、然我実成仏已来甚大久遠ト説テ広開近顕遠トテ能化ノ如来ノ顕本也、於二此品一法説ヒ説ノ二ノ大文段カ候、法説ニモ誠信正塔トテ又二候ミ、トヲク(耳遠)候間、ヒ説ノ一段ヲソト書可レ申去共初ニ誠□□□ハヨク信心ヲ取テ聴聞申セト佛ノ下知ニ候、疑テ信セサレハ正［　　　］タキ間、仏弥勒ノ請ニコタヘテ大衆ニ告給フ様ハ汝等常信解如来誠諦之語ト三度マテイマシメ(誡)給フ、能ク大事秘蔵ノ法文本地終窮ノ極説トオホシメシ(思召)候ヘコトバニイツハリ(偽)ナキヲ誠ト云心ニイツハリ(偽)ナキヲ諦ト云多宝ハ妙法蓮華経、皆是真実ト証明シ、釈迦ハ要当真実トトキ十方分身ノ諸仏ハ助舌ヲ出シ給フ詞ニモ心ニモイツハリ(偽)ナキ法花本門寿量ノ法門ナレハ、如来誠諦之語トノヘ(述)給ヘリ、爾前

迹門ハ随他意ナレハ、イツハリ《(偽)》妄語也、本門寿量ハ随自意ナレハ、
真実カ中ノ真実也、如クレ此度々誡メ給時、弥勒ヲ始トシテ
諸大衆合セレ掌ヲ異口同音ニ我等当信受如来誠諦
之語唯願説之々々々ト三度マテ申サセ給フ、仏モ三度
大衆モ三度信ヲイマシメ《(誡)》給フ、是ヲ誡信ト申候、尚ヲ重テ唯願説
之ト申給時、仏汝等諦聴トノタマフ《(宣)》、是ヲ三誡三請重誡
重請ト申候、サテ其法文ハ如来ヒ密神通之力云云、此如来ト申ハ
題号ニ妙○□如来寿量品トヲカル、モ同事ニ候、如来ト申ハ仏ニ
十号トテ十□□御座候、其一ニテ候、先アサ〳〵《(浅々)》ト申サハ、所詮
真如法性□□ヲイデ、事々差別ノ三土ニ来リ、九界迷情ノ
衆生ヲ利益□□姿ニテ候、其上ニ一身三身本《仏》。迹仏等ノ如
来ノサタ《(沙汰)》略之候、今此品ノ如来ト□此品詮量通名三身若
従別意正在報身ト釈テトリ候キ、一切衆生下種ノ主シ報
身如来ノ事ニ候、寿量トハ詮量ト申テ十方三世ノ諸仏二
仏三仏本仏迹仏等ノ寿命ノ長短ヲ詮量スル義ニテ候、今
此品ノ仏ノ寿命ハ五百塵点劫ノソノカミノ仏我本行菩薩道ノ
因位ノ寿命尚未タレ尽、況ヤ果位ヲヤト詮量セラレ候、サレハ爾

前迹門今日一代ノ内ノ仏ハ未究無常ト申テワレ(我)サヘ無常ヲマヌ(免)カレ給ハス、何況ヤ一切衆生常住仏性ノ理ヲハヲシ(教)ヘ給ハス仏性常住ノ理ヲヲシ(教)ヘ給、サレハ仏ニナル道アトヲ削テコレナシ、然処ニ今ノ品ノ仏コソ無始無終本有常住ノ仏体ニテ候ヘハ、過去遠々現在慢々未□□（来永）々ノ利益闕減ナキ仏ニテ候へ、本門得道数倍衆経ト釈セラ□□能化ノ仏常住ナレハ、所化ノ衆生亦常住ノ機縁也、サテコソ十界□ニ本有ノ益ニアツカリ候へ、サレハ如来ヒ密ト申法門ハ爾前迹門ニ分タエタル重也、是ヲ本門余諸経一向永異トモ釈シ発迹顕本三如来者永異諸経トモ釈シテ一代諸経ニ跡ヲ削テ是ヲトカサル大事也、其故ハ諸経ノ意ハ菩薩モ六度万行ヲ修□々ノ階汲ヲヘテ三惑ヲ断シツクシテ仏トナル、其因位修行ノ間タ菩薩ト云成道ヲトナヘ果位ニイタルヲ仏ト云サテ本門寿量品ノ意ハ其義ニアラス、本因妙ノ修行ヲ仏因トシ其因種ニ依テ得脱スルヲ仏果トス、其仏因ヲ我本行菩薩道ト説ク、シカル時ハ爾前迹門ノ修行ハ非二本因一非二本行一非二菩薩ノ道一ニ我カ本因ニアラサル間、諸経ハ無得道也、此品ニトク所ノ本行菩薩道ト者受持口唱ノ題目ノ事也、此妙法口唱ノ信心カ仏トナ□

菩薩ノ行ノ本也、釈迦モ此本行ノ種因ニ依テ我成仏已来甚大久遠
□命無量阿曽祇劫ノ仏果ヲエ給ヘリ、是ヲ本因本果ノ
〔　〕種脱ノ相違因果表裏互為主伴
〔　〕事ノ法門略之、然爾前迹門ノ間ハ或ハ
〔　〕飢タル虎ニ身ヲカヒ或ハ燃灯仏ニ五茎ノ
〔　〕修因ニ依テ今日釈氏ノ宮ヲイテ始テ仏トナル
〔　〕存候処ニ、於二此品一夫ハ虚言也、我実ニ久
〔　〕ノカミノ仏也トトキ給カクテカヘリミレハ今モ
〔　〕道ニシテ常住此説法常在霊鷲山ノ
〔　〕伽耶ナル処ヲ本門ト云也、是ヲカクシテトク処ノ
〔　〕人果頭無人ノ諸経諸仏ヲ権《教》。迹門ト云也、
〔　〕門寿量品以前ハ仏モトカレス衆生モシラス《(知)》
□□顕本シ給時初テ是ヲシル《(知)》本化六万恒沙ノ菩薩ハ久
遠ヨリ今日涌出ノ時マテ本時ノ娑婆マ、ニテ寂光ノ本
土ヨリワキイテ《(涌出)》給ヘリ、娑婆世界此界虚空中住ト□云
爾前迹門ノ迷機ハ是ヲシラス《(知)》甫処ノ弥勒サヘ、乃不識一人トイヘリ
タトヘハ人間ニモ仙境アレ共、仙ノ法ヲシラヌ《(知)》モノハ不レ見レ之如レ其

娑婆即寂光ノ本因妙ノ修行ヲシ(知)ラサル権迹ノ機ハ本仏ヲモ
寂光ヲモ□ル見付一ケ也、本化ノ菩薩涌出ノ上ニテ在世ノ衆モ是ヲシル夫ト者
［　　　］ハ本門ニカキル故也、伝教大師ハ塔中ノ尺迦ハ集二テ
［　　　　］ス常住ト釈シ給ヘリ雖脱在現
［　　　　　］皆ナ久遠ノ種ニカヘル也、其種
［　　　　　　］種ノ妙法蓮華経也、三所ノ
［　　　　　］旨トハ是也、此上ニ大事ノ法文
［　　　　　］ノ三益三世益物ノ法門爰元
［　　　　　］地盤ノ位ニ高下ナシ、但タ本地難
［　　　　］則ハ十界共ニ仏也妙法本因ノ種子ヲシ
［　　　］迹門ノ仏云仏アラス菩薩云菩薩ニ(非)アラス十界共ニ
迷妄ノ衆生也、此本因ノ妙法修行ニ入ル、トキハ十界共ニ
其当体ヲア(改)ラタメス、悉ク仏身也、是ヲ無作ノ三身ト
云爾前迹門ノ仏ヲ有作ト云有為ノ報仏ハ夢中ノ権果可思之
如レ是ノ仏身ハ近シト云共権迹妄ノ衆生ハ不知之、雖近而
不見トト(時)キ妄見納(網カ)中トノヘリ、如此十界ノ衆生皆如来ニテ
指シ居タル処ヲ諸経ニハ不レ説レ之今本門ニ説クレ之遠キ久

遠ヲタ、今トミツケ迷ノ凡身ヲ仏身ト開覚スル事不思
義不可得ノ大事ヒ密ナレハ、如来ヒ密トトカル、也、然間
一切衆生妙法口唱ノ功徳ニ依テ速身成仏スル処カ如来ヒ
密□是ヲヒ密ノ三身共□体倶用ノ三身共法体法
爾ノ三身共無作三身共申也、於ニ此重一経釈等ノ習ヒ
事広キ間略之所詮高祖ハ正直ニ捨ニテ方便一但タ南無○経ト
唱ル人ノ乃至本門寿量ノ当□蓮花仏ト者□日蓮カ
弟子旦那等ノ事也トアソハシタリ可レ信レ之約束申ス処ノ
ヒ説ノ一段ヲ少シ可レ申ヒ如良医トハタトヘハ仏ヲクスシ(薬師)ニタトヘ
イ書ヲ一切ノ経教ニタトヘ子ドモ□仏弟子ニタトヘ一切衆生ノ
煩悩ヲ断ルヲ病ヲ治スルニタトヘ他国ニ行ヲ仏ノ入滅ニタトフ是カ
三世益物ノ次第也、一々ニサタセハ文段科段シケク医道ノ
サタ事広クシテタヤスク書キ付ケカタシ所詮遺使還告ト
申一段ヲ少シ書キ申仏□入滅ノ後使ヲツカハシテ滅後ノ衆
生ニ薬ヲ被レ送事ヲトカレ候、於レ是レニ正像末ノ三時ニ四依ノ弘経
相ヒ□リ候、病ニ依テ合薬ノカハルカ如クニ候、サレハ軽病ニハ凡薬重
[　　　　　　　　] 軽重ニ随ヘ□薬ノ上下有之正法千

〔　　〕大乗ノカロキクスリ（薬）ヲノマセ外
〔　　〕年ノ中分ノ病ニハ双
〔　　〕薬ノ已調ノ毒ヲキラヒ（嫌）
〔　　〕令レ用実ノ本門
〔　　〕イマシメ（誡）ラレ候、サレハ
〔　　〕ハ正像二時ノ四依ニテ
〔　　〕本化上行菩薩ニ定リ給
〔　　〕品ノ時迹化ノ菩薩末法ノ弘経ヲ
〔　　〕止善男子不須汝等
護□□経所以者何我娑婆世界自有六万恒
沙乃至是諸人等能於我滅度後護持此経ト
云云上行菩薩タシカニ末法ニ出給ヒ、此妙法蓮華経ヲ
ヒロメテ一切衆生ニモタモタセ唱エ信セサセラルヘシト、涌
出品ニミヘ（見）タリ、如来寿量ノ顕本モ上行ユ出ニ付テ弥
□□サマ〳〵（様々）ニ不審ヲ申給フ故コソトキ給ヒ候ヘ久遠下
〔　　〕経也、此妙法仏ニナルタ子（種）ナレハ、是ヲ護持
〔　　〕是ヲタ子（種）トシテ仏果ヲ成シ給フハ

「　」一体不二ニシテ常住ナルヲ
「　」
「　」
「　」
「　」云□□□□□
「　」是好良薬トハ是也、此良薬ヲ
「　」コソ此菩薩ヲ口唱導師
「　」妙法ノトナヘノ導師トアリ、然間
「　」ノ妙法○経事也、別ニ仏ノ智恵トテ不
レ可レ求レ之、是故有智者トハコレ也、種智還年ノクスリ(薬)ト云
テ凡夫ノ短命ヲナカ(長)クシトシヲカヘス薬ハ妙○経ニ限ル也、此事ヲ
トカル、ヲ本門ト云也、涌出品ニモ即皆信受入如来恵除
先修習学小乗者如是之人我今亦令得聞是
経入於仏恵云云、此ノ智恵ト申ハ此妙○経ヲ護持アル事也、
而間「　」ニ□ルト云也、甚深智恵聞已
信解トトカレテ此「　」信ルカ甚深ノ智恵也、此経ヲ
信ト云テ必ス一経一部ヲサ(指)スニ非ス、一部八巻ハ妙法○経ノ五字ノ

経也、仏トナルタ子《(種)》ハ題目ノ五字也、サレハ略挙経題玄首一
部ト釈シ高祖ハ此経ト者一経ヲサス《(指)》□《(三)》アラス《(非)》、題目ノ五字也ト
アソハシタリ、此経ト者、八巻ノ綱目ニアラス《(非)》、大綱首題南無
妙〇経ノ事也、題目ヲ末法ニ送ラル、時是好良薬今
留在此汝可取服勿憂不差云云、イカ様《(如何)》ニ合セタル
薬ソト申ニ擣篩《(とうし)》□□ト□ツキフルイ《(篩)》一ツニ和合シタル丸
薬也、此丸薬ノ中ニ［　　　］薬カアルラン、難レ知リ、其丸薬ト
者、万法惣持妙〇経也、本門ヲ円経共如意珠共日
輪共云也ト、メテコ《(止)》、ニアリトハ末法ノ今也、汝可取服トハ
受持テ口ニ唱ル事也、イヘストウレフル《(憂)》コトナカレ《(勿)》トハ煩
悩ノ重病コト〳〵喩ヘシ毒病皆喩ト説ク是也、色香
美味ト者イロ《(色)》トニホヒ《(香)》トアチハヒ《(味)》ナリ、則チ是カ戒定恵也、此戒
定恵ノ三学カ妙法五字ノ丸薬ノ一粒内ニ収ル也、伝教大師ハ
釈迦上行□□相承ノ心ヲ釈セラル、時虚空不動戒
虚空不動定虚空不動恵三学口伝名曰妙法
云云、妙法蓮花経ト唱レハ其口カ則三学也、三学ヲ
一口ニ伝トハ口唱ノ題目信心ノ一ニ収ル事也、妙法五字ヲ信ルカ

則本因妙ノ行也、サレハ高祖ハ仏ケ戒定ノ二法ヲ制止シテ恵ノ
一分専ラニス恵亦タヘサレハ信以テ恵ニカフル信カ恵ノ
因也ト云云、因ト者本因妙ノ信心ノ事也、自受用報身ノ
智体ヲフルマフ《（振舞）》事信ノ本因ニヨル也、故ニ小権迹執ノ謗法ノ
毒ヲ禁シテ南無妙○経ノ是好良薬ヲ服セハ毒病皆喩
スヘキ事無□此題目ノ薬カ煩悩ノ病ヲイヤシ《（癒）》仏トナルタ《（種）》子也、
本門ト云ハ仏種□□□ル事、但妙法ノ信心ニアリサル間、此
経ヲ謗レハ仏種ヲタツ若人不信毀謗、此経則断
一切世間仏種云云サテ信レハ仏トナル、於二末法一其使ハ上行
菩薩也、此人行世間能滅衆生闇□、其時此妙○経ヲ
ウケタモツモノハ、於我滅度後応受持此経是人於
仏道決定無有疑云云、仏ノ種ナル事無疑上ニ申コトク《（如）》
広ク一部八巻受持スル事ニテハナシ題目ノ事ヲ此経ト
被説也、伝教大師秀句云正像稍過キ已テ末法
甚在レ近法花首題ノ機今正ハ是其時也法花真
実ノ経ハ最後ノ五百歳必ス貴賤万民一同流伝ス
ヘキ也、経八云歎二シテ首題ノ功徳一ヲ□ク受持法花名者

福不可量云云籤一云略巻経題玄収一部故ニ
仏欲以此妙法花経付属有在云云、乃至加レ之法花
伝云一稱妙法蓮花経決定除滅無間業之ノ言《コトハハ》
誠ニ以憑ナル哉、弘仁十三年壬寅三月七日夜ト云云、同秀
句云仏統テ一代聖教ヲ丸薬トシテ妙法蓮花経ノ五字ヲ
以為《メニ》ニ末法後五百歳広宣流布十界衆生一留ニ
置キ玉フ之一故ニ文云、是好良薬今留在此汝可取服
勿憂不差之金言良ニ有以也《カナヤ》云云、已上秀句中
巻ノ文也、天台ハ一切経ノ惣要毎日一万反云云、是モ題目ノ事
也、後五百歳遠沾妙道共判シ給ヘリ、料紙ツマル(詰)
間、法文書ノ□□毎自作是念以何令衆生得
入無上道速成就仏　身　正蓮尊霊頓
証菩提乃至法界平等利益　南無妙法蓮花経
　日我敬白
　永禄十一年戊辰霜月十一日正蓮一百ケ日ニ書之、
永禄十三年《かのへむま》八月一日貞室正蓮尊位大祥
記にあたれり、大坊にて僧衆皆同供養、そとは(卒都婆)

たて申御つとめ（勤）あり、愚老（日我）病候ゆへ（故）隠居（妙顕寺）の坊にてゑかう（回向）仕、其つゐて（次）に詩歌連歌第三までいたし候、

正蓮第□（三）箇回之吊頌　日我

南州半百古人名浮世無常非可驚
風雨三年愁那事一時仏住寂光城

めくりくる三とせの秋のさよしくれそめて
色□□と□のそてかな

発句脇第三

くちせぬやそて□□とせのあきの霜
かせやゝさむきあさちふのかけ
くもはれて月やいつこも照すらん

前妙本寺　日我判

了伝」

「（異筆）享保六歳辛丑（一七二一）九月二十三日

元亀二年（一五七一）辛未二月時正書写畢、

拝之者也、

日恩（花押）

「（異筆）天和二（一六八二）壬戌□（歳）□月□日求之、可伝

武蔵国□（河）崎妙遠寺求之者也」

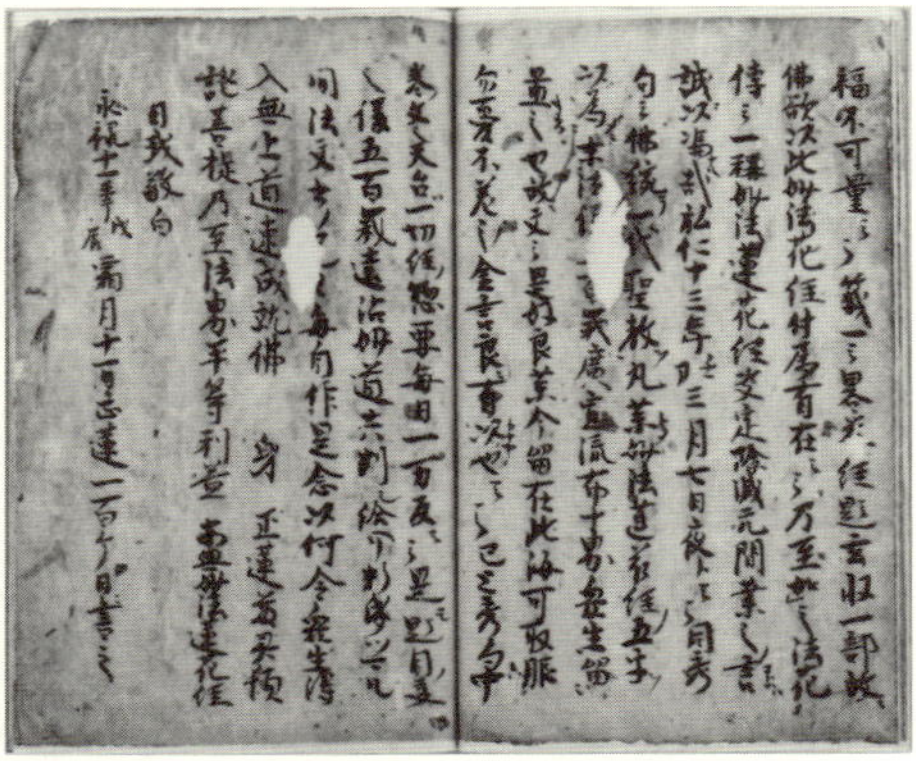

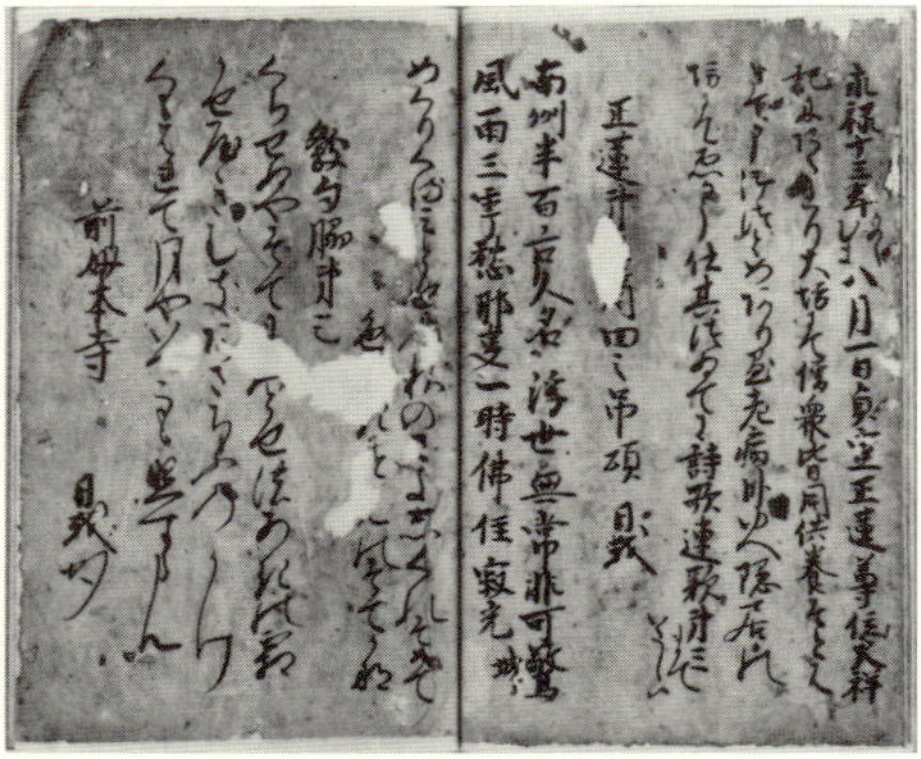

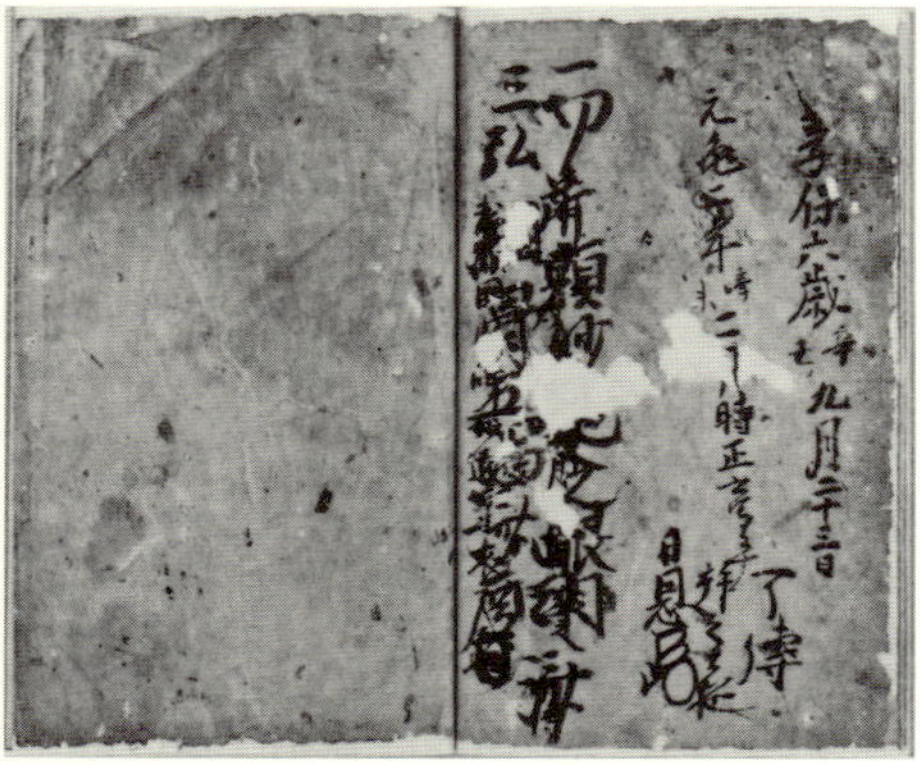

第四章　「当門流前後案内置文」

【解題】

本章では、安房妙本寺日我が天正六年（一五七八）四月二十二日に認めた「当門流前後案内置文」を紹介したい。本書については、『宮崎県史史料編中世1』（一九九〇年三月）に日向定善寺本が翻刻された（「定善寺文書」三三二）。定善寺本の表題に「日我上人御述　当門徒前後案内置文」とあることから、一般に「当門徒前後案内置文」と呼ばれている。この定善寺本の奥書には、「此抄者、日我上人御直筆之以写又奉写者也、御正本房州妙本寺有リ、十五年勤学之内写奉者也、房州妙本寺所化智友
　明和七《七》寅三月廿日」とあって、その転写過程が明白である。すなわち、明和七年（一七七〇）三月二十日に智友によって安房妙本寺本から書写されたものであった。しかし、その原本とされる妙本寺本は現存確認されていない。妙本寺には、慶応三年（一八六七）五月五日に定善寺日涌（加藤阿闍梨）によって両親の菩提のために書写されたものが伝存するだけである。この日涌は、日元（親承阿正行坊）と並んで多くの書写を行った人物として知られる。問題は、その原本であるが、その点に関する記述はみられない。この写本は、後日妙本寺に奉納され、現在に至ったものと推察される。この妙本寺本が書写主の関係から先の定善寺本の写本の可能性もあるが、定善寺所蔵本の伝来関係の複雑

さからと両本の異同の存在から、そうとは断定できないのである。その意味で、妙本寺本を翻刻する意義もあると考え、敢えて翻刻し紹介する次第である。

【史料本文】（原則として旧字体や異体字・略字などは現行の常用漢字に改めた）

（表題）

本云

此抄能々後代衆中可有披見者也、

当門流前後案内置文

日我述

当門流前後案内聞書

七十一オ

日我述

一、大聖（日蓮）・開山（日興）・目上（日目上人）・郷上（日郷上人）ノ御事ハ申状注ニ委ク書置間、爰略之、日伝已来コ、カシコ（此処彼処）用々ノ処書之、日伝ハ南条四郎左衛門時綱ノ御子也、大石東坊ノ地頭也、寄進状于今有之、初ハ日賢ト奉申、後ニ改名有テ日伝ト奉申、其後川崎ハ日賢ト名乗ル、也、此子細今川殿返札ニモ有、可見之、牛王丸ト申テ御チコ（稚児）ノ時、久遠寺・妙本寺両寺ヲ御相続有之、幼少ニテ御座故、ツクシ（筑紫）ノ薩摩阿闍梨日睿・谷山ノ山城阿闍梨日明・河崎大輔阿日賢ヲ惣異（意）見者ニ被定、中ニモ日賢ハカミ（髪）ヲユヒ（結）玉フ、故ニ別シテ内々ノ異（意）見也、日明世出案内中ノ異（意）見也、日睿ハ惣体本末仏法ノ執持、自然ハ登山ノ時ノ異（意）見也、依之三人別当ト云シハ其時ノ事也、日賢ハ其後ハ学頭職ノ意也、依之七ケ寺カ、ヘ（抱）ラル、、ナムヤ《南無谷》・下沢・ナテシコナド《等》モ其内也、日明舎弟日高山中顕徳寺也、従日明谷山ヲ日高ニユツラ《譲》ル、、依之両寺ノ血脈ニツル《吊》也、日要上人学頭坊ノ時、登山有テ当寺《妙本寺》ニ住也、然間下沢ハ昔シハ学頭ノ筋ノ寺也トテ一入態《大》切也、殊ニ当寺《妙本寺》ノ脇坊同意タルヘシト云掟也、山中ハ日郷上人磯村ニ往覆被成時ノ中宿也、左近之丞ト云モノ《者》、処ニ折々休給フ時、御法門ヲ聴聞シテ旦那ニ成ル、其後香菊丸日高ヲ置申ス、弘通所ヲ立ル、日高モ十二人ノ結衆ノ内也、香菊ノ時、日郷ヨリ山中ヲ被譲也、其後弟子ナクシテ、日明ハ谷山ヲ日高ニ被渡也、日高両寺カ、ヘ《抱》ラル、也、依之谷山妙顕寺坊主無キ時ハ従山中カ、ヘ《抱》ラレシ也、近代ノ本大坊日提中カ、ヘ《抱》ラレシカ、退クツ《屈》シテ当寺《妙本寺》ニ被上也、然間日要上人請取給ヒ御吊ノ日富士住山ノ時、日明ノアト可有之、只今ハ彼寺坊主中絶、折々ノ事ナレハ、当寺《妙本寺》ノ脇坊トシテ当寺《妙本寺》マカ《任》セタルヘキ分被定置、諸人存知所也、仙陽坊ニモ日要ヨリ時儀ニアツケ《預》ナサルニ、仙陽坊ノ後モ当寺《妙本寺》ニ請取、日我代ニ仙能坊ヲ時ノ儀ニアツケ《預》候、退屈トテ被揚故、富士ニ住山候法泉坊ヲヨヒ《呼》下シアツケ《預》候、法泉坊死去故、本行坊ニ香花ヲ頼ミ被置候、日我九州ヨリ帰国ノ後本行坊死去ノ間、日我隠居ノカ、ヘ《抱》トシテ只今ハ如此、已後々々モ住持隠居ノ時ハカ、ヘ《抱》ヘラルヘキ歟、サテ日我ハ過分ノ田地ヲ寺ニカ、ヘ《抱》ヲキ《置》候ヘ共、畠ノ一マイ《枚》モ田ノ百〆《貫》モトラ《取》ス候間、於已後寺家田地ノヲハ少モトラ《取》レマシク候、前カ、ヘ《抱》ラレハ谷山ノ田畠計可然、サテ後日ニ十二坊ヲ立タル、坊主次第ハ日明ヨリ日詔ト来テ誰也共、結衆ニナルヘキ人ヲツル《吊》ヘシ、其間ハ本寺ニカ、《抱》ユル間、時ヲ待迄也、非次第断絶ニハ、後記如件、若又隠居ノ上人ナキ時ハ寺常住ニ田畠共ニカ、《抱》ヘ仏前ノ香花ハヲコタ《怠》ルヘカラス、於其時ニ沙汰アルヘシ、日我霊山参詣ノ次ノ年ヨリ二年計ノ分ハ第三年ニ心アテアルヘシ、其後ハ時代ニマカス《(任)》、サテ寺ノ常住物ニテ日我カ吊中々叶マシク候、ソレハ霊山ニテモ悦喜事アラマシク候、一日モ寺ノ合力興隆コソ日我カ仏事　御影ヘノ回向ノ本タルヘケレ、俗方男女ノイタツラモノ《(徒者)》ニ供養不可叶候、アス《(明日)》ヲ不知間、如此云置候、日伝ハ応永廿三年庚申《(ママ)》十一月十一日七十七才ニテ御円寂也、日周ノ御代迄大石寺ノ事、重々子細有之事ナレハ書シル《(記)》サス、日周ハ侍従阿闍梨ト申ス、九十計前後御円寂歟、八十六永亨十戊午十二月十一日ト書付ナサレタル本尊有之、御円寂トシ《(歳)》イクツトシル《(記)》シタル記文不当見、日祐ハ藤平名字ニテ二位阿闍梨ト申、学文能成ノ上寺相続シ給ヒシ、其上ニ東山ヘ可参トテ三月十三日ニ当寺《(妙本寺)》ヲ御出、同宿ナト《(等)》ツレ《(連)》玉ハサリケルヤ、ツレ《(連)》玉ヘ共、依所用ニ被帰ヤ、御一人ナルヲ於他国ニ害シ奉ル、其子細ハコナタ《(此方)》ヘハキコ《(聞)》ヘス、後々経ヒ《(ママ)》シク《(リカ)》一両人寺ニ立ヨ《(寄)》リ此由来ヲカタ《(語)》ル、同国ノ出家ノワサ《(業)》ト云云、サレハ篠生名字ノ旦那ノ子ニ美濃公ト云学文者アリ、昔篠生左衛門尉当寺《(妙本寺)》開発ノ旦那ナルヨシミ《(誼)》ヲ思、学文ハシタリ、当寺《(妙本寺)》ケイハウ《(競望)》ノタメニ他国ニテ学文シテ居タリシカ、アラカヒ《(ママ)》申タリ、此事ロケン《(露見)》シテミノ《(美濃)》ヲ可誅ノ由、藤平巳下ノ旦那サヽヤク《(囁)》故、夜ニマキレ《(紛)》寺ヲ出、下タハマ《(浜)》ニルイシン《(類親)》ノアルヲタノミ《(頼)》ヨフ子《(夜船)》ニテノケ《(逃)》、ルカ、フツト《(古戸)》ノヲキ《(沖)》ニテニワカ《(俄)》ニ悪風吹来テ船破損シ、ミノ《(美濃)》モフナカタ《(船方)》モ皆海ノ底ニ沈テシニ《(死)》タリケリ、則日祐ノ御罰トソミ《(見)》ヘケル、ミノ《(美濃)》ガルイシン《(類親)》ツ井《(終)》ニサカ《(栄)》ヘス、日我カ代迄アリシヨシ、ハマ《(浜)》ノヒコエモン《(彦衛門)》カ先祖タルヨシ、勧乗坊日定・本実坊日鏡ナト、云八九十ノ老僧ノ雑談也、サヽフ《(笹生)》末信心ワル《(悪)》クナル故、悪人出来シテ昔立タル寺可破、於後々用心アルヘシ〳〵、日祐御円寂ハ定日不知、依之当寺《(妙本寺)》御出ノ日ヲ斎日ニ申故、三月十三日ヲ用ル也、年号御筆記タルモノミ《(見)》アタラス、日永ハ佐久間出生、鳥倉名字、成就坊ト申ス、志信心也、世福カク《(隠)》レナシ、学頭職再興有テ日朝ヲ住山サセ被申モ此時始ル也、昔日睿ハ六度登山、妙円寺日慶ハ八度登山、日朝ハ六度ノ登山、是ハコナタ《(此方)》ニ住山ヲヒサ〳〵《(久々)》シテハクタリ《(下)》〳〵シ玉フ也、又日要ヲアマカサキ《(尼崎)》京都ニテ多年ノ学文モ堪忍ノ米銭ハ日永ノナサレシ也、富士ヘ両寺一寺ノ契約証拠トシテ、ウツホ《(椌)》字ノ本尊ヲ登玉フモ日永ノ御代也、日安代官職ノ時也、享徳三年甲戌六月廿一日ヲ《(ママ)》日安請取玉フ本尊也、富士代官職人、後日造作アルヘキミアテ《(宮殿カ)》也、日郷上人御石、大ニ長シ其折タルモト《(本)》計今ニアリ、カノ《(彼)》石ヲツ、ミカ谷《(堤ケ谷)》ニテキラ《(切)》セラレ、夫ヲ可引タメ第六《(大)》ノ切通シヲハツクラ《(造)》セラル、ト云云、日永置文云、発頭日安・学頭日朝ト並テ書玉ヒ御判アリ、於末代不可有違背、当日ツクシ《(筑紫)》当寺《(妙本寺)》ニイタラ《(ツ脱カ)(従者)》モノ出来テ、遠ハ日永近ハ日要ノ掟ヲシラ《(知)》ス、日我ハ中日向初《(所)》生ナレハヒ井キ《(贔屓)》ニ学頭ヲソタツルヤウニミナスヘシ、可為大悪人、信心ノ衆中不可同心、長録《(禄)》四年庚辰正月八日ニ日永御円寂也、本乗寺ハ日永已《(会)》来也、勧乗坊ハ日伝已来也、委ハ在右系図ニ也、日安ハ按擦《(ママ)》使阿闍梨ト申、後ニ蓮台坊、初ハ富士代官分、於京都学文、其内九州下向、嘉吉三年癸亥也、定善寺本尊スエ《(据)》カヘ《(換)》ラル、中比造仏読誦始ル也、■■《[就之]》日掟其年ノ二月五日ニ円寂也、日掟代ニ造仏読誦始也、就之日永・日崇ヨリ妙円寺ニ文アリ、其比ヨリ造仏読誦ノ法度始ル也、富士・安房ノ御堂作リ日安御代也、ツクシ《(筑紫)》ニハ本承坊日承ト云志行体ノ人、当寺《(妙本寺)》ニハ宝泉坊日位ト云志ノ禄《サイワイ》者有之、被奔廻、日朝住山、日安ト同心ニ仏法評定致シ諸聖教被書続ニ、後々ハ日信出世ノ奉公、奔廻ノ故、日安老後ニハ仏法三昧也、七十五才ノ時、長享元年丁未七月廿二日御円寂也、俗性《(姓)》ハ南条、鎌倉ノ御生也、日信大蔵阿闍梨ト申、蓮乗坊ト号、寺ヲ請取給テ十九月メニ御円寂也、延徳元己酉二月十七日、俗性(姓)ハ曽我相州ノ御産也、日安同道シテ御下リ畢、日要三河阿闍梨惣持坊ト号、九州学頭坊本蓮寺ト申、時五十四才ニテ当寺(妙本寺)ニ住、日安ノ御吊又ハ従日朝学頭相続、為披露登山有テ可有下向分ニテヨシハマ(吉浜)迄船ヲリ(降)被成、船待給フ内、日信御円寂ノ故、発頭タヘ(絶)ハ学頭ト云先規ニ任セ其侭衆旦談合シテ押止申、上人ニ仰キ申也、在寺廿六年、仏法繁昌・世出円満此時代也、俗性(姓)ハ中村、日向細島生国也、七十九才ニテ永正十一年甲戌十一月十六日御円寂、其年四月十五日血脈置文云、有正信志ノ輩者号坊主職云云、日要参内有テ今ノ一ノ申状奏聞・三ノ申状モ其時也、委ハ申状ノ記ニアリ、和泉堺本伝寺・細島本要寺・中日向図士山本蓮寺・都於郡本永寺・広原要法寺新建立也、其外再興ノ寺々多之、置文云、泉堺本伝寺、細島本要寺・小坊中事、日要カ微志ヲ尽シ間、可為本寺直受、中日向三ケ寺ノ事ハ学頭ノ一筋トシテ勤行ノ役者可得其意者也云云、日要上人ニ発頭・学頭両役者、置文ハ明応元年壬子九月三日、日杲学頭相続ノ置文ハ文亀二年壬戌八月時正、於細島本要寺ニ財光寺日学ヲ証人トシテ云トモアリ、其時財光寺ト云也、今ハ定善寺也、此状モ当寺(妙本寺)ニ有之、日清、左京阿闍梨仙陽坊ト申、日信ノ舎弟也、従日要寺請取、日要上落(洛)ノ留主(守)ニ円寂、雖然在寺ノ侭逝去故、代々用之、補任ノ使学頭坊日杲也、文亀三年癸亥正月十八日御円寂也、日継、二位阿闍梨蓮台坊ト申、初富士ニ代官職、後本末ノト、ノヘ(整)要上ノ置文ニ任セ正信志ニテ御座候故、学頭ヨリ意見アツテ被住、俗性(姓)ハ吉田、当郷所生ニテマシマス、日要ハ廿六年、日継ハ十二年居住也、六十五才ニテ大永七年丁巳七月二日御円寂也、日我ハ諸人存知ノ間、不及記ニ、乍去富士・安房ノ御堂・客殿以下新建立、願主ハ日我也、富士ノ度々ノ不入、両度ノ再興、本末所々ノ末寺ト、ノヘ（整）、堺迄両度上落（洛）、本伝寺ハツクシ（筑紫）ノマカナヒ（賄）、九州下リ、其外当寺（妙本寺）ノ聖教・世具・道具・田地・家具・衣類・財宝両寺ノ奔廻、真俗内外ノト、ノヘ（整）、於末代云人モ知ル人モ不可有之、筆留ル計也、従廿六在寺卅五年也、従日要上人六ツノ年要賢ト云名ヲタマハリ（給）、其年出家シテ七才ノ時、日要御円寂、子細多シ、略之、永禄十年丙巳（ママ）十月十一日隠居シ其日寺ヲ日侃ヘ渡ス也、大石・小泉取合ノ事六ケ敷候間、不記之、大事ノ文書ナル間、アラハ（顕）ニ不書之、久遠寺ノ今ノ御影ハ身延ヨリト申日道ニ押領セラレシト、衆徒同心ニ黒田ノ妙覚ト云旦那ノ処ニ奉移ト日学ノ記文ニハアリ、惣シテ広宣流布富士居住、日目門徒再興ノ内ハ如此問答無用、先々中古ノ問答抄アリ、可見之、本乗寺日会・真乗坊日遵等ノ問答ハクチ也、其後蓮徳寺日含問答アリ、其記禄（録）ハウセ（失）タリ、様体ハ日会・日遵ト同筋也、従前々不事済、何況ヤ只今両方共ニ不信心無志無知無行僻者、薄学ニシテ当門スム（住）ヘカラス、只今ハ一寺々々ノ僧衆旦那ノ信心ヲ正路ニ相ツ、ケ（続）、時ヲマタ（待）ルヘシ、信モ無ク儀モ無クシテ、ケシ計仏法ヲ心得、須弥山ノ如ノ大儀大事ニカケアワスヘキ事難有、道里（理）ハスンテアレ共、云テノムネスムヘカラス、云テハスムトモ、キ、テノムネスムヘカラス、真実ノ志正路ノ信心ニテ丁聞（聴）ノ方ニハ、正智正信ノ修学者一二度教化教道モ可有之、互ニナマナリ（生成）ニテ、我慢邪執ノ非学者、無益ノ諍論スヘカラス、殊ニ本迹ノ法門相構テ無用候、他門徒ヲモ能々分別ノ方ハマレ（稀）ニ候ヘ、コナタ（此方）モ又如其候間、先々我家ノ立様内証外用重々本迹ノ一筋々々ヲ能々分別ノ上、談合可有之故、従前代不道行候間、今ノ修学者ノ分ニテハ、互ニ無所用我慢邪慢（執）口論迄ニテ正里（理）ヲハミワケ（見分）ヘカラスウケ（受）ヘカラス、是当日ミアテノ遺言也、要上《(日要上人)》ナトノ事ハ権化ノ事候間、不及兎角候、セメテ日淳《杲本坊》・日任《蓮照坊》・日源《惣立坊》・日我ホトモナクテハ也、夫程ノ当家学匠モキ、ヲヨ《(聞及)》ハス、ミヲヨ《(見及)》ハス候、若此上カセキテ《(稼)》正智信者モイテ《(出)》キ候ハ、アヒテ《(相手)》ニ依テ本迹ノ重々種脱ノタテワケ《(立分)》モ可然、日要・日我カ書物ヲフカク《(深)》ミト、ケ《(見届)》スンハ可有思慮者也、示書如件、此段能々分別可入候、トヂ《(閉)》候本ニ書候事散在サセシカ為也、書写テモ可被持候、大切ノ事也、可案可秘云云、

一、磯村上行寺ノ事、日郷上人於彼所ニ御弘通、其時ヨリ建立也、河崎ノ末寺モ昔ハアリシ也、断絶故ニ上行寺一ツ也、当寺《(妙本寺)》ノカ、ヘ《(抱)》也、年月造作ニ入候、於後日無大破様可有之、

一、本勝寺ノ事、藤平道心建立ノ処也、今ハ宮ノ谷ニアリ、本勝寺ノ御影ハ当寺《(妙本寺)》ノ御影ノ朽木書ニ被作仏也ト従上代申伝也、一トセ《(年)》一乱ノ時、ハマ《(浜)》ヨリナムヤ《(南無谷)》ニ案《(安)》置、法厳坊ト云人アツカル《(預)》、《(以下脱アルカ)》日睿縁記《(起)》又先師由来抄ト云抄其外書物アマタ《(数多)》アリ、縁記《(起)》ハ妙円日穏ノ述記也、由来抄ハ定善寺日学ノキ《(聞書)》、カキ也、是ヲミル《(見)》ヘシ、血脈ハ当流ノ血脈ニ有リ、当日ノ坊主日現連々ノ所望ニ日能・日順コノコロ《(此頃)》ハ日穀ヲツリ《(吊)》度詫《(言)》事也、先年九州下向ノ時モ請ス、近年日現登山時、深ク詫言候間、ソナタマカセ《(任)》ノ由、返事仕候、乍去当寺《(妙本寺)》ニハ如昔タルヘシ、日学ノ書物ニモ日能・日順、如先師崇敬スヘシ、但正血脈ニハアラス《(非)》トミトヲリ迄書ヲカレタリ、日能ハ日睿ノ他門ノ時ノ師匠也、日睿ノ次ニツル《(吊)》事如何、剰日睿ハ日礼ニ補任セラレタリ、是証拠也、日順・日能ノ真ノ弟子也、是又日能サヘツラス《(吊)》、況ヤ日順ヲツル《(吊)》ヘキヤ、日掟ハ日順ノ真弟也、日掟十四才ニテ日礼円寂、日掟十八才ノ年ヨリ於本寺《(妙本寺)》ニ三ケ年住山アツテ学文シ、日礼・日掟ト血脈相承候、日伝ノ御代也、上代ノ記文ニ

有之、依之日能・日順崇敬也、但血脈ハクタラス、雖然筋一ノ故ヲ以テ被申間、任其意候、可有分別也、薩摩公日穀ノ事、日揚以前ニ日学ノ師弟之契約候、雖然日学ハ時任名字也、彼名字中タ《（漂）》、ヨフ時、福永名字当出頭故、日揚ノ姉福永伊豆ノ守ノ女中ナル故、日揚ニ寺ヲ被譲タリ、其時ノ伊藤殿御台ハ伊豆ノ守ノ娘也、日揚ノメイ《（姪）》也、日揚ハ俗性《（姓）》ハ平賀伊藤一家也、然間日穀恨ヲ含ム、日穀モ時任名字也、依之其後血脈ニ可入由、約束有テツラル《（吊）》、間、不及力、前代ノ事ヲ今ツクリカエ《（作替）》、先師日学ノ手跡又諸寺ヲホヘ《（覚）》治定ノ処、新儀如何、乍去上ノ口ノ訴訟ノ間、任其儀候、於後日非難ノ方可有之候間、委書置処也、当寺《（妙本寺）》ニアル血脈ハモト《（元）》ノマヽ《（侭）》ニテ置也、前々ハ於筑紫ニ学頭ハアカ《（上）》リ、定善寺ハ昔□□所礼也、然処此義故、両寺地盤中ワルシ《（悪）》、今度日我下向ノ時、両寺ノ坊主ヲ高松ト云所ノ中途ニ招請シ、自今以後世出共ニ同位也、寺輩《（等）》ノ所礼タルヘシ、於ハ中日向ニ、定善寺客人ナル故、盃ヲハシメ《（始）》学頭坊テイ《（亭）》主タル間、行事ヲハシメ《（始）》ラルヘシ、於テハ上日向者、学頭坊客人ナル間、盃ヲ始メ定善寺行事ヲ始メラルヘシ、是同位同輩ノ義《（儀）》式也、於後日ニ世出相論アルヘカラス、学頭ハ本寺ノ上人ノ代官ニ仏法サタ《（沙汰）》ノタメ《（為）》在国也、定善寺ハ九州ノ惣跡也、依之如此両方共ニ互ニ引付ナクンハ、縦ヒ本坊主也共本山ニ許用アルマシキ由、定畢、本寺《（妙本寺）》ヨリ書札等モ両寺へハ可為同前也、

一、学頭築《（筑）》紫ニ有故ノ事、日睿信行志学相応ノ故、日礼ノ代迄、如本山ノ信心化儀ツヽ《（恙）》カナク候シ処、日掟ノ代ニ従他門入学ノ後、於九州ニ造仏読誦ハシメ《（始）》ラル、智者学匠ノ故、アラソフ《（争）》人ナシ、日安下向ノ時、少々アラタメ《（改）》ラルレ共、不行道、日朝ハ其頃早田・寺迫ヲ持玉フ、サウテ《（早田）》ハ本覚寺、寺

迫ハ本実坊ト号ス、サウテ(早田)ノ末寺也、日朝登山住山ノ時、日永日要談合有テ、今ノ分ナラハ九州ハ他門ニナルヘシ、日朝ヲ当寺(妙本寺)ノ学頭ニシ住山サセ申シヨリ九州ニ下シ申シ、仏法ヲ警固シ学頭職ヲ九州ニ立置テ可然由、談合アツテ発頭日安・学頭日朝ト一度ニ両役者ノ補任ヲ書付、判ヲスヘ(据)日永ヨリ相承也、依之日朝ハツクシ(筑紫)ニ在国アリ、折々登山アリ、日要ハ日朝ノ弟子トシテ節々同心ニ登山アリ、定善寺ノ日守ノ代ニ神領カクコ(格護)・ミヤツクリ(宮造)ナト(等)ノ謗法故、本末不和ス、其時モ日朝・日要・日守ヲ同心アツテ事スマス(済)、下向アルヲ朝要両師執持故、日守出仕有テ本末一味シタリ、其外サマ〳〵(様々)ノ事雖有之、朝要両師ハ終ニ謗法ノ方ニ同意ナシ、其後本永寺・本蓮寺日朝ヲ其主トシ日要建立アリ、長享二年日朝ヨリ日要ニ学頭職ヲ相続、次ノ年延徳元年日要登山、其侭上人ニ成給フ也、故ニ日朝存命間、学頭職用々又弁済アル、延徳元年ヨリ首尾十年メニ明応七年ニ日朝円寂、其年日要下向アリ、五ケ年御滞在、明年文亀二年癸戌(ママ)上落(洛)、其時学頭職ヲ顕本寺日杲ヘ相続、本寿坊トテ日学ヲ証人トシテ遊シタリ、後々取合ノアラン事ノ未来記如此、学頭ノ寺号ハ本寺也、旦那・所領モ無キ故、顕本寺ト両寺一寺ニシテカ、ヘ(抱)ラレヨ、世俗ナクンハ本末談合造作評定可難成トテ、何時モ従顕本寺相抱学頭ヲツ、ケ(続)ラレヨト云置文、日要置文ノ御筆顕本寺ニ有之、仍テ従日杲顕本寺日寿ハ学頭相続、日寿ハ日杲ノ舎弟也、日涌ハ日寿ノ甥也、依之顕本寺ヲユツラル(譲)、幼稚ノ間学頭職難成間、顕本寺衆ナル故、日任ニ従当寺(妙本寺)相渡ス、日任円寂故、又日淳ニ相渡ス、日涌登山ノ時、従日淳可有相続由、学頭坊補任ノ本尊ヲ出ス、不幸短命ニシテ円寂ノ間、今又日淳学頭分也、於後日ニ誰成共、顕本寺住持ノ方ハ学頭職可相渡、縦ヒ雖為幼稚若輩無学也ト、本山ヘ引付、本末ノサタ《(沙汰)》ハ衆中可弃廻間、物事ニハ顕本寺ヲイタス《(出)》ヘシ、是日要ノ御遺状ニ日我ハミタ《(見)》リシ也、顕本寺ハ日掟ノ隠居所トカク《(兎角)》被申方ハ仏法不知案内也、従本寺《(妙本寺)》学頭職ヲタマ《(給)》ワリ頂戴ノ上ハ誰成共何ノ寺成共、上人ノ御下知次第タルヘシ、日朝モ寺迫本実坊ノ成アカ《(上)》リ、日要モ本蓮寺惣持坊ノナリアカ《(成上)》リ、是等無分別ノ故也、其上未来記ニ日学ヲ証人トシテ譲状ヲ遊シ惣門中ニ一ヘン披露シテ不可有他見トアツテ御判アリ、是ハ為後日ノ委書付也、末寺代々血脈ノ目録ニハ本永寺学頭職ナレハ日任・日淳ハ可入也、顕本寺、私ノ代々ニハ日任・日淳ヲ不可入、夫ハ日寿・日涌トアルヘシ、職ハシレス、昔モ身延ニテハ日向学頭職也、日伝ノ時ハ日賢学頭ノ分也、依不和ニ従当寺《(妙本寺)》職ヲトリハナ《(取放)》ス也、日永ノ時ハ本学《(覚)》寺日朝へ被相渡、日要モ日杲へ渡給フ、信心如前々本寺《(妙本寺)》ヲ於被守、日要・日我カ下知ノ如ク顕本寺ニ学頭職ヲ置、本永寺可被抱也、於仏法背ニ不可有其儀、仏法違背無キ処ニ、学頭職ヲイヤ《(嫌)》カル人ハ本寺《(妙本寺)》ノ下知ヲ用間敷ト云儀也、是則本寺《(妙本寺)》背違《(ママ)》ノ人也、雖為学頭、仏法ニソム《(背)》カハ不可用之者也、爰元能々本末ノ方々可有分別者也、

一伯耆阿日道六ケ条謗法ノ事

一大石寺別当職事

二日興ノ御弟子ニテ日目ノ御弟子ト被名乗事

三大聖人御筆御本尊自先師理境坊被給ルヲ、横シマニ被押留事

四玉野大夫阿闍梨《私云日尊御勘当ノ内ノ事也》ノ供養物被請取事

五未処分跡被押妨事

六病人ノ事、日興上人ヲカシカクホノ癩人ト被申事

右条々ノ事、建武二年ノ春、彼日道先師日興・日目ニ重々被背申間、其後六月十七日大衆同心以日睿為問答、口ト有教訓六ケ条、上ニ自分四ケ条惣シテ十ケ条申改、大衆烈（列）参下之坊有教訓、日道無改転故、衆従一同ニ被中違、日郷モ此時者入御給、仍日興・日目・日郷為御門流人、於末代存此分不可同心者也、本云於御本山日礼書写申、

日道謗法ノ事

此本者、日我九州下向ノ時、於定善寺以日礼筆跡写之者也、天正六年頃二百年ニアマル（余）也、昔ノ人カキ（書）タル本故写之、アマタ（数多）是アリ、自上代ハ当寺（妙本寺）ニアリ、此本ハ日礼所持ヲ写也、

波木井四ケ条ノ謗法ノ事

一、富士一跡門流存知トフル（ママ）、興上（日興上人）ノ御作ノ抄内ニ有之、釈迦如来造立供養シテ可為本尊是一、次ニ聖人御在世九ケ年間被停止神社参詣ヲ去年始之、二所三島致参詣是二、次ニ一門ノ勧進ト号シテ南部郷ノ内フクシ（福士）ノ塔供養奉加有之是三、次ニ一門ノ仏事ノ助成ト号シテ九品念仏道場一宇造立シ荘厳之甲斐国是四、已上四ケ条ノ謗法ヲ教訓スル処ニ日向許之云云、依此義其年月日与波木井入道子孫永以師弟之儀（義）絶畢、仍不被通御廟者也矣、

波木井ノ弥六ヲ其時厚（原）殿ト云、其方へ興上ヨリノ御文ニハ三ケ条アソハシタリ、御文云ク

此事ハ三ノ子細ニテ候、一ニハ安国論ノ正意ヲ破リ候、二ニハ久遠実成如来ノ木像ヲ最前ニ破リ候、三ニハ謗法ノ施始テ被施候云云、世流布ニハ波木井三ケノ謗法四ケノ謗法ト両様ニ云ナラワスハ此

二筋也、合テハ同事也、日道六ケ、此上ニ日睿ノ自分ニ四ケ条被加、合テ十ケ条ノ謗法也、日睿ノ四ケ条目ニ乱□紛失スルカ当寺(妙本寺)ニハナシ、末寺ニハ可有之、可尋、興上身延離山アル事ハ波木井謗法ノ故也、大石・小泉不和、従上代義絶アルハ日道謗法故也、文云当寺(妙本寺)有之平人モシラテ(知)不叶事候間、二ケ条ノ事書置也、其余ハ枝葉ナル間、不書之、波木井四ケ三ケノ習合事、安国論ノ正意ヲ破ト云ハ専ラ社参ノ事也、フクシ(福士)ノ塔供養念仏道場造立ハ謗法施被始同事也、自元釈迦造立ハ同事也、然間四ケモ三ケモ用捨ノ不同也、安国論ノ事ニ社参モ謗法供養モ可入也、条カキ(書)ノ時ハ可被取分也、是体ノ事、於末代深クシラス(知)人モ可有間、委書ノスル也、

一、富士久遠寺ノ事、富士ニモ当寺ニモ置文ノ巻物アル間別シテ書ノセス(載)、於後日ニツクシ(筑紫)当寺ヘノ本尊代官分ノ人ニカ、セ(書)カケヘカラス、富士計ハ従上人不申請人ハカ、セ(書)申テモ可懸歟、代官分ノ人ニ本尊ノ判形不可有赦免、兵部卿ニユルシ(赦)候ヘ共、無堪忍候間、此用捨不入事也、殊ニ上人号、於末代曽以不可叶、昔モ無之、何況於末代哉、上人ハ一人ノ外不可有之、流布ノ富士ニ住ノ時、当寺(妙本寺)ノ上人登山可有之也、只今ハ其代官ニ置ク出家迄也、此学頭坊日朝・日杲ノ上人号ハ贈官ノ心得ノ上人号也、於公場押出シテ不申間、里ノ阿闍梨ノ心也、且ハ学頭、且ハ遠国ノ故也、是モ於末代不可有之由、書付ヲツクシ(筑紫)ニ渡置候、後日ニハ雖所望ト、不可相叶候、是ハ有先例、富士代官職・定善寺其外時ノ修学者ナト(等)ノゾミ(望)ノ時、不可有赦免、証拠ノタメ(為)ニ日杲・日寿・日我談合申候、於後日ニ学頭職ノ人ニモ上人号不可有免許由、定置候処也、一段日我下知不可為違背者也、

一、築紫(筑)ノ事、当寺(妙本寺)直受ノ末寺ハ、於中日向顕本寺・妙円寺・蓮徳寺也、上代中日向三ケ寺、恐クハ

是也、本永寺ハ自元学頭坊ノ事ニ候間、不及沙汰、本蓮寺・要法寺・妙興寺ナト《（等）》ハ学頭一筋トシテ勤行ノ役者可得其意者也、日要置文有之、本永寺ノ末寺ニハ非ス、扨又学頭ノ指南也、要上ノ中日向三ケ寺ト遊シタルハ本永寺・本蓮寺・要法寺ノ事也、妙興寺ハ近所ナル故、三ケ寺ニ属ル也、於上口ニ当寺《（妙本寺）》直末ハ定善寺・早田ノ本覚寺・細島本要寺也、其外ハ定善寺ノ末寺也、ウスキ《（臼杵）》ナト《（等）》ニモ昔ハ直受モ有ケルヤ、今ハサタ《（沙汰）》ナシ、本東寺ナト《（等）》ハ直末寺ト云人モアリ、又日掟上人建立ノ地故、定善寺ノ末寺共云ヘリ、今ハ及兎角故歟、追テ可糺者也、

一、蓮徳寺ノ事、先年日我下向ノ時、他宗伊藤相州ノ地主故、俗難出来間、坊主ハ他所ニ移ル、地形・仏ハ其侭ヲカ《（置）》レ顕本寺ニ従相州被渡、依之従顕本寺カクコ《（格護）》也、学頭ノ故、当寺《（妙本寺）》ノ奉公トシテ被抱、依之於後日ニ血脈ヲハ他所ニ被移、坊主ヨリ当日蓮徳寺ニ住ノ方ニ可被渡由、日涌計ニ談合申シ帰国候処、日涌逝去候、今迄相州長久候、他所ニ移候、如意坊ハ死去候、共時血脈ヲ惣光坊ニ渡候、日涌日我ハ内談ヲハ如意坊ハシラ《（知）》ス、相州ハ存命シ候故、血脈イカン《（如何）》ノマヽ惣光坊ニ渡候歟、然間惣光坊主モ蓮徳寺トナラレ候、自元蓮徳寺ニ被置人モ蓮徳寺ト名乗候、日涌逝去ノ間、不及是非ニ、於学頭坊スミ《（済）》候ハ尤候、若ハ不事行者、血脈ヲ従惣光坊今ノ蓮徳寺ニユツリ《（譲）》、惣光坊トテモ要法寺ノ御影ヲアツカ《（預）》ラレ候間、要法寺ト名乗リ蓮徳寺ヲ隠居ノ分ニテ可然候、如意坊ヨリ惣光坊血脈ヲ被渡候間、従惣光坊当蓮徳寺ユツラ《（譲）》レヘク候、如意坊ヨリト存候ヘ共、如此候間、此分申、要法寺イヤ《（否）》ニ候ハヽ、本蓮寺ヲ再興候テ可然候、且ハ日要ノ御寺日円跡ト、且ハ要耳・要安帰依ノ寺ト云、若シ当日取立ル人無之候ハヽ、此義尤候歟、明日ニ至テ不知候間、書置候、可有談合候、トニ《（兎角）》

カクニ蓮徳寺ハ顕本寺ノ私末寺ニテハスム間敷候、本尊・御影モ御照覧、其趣日涌ニ申談シ置候、
諸人ハ被存間敷候、

一、於久遠寺袈裟懸候事、路銀自由ナラハ登山可有之、若無路銀者公物ヲ富士へアケ《(上)》其後侘言可申、無ハ便供物ヲ自分ニ案《(安)》置候カ、不然ハ結衆ノ中ニヲク《(置)》ヘシ、是ハ非私候間、当寺《(妙本寺)》請取アツカル《(預)》事、不可有之、何マテモ其主ヲハナサス《(話)》結衆ト談合候テ公物披露ノ已後カケ《(懸)》ヘシ、誰成共可申請方ハソハヨリ公物合力アルヘシ、無其儀ユルサレ《(赦)》間敷候、此義御破候ハ久遠寺ニモ当寺《(妙本寺)》上人ニモ可為不義、自元上人タル人モ自分ヨリ本寺ニモノホセ《(上)》ス、公物モイタセ《(致)》スシテ無里《(理)》ニ赦免不可有之、上人・衆中此旨ハ可被存候、此義ハ日我円寂候共、無沙汰不可有之、大切事候間、書置候、只今モ末進ノ方ハ其調可有之候、此一義両寺長久ノ間ハ可為如上代候、従モ富士可被申御内証モ大節《(切)》候、縦ヒ不如意ノ方ハ公物ヲ少分モ上申シ可有侘言候歟、少モ上不申候テカケ《(懸)》タル人ハ、先代モ近代モ不及承候、於後日ニ衆中此旨可被存者也、御内証大切間、書置候、久遠寺ニモ先年日我此由置文候間、可有分別、相構々々此義違背不可有之者也、富士へモ此由可書登候、各々可有其心得者也、

一、香花勤行御影供祈祷引導等ノ事ハ門家ノ大事ナレハ顕露ニ不書置、化義案内抄一帖在寺家、志ノ方信心崇敬ノ方ハ可有丁聞《(聴)》也、不及書記、先不入而不叶条々計已前已後ノ事、書付也、仍後記如件、

天正六年《(一五七八)》戊寅四月廿二日　記者七十一才日我判

追書

一、大聖《(日蓮)》已来三四代ノ事ハ譲申状又大聖記等ニ、乍去不智案内ノ人ノタメ《(為)》ニ少々書之、高祖《(日蓮)》貞応元年

壬午御誕生、十月十三日誕生日也、但シ六十一《在口伝》才、弘安五年亥午《(ママ)》十月十三日御入滅也、日興ハ八十八才、正慶二年亥酉《(ママ)》二月七日、俗姓ハユ井《(由比)》御名字也、雖有異説、此説本也、日目ハ正慶弐年癸酉霜月十五日七十四才御円寂、七十三ト有ハワルシ《(悪)》有本有之、七十四ト申本モアリ、七十四才ヨシ《(良)》、余多ノ目録ヲ見ヘシ、俗姓ハ新田藤原氏本也、源共アリ、可尋之、是ハケス《(消)》ヘシ、伊豆ノ山ノ御チゴ《(稚児)》ソタ《(育)》チ也、開山ト同年御円寂也、奏聞四十余度、大聖《(日蓮)》・開山《(日興)》同時ノ御修行也、度々諸宗諸門ト問答有之、委在別紙、日郷ハ俗姓ハ太田越後生国也、出羽国小比睿山ノチコ《(稚児)》ソタ《(育)》チ也、文和弐年亥巳四月廿五日御円寂也、六十一才、内外典被集経蔵アリ、衆中連々紛失也、

一、学頭日朝ハ俗姓ハ新名々字也、明応七年戊午六月二日円寂也、八十八才也、大学匠、於本蓮寺老体ノ上夏中百日年々御法事アリ、山テラ《(寺)》ナル間、丁聞《(聴)》ノ衆ナキ時ハ要法寺要明坊父母孫セウ《(勢)》ノ夫婦計時、御説法尚々高聲ニ被成ニシテ、イワレ《(謂)》ハアタリ《(辺)》ノ草木、キツ子《(狐)》・タヌキ《(狸)》・瓦礫ニキカセ《(聞)》ヘシト云云、或年ハ如来応供○尊ノ十号ヲ百日ニヨマ《(読)》レ、或年ハ自我偈、或年ハ如是我聞ノ通序ノ五義百日法談也、此事日我亡父要耳・日我カ叔父日円ノ常談也、所化名ハ前司公、坊号ハ一乗坊ト申也、於当寺《(妙本寺)》ニ禄《(録)》内御抄百十三帖ノ尼崎ノ経ノ抄等其外台家・当家ノ諸聖教、日安ト同心被書置、紙墨筆等ノ造作日永ノ被成シト、老僧達ノ雑談也、日杲俗姓ハ福長《(永)》伊藤一家也、所化名ハ寿永坊、号ハ本寿坊ト申ス、天文十四乙巳二月廿五日円寂也、本末ノ仏法再興、当家ノ法門三業相応ノ信心也、日寿天文廿一年亥子《(ママ)》二月三日円寂也、日任ハ俗姓ハトヤマ《(外山)》、弘治三年丁巳五月廿一日円寂也、日淳俗姓ハ長谷川、日涌ハ永禄十一年戊辰五月朔日円寂也、学頭次第ハ日永・日朝・日要・日杲・日寿・日

任・日淳・日涌、委ハ上ニ書之、此外ハ不書、追書如件、

于時慶応三(一八六七)丁卯五月五日書写之畢、

定善寺廿八世
日涌阿敬白

為両親要讃日妙
妙要日讃菩提者也、

第五章 「年中行事帳」

【解題】

安房妙本寺関係史料のなかで特異な位置を占めるのは、戦国時代の学匠日我が天文十四年（一五四五）十二月十日に纏めた「妙本寺年中行事」である。近世成立の「年中行事のうつし」（本書第Ⅲ部第七章）に「我師年中行事ニ有」という表現もみられ、或る段階まで原本が妙本寺に存在していたことは間違いないが、現在妙本寺には、その原本も写本も存在しない。ただその写本と思われるものが、かっての妙本寺の末寺日向定善寺（宮崎県日向市財光寺字山下）で確認されるだけである。[1]この定善寺本は、『宮崎県史史料編中世1』（一九九〇年三月）と『千葉県の歴史資料編中世3（県内文書2）』（二〇〇一年三月）に全文紹介されている。

この「妙本寺年中行事」は当時の様々な情報を発信してくれる貴重な史料であるが、解読に困難を極める史料でもある。それ故、その解読には、様々な方法的錬磨が要請される。その一環として、妙本寺に現存する近世の年中行事書、「年中行事帳」（本章）・「年中行事略帳」（本書第Ⅲ部第六章）・「年中行事のうつし」（本書第Ⅲ部第七章）に注目し紹介する次第である。

まず本章で紹介する「年中行事帳」（以下、「行事帳」と略す）の形態は、横帳仕立ての一冊本である。法量は、縦三十七・六糎×横十三・〇糎で、墨付十九丁の構成である。その表紙と裏表紙は、次の通りである（写真版を参照）。

（表紙）

「□□　慶応元年

年中行事帳

□□　月吉日　」

（裏表紙）

「　中谷嶺

出事役控　」

この表紙から「行事帳」が慶応元年（一八六五）十二月吉日成立の産物であることがわかる。時の住職山口日勧の時代である。その意味では、江戸時代最末期の作品と位置づけられる。本文中の年号明記の記事は、「慶応元乙丑四月より始」という文言のみであるが、干支の記載は、数ケ所みられる。朱書き（後筆）部分の多くは、「戸長役場へ」などの表記がみられる如く、明治時代に入ってからの書き込みと推察される。

問題は、その成立に至る事情如何である。その点、本文にはなんら記すところがない。ただ裏表紙には「中谷嶺　出事役控」とあり、「行事帳」が支坊四坊（山本坊・西之坊・久円坊・下之坊）と区別される本寺＝妙本寺＝中谷山の出事役（執事役）の控帳として作成されてことを示唆する。その点で、「行事帳」は、家産管理の責任者としての執事が寺院の年中行事を纏めたものと評価される。正確には「中谷山執事役控」であったのである。

ただそこには、寺院の内在的状況とか政治的状況とかを看取することはできない。この前後、妙本寺は、安政五年（一八五八）十二月七日に御影堂・天堂・客殿を焼失するという事態が出来し、以後元治元年（一八六四）三月客殿（現存のもの）が再建され、慶応二年七月に御影が同所へ移されるまで一種の混乱状態にあった。「行事帳」は、こうした混乱の渦中での産物にもかかわらず、その件に係わる片言隻句《へんげんせっく》も窺うことができない。

なお、この作成に際しては、「別帳ニ有」「別帳之通リ」「古帳ニ者」などの文言があることから、様々な種類の帳簿を参照し、記録として残そうとしたことだけは確実である。

ところで、「行事帳」の現存の有り様は、本文の最後に「昭和十八年秋裏打　遠本寺伊藤祥岳時ノ住持ヲ佐ケテ行フ、紙ハ昭和ノ初大石寺閑居堀日亨上人ノ寄贈ニ依ルモノナリ」とある通り、昭和十八年（一九四三）の秋に裏打ちされた結果であった。時の青木日邦（?～昭和二十六年〔一九五一年〕八月八日）は、併せて「古書類多数」を「裏打」して、それらを「風入レ」（現今の「虫払会」のことか）の折に長持に納めたのであった。(2) それに先立って「堀上人ヤ古書鑑定ノ権威稲田海素師ノ證明」をえたという。稲田海素師（日達。明治二年〔一八六九〕十一月一日～昭和三十一年〔一九五六〕二月二十六日）は、御書（日蓮遺文）の普及と現今の「祖書学」（宗祖の真蹟研究）の基礎を固めた先学として知られた人物である（『日蓮宗事典』東京堂出版、一九八一年一〇月）。

そして、「行事帳」の裏打ちの料紙には、大石寺の堀日亨師寄贈の紙が使用されたという。その他も同様であったと思われる。堀日亨師が昭和初期（三～五年頃か）に妙本寺にしばらく滞在し多くの写本を作成したりして、それを大石寺雪山文庫に残したことは、堀『富士宗学要集』所収の諸本（例えば、「日順雑集」や「日眼《にちげん》御談」などの奥書を参照されたい）によっても明らかである。その意味で、この件は、その関係の一端を窺わせてくれる貴重な一齣といってよい。

「行事帳」の内容構成は、A「元朝定勤之後」以下、B「湯定日」以下、C「年玉遣方控」以下、D「〇年中行事帳」以下、という具合に四分類される。ただDは、裏打ちに際して、時の住職日邦が事の次第を記したもので、本来的なものではない。その意味で、ABCが主要な構成ということになる。Aは、元旦から晦日に至る妙本寺の宗教行事を中心に記したものである。Bは、湯定日の列記以下ほぼ新説僧《しんせつそう》に関する記事といってよい。Cは、妙本寺から檀家の人々に遣わされたお年玉に関する記事を中心とする。お年玉としての紙（近年までそれに準ずる慣習が存在したと伝えられる）の分量と檀家名の列記である。

すなわち、「行事帳」は、ABC構成とはいえ、Aの部分を基本として、それ以外に特定の行事といってよい新説僧やお年玉に関する事柄を併載して出来上がったとみなされる。分量的にも、Aが最大の比重を占めている通りである。

なお、その中心のAの記載のあり方をみると、宗教行事を遂行するにともなう次第、例えば、御会式の際の江戸買い物以下食事の準備や出費の記載、或いは檀家とのその労働力の負担や給恩をめぐる

表紙

裏表紙

記載などが随所にみられる。これが妙本寺の台所帳簿の如き役割を果たすものであった所以である。家産管理としての年中行事の極みとみなされる。江戸での買い物の記事は、当時の物流の在り方を示す点でも興味深い。その他、婚姻関係なども、存外と江戸との関係が深かったという。

注

（1）なお、拙稿「『妙本寺年中行事』について—その基礎的研究を中心に」（『中世東国日蓮宗寺院の研究』東京大学出版会、二〇〇三年十一月）でも若干言及したが、この年中行事書が最初に紹介されたのは、『富士宗学要集第一巻』（聖教新聞社、一九七四年四月）であった。そこには、それこそ後述の日亨の「編者曰く日向定善寺蔵元文三年了賢写本及外一本に依て之を写す、但し日通、日幽等と三転本にして誤擬多く又古名詞等不明のもの多きも、未だ我師の正筆に接せず」という言葉が載せられているのである。これによって昭和初期に日亨が妙本寺所蔵関係史料を調査した折りにはすでにこの年中行事書（原本及び写本）が妙本寺に存在しなかったことや、この前後において定善寺には元文三年（一七三八）の了賢写本及外一本の写本があったことなどが知られる。その了賢とは、日亨が「当家引導雑々記」の後書きにも「房州妙本寺蔵寛保二年了賢写本」で校訂したと記された人物である（『富士宗学要集第一巻』）。そして、了賢写本及外一本の写本は、日通、日幽などの三転本であったという。その日幽は、妙本寺二十八世（元文五年〔一七四〇〕五月十日死去）として知られる人物である。すなわち、日幽の写本が存在し、その転写本が了賢写本及外一本であったと解釈される。当時の本寺・末寺間での写本をめぐる交流の一端が窺われる。ただ現在定善寺には、写本一本しかなく、しかもそれには奥書など一切失われており、そのいずれかは確定できない状態である。一九五九年三月作成の宮崎県立図書館編『宮崎県郷土資料目録』にも、定善寺文書が列記されているが、それも目録として万事不行届で参考になしがたい。

（2）例えば、天正四年六月十一日付唯我尊霊百日記断簡（「妙本寺文書」二〇七）や日我妙松追善記案（「妙本寺文書」二〇八）などの端裏には、「昭和十八年秋、時ノ住持ヲ佐ケテ遠本寺（鴨川市大山村（旧）ニアリ）伊東（藤）祥岳之ヲ裏貼ス」とみえて、この事実が裏付けられる。ただ前者も後者も、紙継ぎが極めて不十分な形でなされており、必ずしも慎重な配慮に基づく処置が講じられた様ではなかったかにみえる。妙本寺には、一九四三年五月に新調された長櫃が現存するが、それには、青木日邦・執事妙顕寺（片寄）海照房・開基檀頭（笹生俊助）以下の名前がみえる。この段階の長櫃新調と古文書補修が密接に結びついていたことを示唆しよう。また開基檀頭家には、その際に新調されたと思しき年号明記の木札のついた鍵も現存する。すなわち、一九四三年が妙本寺にあって古文書保存処置上重要な年であったと評価される。その後、妙本寺では、鎌倉日櫻師のもとで「聖滅七〇〇遠忌記念」として一九七九年二月から一九八一年一〇月まで古文書類を中心とした「寺宝大補修」が実施されたが、その際にもそれらを納める長櫃が新調されている。

※　○穴

（表）

○
昭和十八年
五月八日
本山妙本寺

（5・2糎）

（2.5糎）

（裏）

○
宝物筐之合
鍵箱之御鍵
ナリ

【史料本文】（原則として旧字体や異体字・略字などは現行の常用漢字に改めた）

元朝定勤之後、御祈祷
之御経但し寿量品七巻
　尤朝八ッ時起し番最早
一番鳥ニ御座候、半鐘可申打哉与
　伺可申なり、
　　可き然与之仰承り半鐘
　　可打申、
半鐘打、塔頭御茶之間
台所等起し廻ル也、御上之
手水等相済、若水汲可申事、
　二番半鐘なり、
　尤伺申而御指図受被申、
扨半鐘之次、太鼓、次ニ衆来、
　往古者、半鐘之次、法螺吹候者也、
　近来法螺不吹也、

両灯明蠟燭香炉散花之
御茶五葉之房花御机ヘ直ス、
　三番鐘者、法界之御難
　之時刻也、
　　御経之内両度程
　　御湯□可申也、
御祈祷之内御堂客殿
御雑煮上ル、
　右者、味噌汁ニ而大根里芋
　往古ゟ嘉例□
右之三朝共ニ同断也、
尤も御祈祷御経之多少心得、
　書院之支度可致也、
書院ニ而大衆弐礼也、
御祈祷之御経頃ゟ同断、
掃除致候、

火鉢　焼竹盃
御茶抔用意、
三組　盃
重詰　納豆一　蕗の薹一
　　　　　　　夜染一
喰積　三ツ組者、村役人
　　　平盃者、平旦中
昆布　葛　用意、
同日朝六ッ半時ゟ両村
ゟ年礼ニ来ル、
客対年老相勤可申、
名主・村役人又重立候者へ
御対面在之、
玄関帳附、尤無人ニ候ハヽ、
門前ニ而見立可申附事、
台所役弐人
給仕之子供、十一才位十五才
位迄之子供弐人宛夕番ニ可呼中也、
同日晩八ッ時
御堂御膳御法味
御灯明蠟燭香炉散花之御花
等指図不相待而信心ニ染而可致、
物而人手越兼不申、荘厳而麁略
無之様互ニ気越附可申、是併
所作仏事信者荘厳より起ル、可思之、
御膳料理者、夫々之僧侶
見廻リ、麁末無之様器迄膳
之表裏等ニ至迄気を附可申也、
御廟参　机香炉打金
　　　　床机
　　　　御洗米等
　　　　　供弐人
客殿出仕也、
百姓年始之御礼申上、
盃戴、

　台所ニ而酒出ス、
二日
大旨元日之通リ、
但シ御祈祷　寿量品五巻
　　　　　其心得ニ而書院
　　　　　支度可有之、
晩八ッ時御堂御膳御法味、
後塔中年礼出御、
　但し附木代五拾文宛、
御廟参上申候、
客殿出仕、
　若湯立水事、
此日下佐久間・宮之谷・梅田
御対面有之也、又山方ゟ大方
当日之御対面之仁ヘ者、三組
盃出ス、済次第台所使者之
間ニ而雑煮ノ吸物ニ而酒出ス也、
五ッ時比大行寺ヘ御使僧

　茶袋弐袋　挾箱用意、
客殿出仕、
三日
大旨如前、朝御祈祷三巻也、
御堂御膳なし、其心得ニ而書院支度
但晩出仕なし、　　　可申也、
年頭進物之差配致置可申也、
四日
　諸檀中年礼
吉浜通　　久円坊大坊兼、
大六・佐久間　下之坊同断、
合戸・宮之谷　山本坊同断、
萩生　　西之坊同断、
勝山通　　大坊使僧
尤勝山者、城内行間、下之坊来、夫々

之僧衆勤可申、繰合可然也、
進物者、方丈ニ而
　支度、塔頭取次分
　　なし、
別帳ニ有、
朝夕百姓供之者飯出ス、
　晩者けんちん（巻繊）
　　酒なし、
七日　朝客殿出仕後、
御堂御粥上ル、
　御拝帳（配膳）其席也、
　　大行寺・妙顕寺も
　　登山有之也、
十日
門中登山湯立可申、
　働役　見合可申事、

三升三百文　役末ゟ来ル、
弐升弐百文　平末ゟ来ル、
十一日
朝出仕、
四ッ時物読初後、
書院ニ而
門中衆へ雑煮吸物盃也、
此日比於太福・狐来ル、

白米
　壱升捻弐ツ　おかめ（阿亀）
　　御一軒分廃し十四年二月六日ニ来ル、
　　旧正月八日
　〃五合捻弐ツ　狐　○天保五枚遣ス、
　　同断廃し候処、二月十九日
　　旧正月十七日来ル、
　　○天保三枚

十四日晩
御堂御鉢　番計、
客殿出仕、
　衆中ヘ夕飯出ル也、
十五日朝
御堂御膳、但シ小豆粥也、
　二月　興師(日興)御講
七日御膳上ル、
六日晩御逮夜近末登山、
　出仕也、　堂番計也、
御講当番之仁御逮夜より
御膳之支度可致事、
御廟参有之、
　遠門中　白米五合
　塔頭　〃　三合
　右御供養米也、
慶応元(一八六五)乙丑四月ゟ始、
講檀中参詣有、
　三合宛持寄、尤当番ニ而集納ム、
宗門人別改、一統也、
　控書取置可申事、
彼岸中説法
　但し中日者、御本院
尤物而説法之節者、不論上部
下部出席可有之、且前後共
荘厳而朝登之元等大切ニ候、
相互ニ気越附可申、別而
役僧者内外共ツね(常)ニ心ニ掛

差配之仁也、然者、衆中同様ニ
者心得有間敷事、万端
ニ付不行届之節者、役割之無
念賄方等之後見同様也、
努々疎ニ心得有之間敷也、
　山林荒地無之様
　松苗植時可申附事、
尤右者名主之役ニ候得とも、
可申渡事、

三月三日
　朝　客殿出仕、
御堂御膳、
地(寺)内百姓共御礼名主計、
手ニて茶壱ツ□御盃戴、
　相済納所ゟ
　　酒代四百文遣ス、

　里芋抔之種植附可申也、
十二日　月置之初也、
　説法有、
十五日説法有、
十六日御石山御参詣也、
(後筆)「四月二日
　大宣院御法要奉修」
　四月廿四日
門中登山、御開山(日郷)御逮夜、
客殿出仕、
御堂御鉢番計也、
廿五日朝客殿出仕、
御堂御膳、
　御廟参有之、

法事料門中又者
南七ゟ来、
(笹生)七郎兵衛詣リ無之節者、
送リ膳仕来也、
門中末平共其外百文、
南ゟ五拾疋、
此時節海雲為取置
可申事、
尤名主へ申付候事、

五月五日
朝客殿出仕、
御堂御膳上ル、　衆中へ飯出ス、
(寺)地領百姓へ御盃三月三日
之通リ四百文酒代遣ス、

六月
伊東殿へ暑中見舞状、

尤役僧方之諸用留ニ文段も有、
納豆仕込之事、
大豆　壱斗
小豆《麦》　六升
塩　三升
水　九升
大麦搗せかし事、女役
昼飯出ス也、尤麦飯也、
盆薪用意之事、

七月
朔日より諸旦中盆供
来ル、

七日
御堂御膳上ル、

百姓礼なし、

十日惣役ニ而大門御墓之辺掃除、

白米　弐升遣ス、

女役弐人　鍋釜炭かき（掻）也、

十三日■■夕八ツ時

御堂出仕後、棚経行定、

十四日

朝御堂御膳、但し御堂番計也、

夕出仕なし、

十四日十五日両日　働役弐人

給仕子供弐人

十六日迄名主出張、

十五日朝

（異筆）「朝」御堂御膳上ル、

御廟参　働役之者

御供致ス、

十六日

出仕無之、御堂御鉢番計也、

昼　貫主御説法後、

御拝膳有之也、

十九日夜　門中之内ニ而

説法有之也、

役末平末門中登山也、

廿日朝出仕、

昼御虫払後、書院ニ而

門中両村役人江素麺之

　吸物盃出ス、
素麺代壱分位用意、
　古帳ニ者、六百文与有、
働役　弐人歟三人見合、
美濃紙十反
半紙　壱状　両紙共六ツ切也、
御堂賽銭
　道心者之役也、弐百文遣ス
八月朔日
御堂御膳上ル、衆中朝飯出ス、
彼岸七日之内説法也、
但し中日者、御本院
九月九日
御堂御膳上ル、衆中ヘ朝飯、

十二日晩御堂御鉢、但し
胡麻牡丹餅上ル、
　夜説　御本院
牡丹餅之〔女役三人〕拵分量人数
次第也、旦中ゟも来ル間、
其覚悟ニ而拵ヘ可申也、
但し米之儀者、地内（寺）ゟ餅米
五合粳五合宛軒別来ル、
糯米ハ御年貢之節差引、
但し六合ニ而也、
　大豆ニ而も緑豆粉ニ而も用意、
濁酒用意、
九月廿日頃ゟ心懸可申也、
玄米壱俵　酒米也、
　糀　弐斗
正月　酒迄間ニ合申也、

十月
御会式　江戸買物急キ可申事、
大根　五拾本位、
牛房　二斗也、
人参　同断、
里芋　是品正月分迄調置可申候、
椎茸
干瓢
水蒟蒻
豆腐蒟蒻
油揚
三島苔
惣菜者
　大根　油揚　里芋也、
御堂御膳之仕方心懸置可申也、
五日

物
御盛米飯米取立也、
糯米　玄米七斗　中古迄者、六斗也、
飯米　五俵
から粟　弐斗位
　未申両年極々高直ニ付
地(寺)領御寿(年)七歳子供等ニ
弐拾四文宛遣ス、
大概弐拾七八人位也、
六日
右惣役ニ而搗セ可申也、
臼廻取置白米五升ニ致、
　勝山　番太郎ニ遣ス、
十二日夜ゟ十三日迄
　安兵衛外ニ壱人弐人来ル、
場連返り咲桜花支度
右塔頭ニ而拾本宛奉納、

八日　餅搗蔵番之外弐人
　白粉別而用意、四升位
餅搗仕舞、御堂客殿へ上ル、
　　名主も呼申也、
夕方鶏頭ニ而染ル也、
九日
　餅切塔頭所化之役也、
十日　当日ゟ十五日迄、併
　　麦飯不遣也、可為時宜也、
盛物飾仕舞次第
御前御見廻リ在之、
成丈気を附可申事、
同日御堂客殿内外
　柿染等塔頭并所化之
役也、

串削役弐人来、
　仕舞次第
　濁酒壱升程
　　可遣ス、尤
　　　好不好有之
　　　　見合、
鍋釜洗役
　女弐人
御堂盛物番弐人役上ル也、
十一日　門中登山也、
　湯立可申事、
昼御説法供廻用意之事、
　御拝帳（配膳）
　百姓共へ晩ニ酒呑スル也、
御堂賽銭者、
発心者又者

下佐久間寺・
宮ノ谷寺抔之
留守居僧之役也、

十四日
御盛物配
　別帳之通リ也、

勝山番人者本々所々ニ書記故、是ニ略ス、
臼廻リ取置、
　臼米五升遣ス、
番人者安兵衛壱人也、
　増人壱人都合弐人、

十一月
十五日
　御講番セ(世)話致ス也、
十六日
　御講　大行寺
　　　　妙顕寺迄也、

講檀中者、十六日参詣也、
廿四日
小豆粥上ル、

御年貢取立上納相済、
役僧　名主
台所ニ而　湯豆腐ニ而
　酒出ス也、
槙木者、寒中ニ
　沢山伐セ置可申也、
此時者、松葉半分程地領(寺)へ遣ス、
十二月十三日
　朔日頃節季候、
　初来候時も弐合也、
　二度目も弐合也、
煤掃　男弐人
　昼飯
　晩者けんちん(巻繊)也、

女役　鍋釜炭やき(焼)
可申也、
節分衆中八ッ時
客殿出仕、
御堂御鉢番計也、
衆中ヘ夕飯出ス也、
晦日
夕八ツ時客殿出仕、
御用多之時者、御鉢上ル也、
御堂者、堂番計也、
御手透次第
御参詣、御廟参有之也、
歳末之御祝儀申上ル也、
百姓共ヘ酒壱升也、
納豆配る事、
別帳ニ有、

廿四日
女役三人鍋釜或
里芋抔洗置也、
廿五日
餅米とき(研)女役三人
廿六日餅搗也、
一白粉　弐升程
(朱書、以下同ジ)
「午年ハ」壱升弐三合位ニ而与也、
一餅　弐斗五升位
小豆用意、
御堂御備
五升ニ四升ニ而
壱備
客殿御備
三升ニ弐升五合位
壱備
「庚午年ハ
山
五升一蒸籠ニテ二升
三升一備宛　三備
厚尉斗餅

菱餅ニ致ス也、　壱升ニテ喰積分二ツノミノ外ナシ」

廿八日門松立、

百姓へ酒壱升　当日正月十五日迄

喰積へ二ッ麦飯不遣也、併其時節可寄也、

三大会帳

駿河半紙　水引

上田四束　壱〆　是ハ寅年上半紙ニ致し候、

其外諸品紙類

附木　茶　干物等也、

大根　弐拾本位　地（寺）中たり候ハ、由、

牛房　三百文

人参　里芋等也、

桃　串柿　昆布

栢　蜜柑　上葛

置菓子　堅炭等之類

見計可申也、

番茶大袋　極大葉ニ而よし　八袋

蒟蒻　豆腐所々ら　年暮ニ来リ候間、見合可申也、

喰積　二餝

芹

蕗台各壱重宛

納豆　三重也、

三ッ組盃　村役人

平盃　平旦中

湯定日

六日　十日　十四日

十九日　廿四日　晦日

〆六度　尤月置有之節者、

十二日也、十日者なし、

一袈裟掛　衆中へ　酒代
　　　　　弐百文　歟、
新説定式
一所化達旦林ニ於新説相勤帰
国後、大行寺始衆中相廻リ
今度旦林大夏末ニ付、新説
蒙御免首尾克相勤帰国
仕候、何卒盂蘭盆之砌、新説
蒙御免度と願ひ申也、
其節
下之坊迄三拾疋持参申也、
七月朔日大行寺登山有之、
及評儀新説之儀
御貫主師へ御願申上蒙
御免其上ニ而新説僧へ
中渡也、
願ひ成就之上者、神妙ニ稽
古可致之旨申渡事、
稽古之儀者、御堂之角ニ
仮宇座張随分神妙于
稽古可致事、
新説之節当日も
新説支度之事、
上下品
諸白　弐樽
素麵　三表打入千把入
　　　半箱
瓜　三百文
頼入申候也、
十四日ニ両村へ使僧口上ニ
明十五日何之申僧新説ニ付
惣村内へ如先例之通御酒
進度候間、村中御同道ニ而
御参詣被成可被下候様ニ
吉浜方へ者、若者頭へ

申遣ス、其節
　十五日早朝也、
酒五升遣ス也、各頭
三四人来ル、礼心なり、
酒そうめん(素麺)出ス也、
酢醤油用意、
素麺者、急度盆之備ニ
遣ふ也、
　御堂客殿塔頭迄也、
右者壱人ニ而も十人ニ而も
同断也、
一冥加料　壱人前
　　　　　百迄宛也、
十五日朝下之坊持参可申、
下之坊ゟ
　御貫主師御披露申上ル也、
一説法相済候ハヽ、両村役人

書院ニ而入麺并瓜の酢の物
ニ而酒出ス也、尤
御貫主師　出御也、
　是者、所化共両村旦中助成
　相成候故歟、
一両村平旦中客殿也、
　瓜　取積
　酢の物
地(寺)内老翁共者、
台処(所)ニ而　酒積出ス、
　両村并吉浜若者
　地(寺)領老人
　　各祝儀来ル也、
座鋪者、若者之座迄也、
新説僧一寸顔出ス也、
夕方客殿出仕也、

一十六日　前説　新説僧
　願申也、
一廿日歟廿一日
　衆人へそうめん（素麺）ニ而
　　酒出ス也、
　祝儀　門中ゟ有之、

　年玉遣方控
一半紙「弐」壱状（朱抹）七兵衛　保田　五反宛
　上田壱束
　　寅年者上半紙
一同断〃「弐状」　久五郎　権四郎
　　　　　　　　　　　　　権太郎
一同断〃「弐状」　七左衛門（笹生）　長八
　　　　　　　　　　　　　上町孫兵衛

一同断〃「弐状」大六　秀輔（榎本）　忠右衛門
「是進物一様故紀年」
駿河半紙也、
拾反宛　時之役人　梅田　拾反　五左衛門
五反宛　村中不残　五反宛　惣左衛門
　八十五軒位也、　市郎右衛門
　　紋兵衛
一五反宛
川　治兵衛　堀田　源七
要　八　平六
湯　屋　半助
伝　助　清四郎
太郎兵衛
清兵衛
向　弥次兵衛　市井原
長太郎
五　介　拾反　名主
保田　拾反宛　五反　平十郎

良右衛門　〃　新右衛門
勘右衛門
善兵衛　仕目
玄　蔵
儀左衛門　拾反　名主
治郎兵衛　拾反　弥五郎兵衛
市井原「駿河壱状」源重郎　仕目「駿河壱状」伝左衛門
右壱組也、　荒井
砂田　三拾三軒　御堂崎六軒
拾反宛　村役人　五反宛　村不残
七十五位也、
勝山
一門札妙典寺　拾反　間《ハザマ》　了　三
一茶御屋敷茶「駿河壱状」半紙■細　屋

一〃　板ヶ谷〃　■■七兵衛
一■■■■新兵衛壱状　山中静
茶駿河壱状　五反宛
拾反　新　蔵　拾反　瀬　平
五反　七　蔵　五反　文三郎
〃才六　七兵衛　〃　権四郎
壱状　理右衛門　清次郎
「中半紙壱状」下佐久間
（正木）金右衛門　拾反　名主
拾反宛
甚右衛門　〃　道源寺
五反宛
権左衛門　（正木）半左衛門
忠兵衛　三郎右衛門
門　札　天寧寺
龍島

拾反　名主　拾反　雪晴
　右壱組也、
　弐部
拾反　名主　拾反　市郎右衛門
五反宛
茂右衛門　金右衛門
丹右衛門　五左衛門
　合戸
拾反　名主　拾反　六兵衛
五反　八郎兵衛
　宮ノ谷
「壱状」　拾反　壱状
（朱抹）
拾反　名主　〃治左衛門（能重）
〃
　五反宛
治　平　半右衛門
清二郎　伝右衛門

権右衛門
平右衛門　茂右衛門
　高　崎
拾反　名主　五反　治兵衛
　市部
拾反　名主　五反　仁右衛門
萩生　旦中　十弐軒
　右壱組也、
「⌐三十三軒」
砂田者、勝山行勤免之也、
大六
原利兵衛ゟ江尻福良迄不残
「〆五反三十弐」　五反宛也、
中半紙
　壱状〃　「弐状」　秀　輔
（朱抹）
上田壱束

拾反宛 時村役人　「戸長役場へ 駿河」
并〃四郎兵衛
〃妙顕寺
佐久間
一拾反　名主要右衛門
〃　名主治郎右衛門
「駿河壱状」
〃　又右衛門　「〃壱状」
〃市郎右衛門
宿之時者、壱状遣ス、
一五反宛
又兵衛　善五右衛門
治　平　五郎兵衛
孫兵衛　市左衛門
治左衛門　金兵衛
新右衛門　嘉　平
「参組分〆五反四十弐軒
萩生　拾反五軒弐状壱軒
壱状弐軒」
拾反宛岡ニ浜　名主

駿河
壱状　孫五右衛門　拾反　徳左衛門
五反宛
勘兵衛　庄三郎
四郎右衛門　忠兵衛
徳兵衛
中半紙　上田の分
壱状六状　半紙四状
駿河半紙
壱状折　四状
拾反折　三拾五折
五反折　弐百拾九折
茶袋　八俵
手札　弐反
〆

御盛物

　九ツ宛（三ヶ寺
　　　　　七郎兵衛
　　　　　七左衛門
　　　　　久五郎
　　　　　秀　輔

七ッ宛　平末四軒
　両村　時之役人
新《よし》(吉)四郎　保田勘右衛門
保田玄　蔵　下佐久間金右衛門
儀左衛門
五ツ宛
大行寺之セ(世)話人　他村旦中
末寺旦中参詣之面々
　　　　　　御参詣之者へ
　并供人等也、
其外

江戸抔不定也、
　可為時宜也、
　歳末納豆遣事
　　仕来り、
両村共ニ
　名主　役人中
外仕来り者芝久五郎　七《よし》(吉)左衛門
新四郎
四郎兵衛　斎藤喜左衛門
金右衛門　萩生弥五右衛門
大行寺　妙顕寺
　　四ヶ坊
　　寺領名主
洗濯老母ニ
　三百文位見計
　　歳暮遣ス也、

加知山（勝山）藩
殿様江三角五
並十ナリ、
〆拾五
気附可申、
中ハ西ノ内ニ包ミ
上包《ウハ》ミハ中奉書
水引ヲカケ（懸）上ルル也、

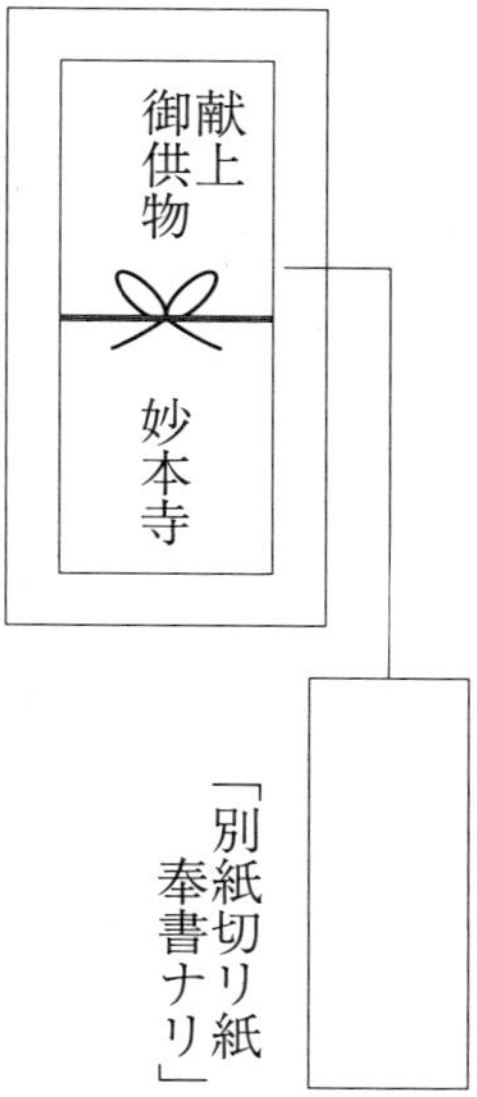

「別紙切リ紙
奉書ナリ」

○内枠は朱書きである。

献上
御供物

御供物

献上　妙本寺

九ツ　盾石徹《タテイシトヲル》　民制ノ頭
参詣有リ、
九ツ　平井
七ツ　村田
諸用留ノ二ノ私用ノ処ニ有リ、

○年中行事帳

昭和十八年（一九四三）秋裏打
遠本寺伊藤祥岳（青木日邦）時ノ住持ヲ
佐ケテ行フ、
紙ハ昭和ノ初大石寺閑居堀
日亨上人ノ寄贈ニ依ルモノナリ、
時ノ執事妙顕寺海照房（片寄）ナリ、
外ニ御長持チニ納メシ古書類
多数アリ、右古書類ハ納所室
ノ屑箱ニ埋蔵シアリシヲ時ノ住持
ガ右堀上人ヤ古書鑑定ノ
権威稲田海素師ノ證明ヲ得、

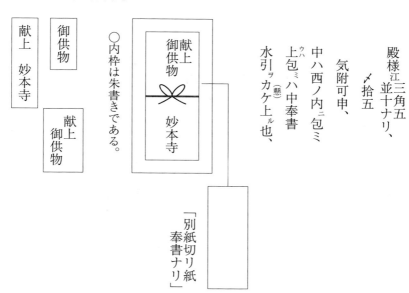

右祥岳ヲ手伝ハセ裏打セシモノナリ、
右多数ノ古書類ニシテ綴リ用
ノ不備ニシテ書画類ノ前後
セシモノアルナランガ散逸ヲ恐レテ
裏打チシ置クモノナレハ後賢改
メテ■《表》装ヤラン事ヲ切望ノ至リニ堪ヘス、
時之住持記ス、
福松氏写セシ画ハ未成品ナラン歟、
欠ケタ箇所多々アリ、
夏雲ノ画モ一枚カ二枚不足ナリ、
我上其ノ他ノ古書類ニ至ツテハ
最モ貴重ナルモノナリ、
昭和十八年御風入レノ節全部
御長持ニ納ム、
此ノ頃大東亜戦争真最
中ニテ本堂ニハ文部省並ニ海軍
省主宰ノ大日本学徒海洋
教練振興会ノ学徒教練道
場タリ保田勝山岩井ニテ延人員
十数万ト云フ、三ケ月ニ渡ツテ行ハレトカ、

第六章　「年中行事略帳」

【解題】

本章では、「年中行事略帳」（以下、「略帳」と略す）を紹介したい。「略帳」は、「檀那家名明細書　元治元甲子年菊月（九月）仲浣吉日」と「年始御盛物控　安政六年ノ山規　日勧上人之筆記」の横帳二冊に挟まれて合冊された冊子本として存在する。それぞれが横帳一冊本である。人為的に或る段階（明治初期か）に合冊されたものと思われる。「略帳」の法量は、縦三十一・八糎×横十一・七糎で、墨付十六丁の構成からなる。

「略帳」の表紙・奥書は無題で、その成立年代を示す記事や名称は確認されない。ただ本文中に「右之外巨細者元帳ニ有之也」とか「袈裟掛或新説抔之次第も元帳ニ有之也」という文章が確認され、「元帳」からの転写本・略記本であったことが窺われる。その点、年中行事の次第の後に記された「年玉遣方控」の記載といい、年中行事の次第の類似性といい、慶応元年（一八六五）十二月吉日成立の「年中行事帳」（本書第Ⅲ部第五章）を「元帳」にして成立したものではないかと推察される。「年中行事略帳」と仮称する所以である。合冊本も元治元年（一八六四）と安政六年（一八五九）の横帳であるので、住職山口日勧の時代のものであることは、間違いない。妙本寺では、この山口日勧の時代という近世最末期に独自の年中行事帳を完成させたのであった。

「略帳」の内容は、正月元日から十二月晦日までの行事次第を略記するものであるが、特に四月二十四日の「御開山（日郷）御逮夜《おたいや》」、同二十五日の御開山会、七月二十日の「御虫払」、九月十二日の龍ノ口御法難会、十月十三日の宗祖日蓮の御会式（現在は十一月十三日）を中心的行事と記すものである。その点は、中世の「妙本寺年中行事」、そして現今の年中行事にも繋がるものである。これらが妙本寺の基本的な年中行事として中世以来一貫して行われてきた仏事であったのである。

【史料本文】（原則として旧字体や異体字・略字などは現行の常用漢字に改めた）

正月
元日
鶏鳴ニ皆起可申事、
若水汲申「之」事、
壱番弐番三番鐘之事、
御祈祷御経之時刻
御雑煮上ル、
書院ニ而
大衆礼式也、
同所掃除
火鉢　煙草盆
御茶抔用意、
三組盞

喰積　昆布葛
重但し三重
働役弐人　給仕子供弐人
客対三ツ組両村役人 平盞者平旦中
帳附尤無人ニ候へハ 門前ゟ上ケ申也、
六ツ時頃ゟ
両村ゟ年礼者来ル、
八ツ時
御堂御膳上ル、
御廟参机香炉打金 床机
御洗米等
供弐人
百姓年始之御礼申上
盃戴下ス、
台所ニ而酒出ス、
夕方
客殿出仕、

二日
　元日通リ　御堂客殿
　　前ニ同し、
　　但し御廟参なし、
大行寺へ使僧ニ而年始行、
塔頭　御年礼有、
若湯立可申事、
他村ゟ年始ニ来ル、
下佐久間・宮ノ谷・梅田抔御対面也、
台所ニ而雑煮ニ而酒出也、
三日
大旨前日之通り、
　但し
　　御堂御膳なし、
　　　客殿出仕なし、
年玉之支度可致事、
　尤も帳下ニ委別有、
四日
諸旦中年礼
百姓　供入江
　朝夕飯出ス、但シ晩ハけんちん（巻繊）
働　壱人
七日
朝
　客殿出仕如常、
　御堂御粥上ル也、
　　大行寺・妙顕寺
　　　登山

十日
門中登山
　湯立可申事、
働役　見合

十一日
朝出仕、
四ッ時物読初後
書院ニ而
門中ヘ雑煮吸物盃也、
白米
　壱升捻弐ッ　おかめ(阿亀)
　〃五合捻弐ッ　狐

十四日
御堂御鉢番計「昼後寺領御堂崎之小供さし持来、五文宛也」

客殿出仕、
　衆中ヘ夕飯出ル也、

十五日
御堂江小豆粥上ル、

二月　興師(日興)御講

七日　六日御逮夜客殿出仕「ヘ」番計
御堂御膳　大行寺・妙顕寺迄也、
　御廟参有、
彼岸中説法
　宗門人別一統也、
山林　松植

三月三日
朝客殿出仕、
御堂御膳、
　御廟参なし、
寺領百姓御礼
　台所ニ而酒代四百文
　里芋抔之種蒔節刻也、
十二日　月置之初
十五日　説法有、
十六日　御石山御参詣、

四月
廿四日　御開山(日郷)御逮夜

門中登山、
　客殿出仕也、
御堂御鉢番計也、
廿五日
　朝客殿出仕、
御堂御膳上ル、
　御廟参有、
南(笹生)七郎兵衛参詣、
尤前日申遣ス也、
不詣之時者送膳也、
海雲為取置可申事、
　尤名主へ申付也、
五月五日
朝客殿出仕、

御堂御膳上ル、
衆中ヘ飯出ス、
寺領百姓御礼申上、
御盞頂ク、
納所ゟ酒代四百文遣ス、
六月　伊東殿へ署中見舞状
納豆糀仕込之事、
大麦搗女ノ役也、
昼飯出ス、但し麦飯也、
七月
七日
御堂御膳上ル、
百姓御礼なし、
十日
惣役ニ而大門御墓之辺
掃除、白米弐升遣ス、
十三日
御堂出仕後　棚経行定、
十四日
御堂御膳但し番計也、
夕出仕なし、
十四日　働役弐人
十五日　給仕子供弐人宛
十五日
御堂御膳上ル、夕
御廟参働之者御致ス、
十六日　出仕なし、
御堂御鉢但番計、

昼御本院御説法、
　御拝帳(配膳)有、
十九日　月置説
　　門中衆也、
両村警固江使僧
門中登山也、湯立可申事、
廿日
昼御虫払後、書院ニ而
門中両村役人江素麺ニ而
酒　積者海雲也、
働役弐三人也、
樟脳五拾目
八月
朔日　客殿出仕如常、
御堂御膳上ル、
　衆中朝飯出ス、
彼岸七日中「之」説法
九月九日
御堂御膳上ル、「出仕也」
　衆中ヘ朝飯也、
十二日晩方御堂御鉢、
但し胡麻牡丹餅也、「出仕也」
夜説御本院
牡丹餅之拵分量人数
次第也、旦中ゟも来ル間、
其覚悟ニ而拵ヘ可申也、
糯米粳米共百姓ゟ
来ル、

御会式之濁酒用意
九月廿日ゟ心懸可申也、
玄米壱俵
糀弐斗
正月酒迄有也、
十月　御会式入用　江戸買物大根也、
大根　五拾本位
椎茸　干瓢　水蒟蒻
青板　牛房　人参
里芋　豆腐　三島苔
御膳之手当、
惣菜者
大根　揚　里芋也、
五日
御盛物米飯米取立也、
六日　米搗
糯米　玄米七斗
飯米　五俵位
売粟　弐斗
未申両年極々払底ニ付
地(寺)内御堂崎子供ニ弐拾四文宛
遣ス、
小銭七八百文位用意、
臼廻リ取置五升ニ致也、
勝山番人ニ遣ス、
十二日夜ゟ十三日迄
安兵衛外ニ壱人
〆弐人来ル、
切花
搭頭施主也、

八日　餅搗蔵番之外弐人
　白粉前日用意、
　　四升位
餅搗仕舞
御堂客殿へ上ル也、
　名主も呼申也、
夕方鶏頭ニ而染ル也、
九日　餅切
十日　盛物飾仕舞
　次第御見廻リ在之、
串削役弐人
仕舞ニ
　濁酒壱升仕
鍋釜洗役
　女弐人

御堂盛物番
　役弐人上ル、
十一日　門中登山、
　湯立可申事、
十二日
　客殿差定認
　台所差定者
　　名主致ス
働并
　料理人共ニ
　　役三人
玄関帳付壱人
夜ニ入法事二説、
同日　朝出仕、
　御廟参なし、
御堂御膳上ル、

十三日　百姓惣役也、
供人増人有也、
名主差配也、
朝客殿出仕、
御堂御膳上ル、
直ニ　御廟参有、
昼
御説法供廻リ
用意之事、
御閉帳
御拝（配膳）帳与可申也、
十四日　御盛物配也、
十一月
十五日
十六日　御講通

廿四日
小豆粥上ル、
御年貢取立相済次第
役僧并名主へ
台所ニ而酒出ス、
豆腐壱挺
槙木者、寒中ニ
沢山伐セ置可申也、
朔日比節季候、
十二月十三日　五合位也、
次ニ　来ル、
此時者弐合也、
煤掃　男弐人
昼飯出ス、
晩者けんちん（巻繊）
女役弐人

節分衆中八ッ時
　客殿出仕、
　御堂御鉢番計也、
　衆中ヘ夕飯出ス也、
廿四日廿五日ニ米とぎ(研)役同日ニ而申候ヘク候、
　女役三人　鍋釜
　　　　　　炭かき(搔)
　　　里芋牛房等　あらゐ(洗)
廿五日
　餅米とき(研)
　取粉　壱升弐三合入用
廿六日　餅搗
　一糯米弐斗五升位
　　御堂御備
　上備五升下備四升

客殿御備
　上備三升下備弐升五合位
喰積江
(ママ)
二挺リ也壱ッ宛　二ッ入用
厚尉斗餅
　菱餅ニ致ス也、
〆二備ト二ッ
　菱餅大小拾弐枚也、
一取粉　壱升弐三合入用
小豆米大角豆米
　　用意、
歳末
納豆配リ之事
　帳之末ヘニ控有、
廿八日　門松立、
　百姓濁酒壱升

晦日
　昼後御手透次第也、
　御堂并御廟参有、
御用多時者
　堂番計也、御鉢上ル、
歳末之御祝儀申上也、
　百姓も同御祝言申上ル也、
台所ニ而濁酒壱升也、
右之外巨細者
　元帳ニ有之也、
袈裟掛或新説抔
之次第も元帳ニ有之也、
法事等之儀者
御茶之間ゟ
御指図
　可有之也、

年玉遣方控
一半紙壱状（朱）「弐状」　よし（吉）南七郎兵衛（笹生）
　中上田壱束（朱抹）　六シメ位
　寅年者上半紙遣ス、
一同断〃（朱）「弐状」〃　七左衛門
一同断〃（朱）「弐状」〃　時之　芝久五郎
一駿河拾枚　村役人
一〃五枚宛　村内不残　八十七八軒位
一〃同断　川向　治郎兵衛
　要八
　湯屋
　伝助
　太郎兵衛

清兵衛
弥次兵衛
長太郎
五助
〆九軒

一駿河拾枚宛
保田
名主良右衛門
〃勘右衛門
〃善兵衛
玄蔵
儀左衛門
治郎兵衛

一五枚宛
権四郎
権太郎
長八
上町
孫兵衛
忠右衛門

一駿河拾枚
梅田（藤平）
五左衛門

一〃五枚宛
惣左衛門
市郎右衛門
紋兵衛
堀田
源七
平六
半助
清四郎

一駿河拾枚
市井原
名主
平七郎
〃五枚宛（朱）「五」〃
新右衛門
江月
名主

一駿河拾枚
弥五郎兵衛

一同断
市井原（朱）
「源重郎

一〃壱状

一同断
江月
伝左衛門
（朱）
「二状」
〆
大六砂田

一駿河拾枚　時之村役人
〃五枚宛
龍しま（島）
一〃拾枚　名主
一〃拾枚　雲晴
勝山
尤手札
一門札　妙典寺
一茶弐袋　（朱）御屋敷
一〃同断　（朱）板ヶ谷
一〃　（朱）新浜
はざま（間）
一駿河拾枚　（朱）間了三
一〃壱状　佃又
一〃拾枚　新蔵
一〃〃　瀬平
一五枚宛
也
七兵衛
七蔵
第六
七三衛門

下佐久間　文三郎
権四郎
清次郎
一半紙壱状（中）　（正木）金右衛門
一駿河拾枚　甚右衛門
一同断　名主
一同断　道源寺
一五枚宛　権左衛門
（正木）半左衛門
忠兵衛
三郎右衛門
門札
手札　天寧寺
弐部村
一拾枚　名主
一同断　市郎右衛門

一五枚宛(朱)「十」　丹右衛門
茂右衛門
金左衛門
五左衛門
合戸
一拾枚　名主
一同断　六兵衛
五枚　八郎兵衛
宮ノ谷
一拾枚　名主
拾枚　治左衛門
五枚宛　治平
半右衛門
清次郎
伝右衛門
権右衛門
平右衛門

高崎
一拾枚　名主
一五枚　治兵衛
市部
一拾枚　名主
一五枚　仁左衛門
(朱)「十」〆
大六　原利兵衛ゟ
内中半紙
一「弐」(朱)壱状　江尻福良迄 秀輔(榎本)
上田壱束(朱抹)
一駿河拾枚宛　時ノ村役人
一同断　四郎兵衛(川崎)
一同断　妙顕寺
佐久間
一拾枚　名主 要右衛門
一同断　治郎右衛門

一同断　又右衛門

一同断　市郎右衛門

五枚宛

又兵衛
治平
（朱）「十」孫兵衛
治左衛門
新右衛門
善五右衛門
五郎兵衛
（朱）「十」市左衛門
金兵衛
嘉平

「戸長役場」

萩生

一拾枚宛也　岡名主

一駿河壱状　浜弥五右衛門

一〃　半状　徳左衛門

五枚宛

勘兵衛　庄三郎

四郎右衛門　忠兵衛

徳兵衛

茶　八俵　入用

駿河壱〆

中半紙

上田

手札

御盛物

九ツ宛　三ヶ寺

七郎兵衛

七左衛門

久五郎

（榎本）秀輔

七ツ宛　平末

両村
時ノ村役人
よし（吉）新四郎
保田 勘右衛門
〃 玄蔵
下佐久間（正木）金右衛門

五ツ宛
大行寺セ（世）話人
　他村旦中参詣之者
末寺旦中参詣之面々
　并供之者也、
其外江戸抔不定也、
　可為時宜也、

歳末納豆遣事、
　両村共ニ
名主役人

外仕来リ、
　芝久五郎
　七左衛門
　新四郎
大六（川崎）四郎兵衛
砂田 喜左衛門
下佐久間（正木）金右衛門
萩生 弥五右衛門
　大行寺
　妙顕寺
　四ヶ坊　寺領名主

第七章　「年中行事のうつし」

【解題】

本章では、「年中行事のうつし」（以下、「うつし」と略す）を紹介したい。「うつし」の形態は、表題を「年中行事のうつし　太途」とし、横帳一冊本である。法量は縦三十三・八糎×横十三・四糎で、二十一丁の構成からなる。裏表紙には、朱の丸印（直径三・四糎）一顆と長円形の同種の朱印（縦二・七糎×横一・一糎）二顆、都合三顆確認されるが、ともに印文は未解である。前者の印章は、「中谷衆門」の印章とされるものである（「茶之間日記」）。それ故、この「うつし」は、支坊四坊（山本坊・西之坊・久円坊・下之坊）とは区別される本寺＝妙本寺所蔵のものであったのである。後者の印章については、「茶之間日記」などにもみえず不明である。

内容は、A正月朔日から十二月大晦日に至る主要行事を簡潔に記した部分とB「西国客来」＝日向定善寺・本永寺登山の際の次第に絡む関係史料の部分という二構成からなっている。とはいえ、最初のAをもって表題が付けられた如く、本史料はそもそもAを基本に作成され、その余白にBが添付されて成立したという性格のものであったと推察される。しかも、そのAは、「うつし」にして「太途」＝大略・要約された年中行事書であったのである。

問題はいずれの写しであるかであるが、その点、当然慶応元年（一八六五）成立の「年中行事帳」（本書第Ⅲ部第五章）との関係が問われよう。それと比較すれば、明らかに「うつし」は簡略にして、大略類似すること多きことは一目瞭然である。その意味で、その大略を写したものの可能性が高いと推察される。それは、この「うつし」が料紙上の面からも「年中行事帳」よりも新しいことは否定できない点と呼応しよう。となると、成立年代については、自ら示すものは確認されないものの、明治初期ではなかろうか。

【史料本文】（原則として旧字体や異体字・略字などは現行の常用漢字に改めた）

正月
　夕方衆会、太鼓両日也、
朔日　八ッ時起番来リ
最早一ノ鳥ニ御座候、
半鐘可打哉与なり、
　可然候与
半鐘打、塔頭（茶之間台所）。起シ来也、
暫手水等相済、
　二番半鐘
可打申指図なり、
半鐘之次ニ法螺暫、
次太鼓
灯明香花蠟燭
両方ニ定廻向相済、
法界之

御経ニ而半鐘打也、
御祈祷之間両度程湯□可申也、
　寿量品七巻
　　題目終ル、
茶之間ニ来ル、
大衆者台所ニ而休息、
台所仕度出来次第
案内、
大衆対面、
　　年玉
茶煙草盆
一吸物　銘々
一盃　昆布　葛久助併用意、
　所化小僧迄、
カン（燗）酒ハ時之宜也、
大衆退座、

惣百姓年礼、
盃名主ヘ遣ス、
順盃ニ而下ヨリ
受取、尤□ニ而
相済也、
一御堂　蠟燭　当方ハ壱巻者　壱巻者　本尊　御影　御代々
御膳ニ而　出勤　自我偈精霊
方便ら　都而御命日之外ハ弐巻ハ
寿量品　三巻　弐座　自三巻　壱座也、
自我偈弐巻
御廟参、
蓮興目郷（日蓮・日興・日目・日郷）　自我偈一巻宛
伝師（日伝）已来　同壱巻

天堂日天　月天　同各壱巻
大衆台所ニ而膳部
年頭客来、
玄関
僧俗　弐人
御祈祷五巻
二日　鳴物如前、　夕方衆会　朔日二日　両日也、
大衆銘々盃、尤　所化小僧まで　朔日之通り、
御堂如前、
大宣院殿御報恩法要
九日　頃ら塔頭ら
三日　如前御祈祷三巻也、

御堂二日
弐日共ニ方便ら寿量品三巻宛也、三日ハ御堂出仕なし、

年頭支度

七日

御堂出仕、粥御膳、

御経前ニ同、

御開帳、

十日　門中登山、

十一日　物読始四ッ時、

客殿也、

半鐘

太鼓

御世雄偈寿量品

而諸偈言ニ而安国論入文不読、

自我偈ニ終、悉者、

我師（日我）

年中行事ニ有、

大衆座敷ニ而、

吸物盃、

十三日　初御講、

当山者なし、

十五日

御堂出仕、

七日之通り、

御開帳なし、

廿五日

二月

七日
御堂御膳出仕、
彼岸
始中終出仕、
説法有、
中日者貫主也、
尤彼岸説法之事、序ヲ見合
前方ニ衆中へ申渡可置事、
入山之節　地領へ　金弐朱遣ス、
吉浜　酒代也、
三月四日宗門改、三拾七才故、心覚也、
日勧(山口)未四拾三才と　書上しと也、
此日ハ宗判有、
三月三日　白衣
駿州ハ
御堂御仏器　方便寿量一座
寿量一座
自我偈三巻
朝出仕、当山ハ御膳、都合三座
茶之間ニ而盃、
百姓共礼盃正月通り、

名主計へ手ニ而茶ヲ出ス、
盃計ニ而四百文遣ス、
曜尊師御代ゟ与也、
各膳弐ツ宛持参ス、
十二日　月置之始也、
(寺)地中四ケ坊役院也、
月置者、回向料方丈へ納ル、
十五日　梅若といふ事、
往昔ゟ下之坊ニ而在之由ニ候、
四月廿五日
御廟参有、
(日郷)御開山御講、
五月

五日　朝出仕、白衣

茶之間ニ而盃、

百姓礼、盃如前、

六月

七月

（朱書）「当山ハなし」

七日　御堂御膳、

御出仕、

十三日

大衆台所ニ而

朝飯於如常、

灯籠張故也、

夕方御堂仏器

堂番

当山も

十三日ハ客殿計也、

（朱書）「貫主計小僧共召連」

御廟参有リ、

十四日　朝出仕、

正月之七日通り、

但御祈祷ハなし、

（朱書）「当山者

四ケ坊共、面主之掛リ行、

方丈分所化佗出共也、所化少キ時ハ塔頭ゟも行也」

次ニ法界棚ニ而

寿量品壱巻

当山ハ

十四日ハなし、

十五日の朝、自我偈壱巻也、

両村ゟ盆礼、盃出尤大六計来、
吉浜ゟも女達談義之序ニ来ル、
御堂御膳上ル、正月之通、
十五日　朝出仕如前、
大衆礼有リ、
御堂前之通リ也、
法界棚自我偈壱巻
御廟参リ有、
新説有之砌者、
夕方客殿出仕也、
新説僧者江大行寺掛リ故十五日早朝
来リ、
大行寺其話致ス也、披露も大行寺掛リ也、
四拾疋　地領（寺）　男女講中ゟ

十六日　朝出仕無之、
昼貫主説法ニ而
終、御開帳アリ、
廿日　御虫払
客殿半鐘三度
太鼓衆来、
世雄偈寿量品三巻■燃リ、
当山寿量品壱巻終リニ自我偈
御題目之
終リニ自我偈壱巻
尤御箱封印有而済次第
八月朔日　出仕、白衣
茶之間ニ而盃、
彼岸御膳、

九月九日　節供
三月五月之通リ也、
御堂御膳、同出仕也、
十二日　御難会之事、
御堂　方便寿量品　三巻
又寿量品　自我偈三巻也、
大衆茶之間ニ而
昼頃ゟ半鐘
夜説本院之役也、
前座時宜也、
十月
十一日　朝勤出仕、
伝上（日伝）師御正日

御堂御仏器ニ而出仕有リ、
大衆台所壱汁一菜
当山者出仕なし、
御堂飾物
盛物等飾付出来次第申出ル、
御堂ヘ参リ寿量品壱巻
十二日　朝勤　出仕、常式、
朝
御堂御膳、如盆、
御退（逮）夜法事、
朝飯之序ニ茶之間ニ出、
衆来可願披露有リ、
自分説法相済迄
法衣着し控ニ居也、

当山者なし、

談義僧柄行事等夜食

支度可有之事、台所也、

十三日　客殿出仕後、朝御堂参、御膳出仕、此日者方便　世雄偈　寿量一座

御廟参、　寿量品一座 自我偈三巻

説法後、御堂ゟ帰リ、

衆中茶之間へ出、

大会首尾能相済、

御安堵恐悦也、

御■《開》帳有、

客殿客対者、先々七月十日より本乗寺御役也、遠本寺者前座、大行寺者所化共取締役也、併平素ニ而も年配之仁有之ハ客対可然也、

十四日　盛物配リ、

十一月

十五日　目師(日目)御講、

廿四日　朝勤、序ニ大師(伝教)講、寿量品一巻

大衆台所ニて、

□御朱印御年貢米納ル

兼日酒用意之事、

相済

役僧中

名主

茶之間へお

可ん(燗)酒時宜也、

十二月
十三日　煤掃之事、
大晦日御堂之事ハ万事衆中ニ而致ス、
大晦日台所奉公人共、
茶ノ間江可目見納所之
案内可有之事、

諸事支度之事、

日々夕飯随分急可申、
夕飯後、大衆歳暮ニ出ル、
盃相済、
堂参、蠟燭
両堂ニ而方便寿量也、
大衆大庭ニ而暇乞、
百姓歳暮、盃、

方便寿量也、
当山ハ御堂参、并御廟参、
次ニ客殿出仕、後大衆歳暮、
名主計目見、

西国客来之節者、
日々朝太鼓打、
日昼日々御堂也、
御開帳之節、方丈
聞合半鐘可打申、
袈裟懸等之式、時宜可有也、
尤兼日塔頭内談可有歟之事、
定善寺
本永寺両寺ハ登山之節、

宿坊着次第使僧可遣、
口上
遠路登山与承ル、嘸
道中労ニ可有之候、
緩々休息、明朝
対面可申云々、

是分駿州ニ而控置分

本永寺登山格合之事、
日量師記録有之候得共、今又
先師古徳之伝述于随ひ闕略
を補助し、其大概を記也、
本永寺黒門ゟ参詣之届
宿坊迄有之、則宿坊法衣着、

大門途中迄出迎ひ請入候、
其後方丈江披露致、時分を
見合本院ゟ遠方参詣、慰問
之使僧遣し可申、
扨又夜ニ入候とも塔中打揃而
見舞罷出、此時本永寺南面
敷物ニ座し、三組盃、其弐礼
有之、何れも宿坊案内可申
入事、門徒之大学頭職故ニ候、
万端丁寧尊敬可申事、
明日対面之時、敷居際迄請シ
可申、膳夫改可出事、
入堂之座席、読林伴頭格
之通り、経机打鳴を居置申
事、尤左正面毎朝客殿
出仕座配、入堂の如し、
逗留之間、朝夕茶草気を

付、宿坊相伴振舞之節者、
本院ゟ使僧を以申入れる也、
宿坊案内可申時分、遣以同断、
貫主宿坊相伴、駿州者
帰路之節、吉原迄見送也、
使僧并送馬馳走也、たや(駄)駕を
出也、黒門ゟ駕計返申候、
宿坊黒門迄見送可申候、

定善寺も同断也、
但し用捨可有之、

口上
方丈誰口上ニ候、
扨此度ハ遠路御登山ト承ル、
御苦労ニ御座候、嘸御労ニ可有
御座、緩々御休息可被遊候、

明日緩々御向面可仕、乍
略義使僧を以て申入候、
夕飯一汁三菜ニテ送ル、

久遠寺院代之節者、
座配敷居内両方半疊敷也、

眷師御代
文化七午年五月廿五日(一八一〇)　夕方着
薩州本永寺陰士
供物料 金弐百疋　日修 四度メ登山
同 金弐百疋　同弟子 覚立 初登山
同寺檀方　外山銀次郎 初登山
日州本善寺弟子
供物料 金弐百疋　暁山

是ハ去巳秋、欠落いたし
此方へ来リ、六月ゟ十月迄此方へ
罷在、無難ニ奉公相勤候ニ付、
大会之砌リ、仮ニ袈裟免許
（出）いたし、其後房州へ遣し
申処、今般定善寺向ゟ添翰
并ニ目録等（出）いたし日修持参
故、本式ニ袈裟免許申也、

同弐百疋　妙円寺弟子　全明　初登山

一本永寺陰士日修者、去ル巳ノ
六月弟子本行房日実相果候処、
本永寺致住職未継目登山無之
而臨終故、師日修ハ右之段
三宝へ御申訳ケ之ための登山歟、
此度ハ国主へも無沙汰ニ而、表向者
豊後ノ湯へ湯治之躰ニ歟被申立、
供ナシニテ細島迄発駕之処、跡ゟ
様子承リ外山銀次郎追付、細
島ゟ供なから同道致し登山之由也、
妙円寺全明ニ而、初登山ナリ、
右日修内登山之事故、此度者
房州へ先キ渡リ、全明義者為
勤労之其侭房州ニ逗留なり、依之
袈裟之免許ハ目録計と日州定善
寺添書来リ、　承聖師ゟ右之訳ケ
被　仰聞候故、添書目録者
開帳之節、宝前奉献、此方へ納置、
袈裟之免許ハ書状ニ而、房州へ申遣候、
右日修義、此度者格別殊勝之内登山
与申、殊ニ陰士之事故、外格ニ仕、対顔
之節、敷居内へ請シ申也、勿論先達

宿坊を以、右之段内意申聞置、出座之砌、敷居内へ進メ申也、振舞之式ハ大体、先之通り、少シ略之形ナリ、尤も是も先き様ゟ兼而辞退之内意有之、此度者陰士之身分、別而内々ノ登山ニ而、資縁も無之候得者、御初尾も本永寺旧格トハ減シ申候間、饗応等決而御用捨ニ預リ度旨、兼々ノ内意ナリ、

廿五日夕方着、早々宿坊へ見舞之使僧遣ス也、

廿六日対面、昼後御開帳、

廿七日振舞、廿八日発足、送リ馬并僧壱人遣スト也、

右志シ感入申候間、記之、

文政三(一八二〇)辰年

本永寺日修再住職之続(継)目登山、此度者格別丁寧ニ会釈致シ遣ス、書院ニ而者敷居内へ請シ半畳を敷候也、

先格通例ハ敷居外ノ際迄敷物等ナシ、此節者格別老体ニ而、再任継目登山、別而殊勝ナリ、故ニ旧格違ヒ丁寧ニスル也、乍去本永寺ノ寺付後例ニハ不成趣キ、兼而断リ申入、

外ニ浮田

妙円寺

本照寺両寺継目登山

一金弐百疋

草子盆　朱墨五　半切三

大幅《ハバ》紙壱状　土瓶壱　ドウラン(胴乱)一

一同百疋

妙円寺

一同百疋　本照寺
本永寺弟子
一弐拾目　要存
一弐拾目唐扇壱　活全
両人初登山、袈裟免許ス、
一弐朱　銀右衛門
一弐朱師範廻向料　本照寺
右妙円本照両寺ハ本永寺役僧ヲ兼
継目登山也、当年ハ駕も壱丁
来ル、本永寺ノ駕也、長刀壱丁
同寺帰リ之節、吉原迄駕人足
馬壱疋遣ス、
堂参之節ハ長衲挟箱等此方江
馳走ニ出ス、是ハ先例ナリ、是も
後例断申也、依之是節計リ也、
私問屋
大坂南堀江弐丁目

日向屋喜兵衛
日州へ之状、右へ頼ム也、
本東寺も親承阿
正行坊日元
進物分不記、
尤〆七両弐歩ト四百文ト有
右寺及月遅候故、致越年正月
十五日五ッ時半過、房州へ登山被致候、
吉原迄送リ馬壱疋遣ス、歳明義
内用を兼、三島宿迄送、病気之由ニ而
十九日帰リ候、余リ延日故、日通差留
遠慮察申付置候処、右衛門・久次郎・
勘兵衛度々詫入候、殊更二月廿八日
御堂再建祈立祝ひ候故、目通リ
差許申候与也、
三月十三日房州ら
本東寺帰着、

右三月廿五日五ッ半時出立、
覚明同道也、送リ馬川端迄遣ス、
宣能房自明行、
一金弐百疋
　本東寺へ為餞別と
　　遣申候与也、
右者、樹尊師勧金之義ニ付
下向之時分世話ニも成候故ニ与
御断リ決而先例ニ者無之与
返々御断リ也、

定善寺
　加藤阿寿妙房日涌
本永寺日嘉
　龍善
　　本受坊
再三登山有、
　理全日隆
　　日文

本永寺控ノ寺
顕本寺　妙円寺　蓮徳寺
本照寺　本源寺　末弘《コウ》寺
本蓮寺　妙光(興)寺

第八章「什物台帳」

【解題】

本章では、「什物台帳」を紹介したい。妙本寺では、簡単にみただけでも元禄十六年（一七〇三）四月十三日付「中谷山妙本寺常住物帳」（横帳一冊本）、明治四十三年（一九一一）正月付「妙本寺明細誌草稿」（冊子本二冊）、この度の大正六年（一九一七）八月一日付「什物台帳」（冊子本二冊）、昭和四十五年（一九七〇）六月二日付「保田妙本寺書籍目録[1]」という具合に、いわゆる資産目録類が随時作成されてきた。それらは、各段階で如何なる史料が妙本寺に伝来し、また確認されていたのかを明示する点で、その研究は、総体としての妙本寺史料の伝来関係を知るうえで重要な基礎作業となりうると考える。

以下、紹介する「什物台帳」（以下、「台帳」と略す）は、先に述べた様に二冊（ⅠとⅡと称す）からなる冊子本である。表紙には、Ⅰ・Ⅱともに「大正六年八月一日／什物台帳／本山妙本寺」とみえる（写真版を参照）。またそこには、ともに印文「本門宗／大本山／妙本寺」の方印（朱印）が捺されている。その意味で、野崎日典《にちでん》（?〜昭和十二年（一九三七）十月十五日）の時代の大正六年八月の作成であることは間違いないが、そこには若干の説明が必要であろう。というのは、Ⅰは、全文一筆書きの「本堂ヨリ庫裡宝蔵迄」から「客座之部」までの部分（①～(175)）とその後の別筆による追記「什物法衣」（[1]～[2]）以下と「一、金蓮華、但シ真鍮製　一対」以降（1～24）の部分によって構成されているからである。なお、番号は、便宜筆者が付したものである。

その追記部分は、大正十年六月一日（住職日運の時代）に前執事大井常英が現執事森智保に寺務引き継ぎに当たって記されたものである。[2] 大井日住の死去（大正十年〔一九二一〕五月一日）と新住職（日典）の着任を契機に執事が大井常英から森智保に交替したものと思われる。その際、常英は、異動のある二項目（㉕・㊳）に訂正印を加え、さらに追記を執筆したのである。そこにも、併せて「什物法衣」について「法衣ノ内一着ハ大正八年十月三尾光明師へ貸シ未返却ナラズ」と記したのであった。前執事大井常英は、住職日住と同様な伊豆出身の大井氏一族で、日住の住職就任を契機に伊豆実成寺（伊豆市柳瀬）の末寺から妙本寺に入り、執事となったものと思われる。新執事の森智保は、富士の妙蓮寺（富士宮市下条）を出て妙本寺に入り、当時末寺筆頭の遠本寺《おんぽんじ》（鴨川市奈良林）の住職となった人物である。両名は、後年いずれも還俗《げんぞく》し、妙本寺とは縁がなくなったという。

そして、問題は、冊子の表題の「大正六年八月一日」の日付と「大正十年六月一日」の追記と奥書の「現執事三尾海素製之」の三者関係如何である。またⅡの表紙裏には、「当山執事三尾海素」が「従来什物ノ紛失セシモ不尠、惟フニ此帳簿無之、代々引継無之為、今日ニ及ブ、仍テ何人モ判然スル様作製シテ後年ニ残ス」と記している。その作成目的を明瞭に示した記事であるが、そこにも「当山執事三尾海素」が登場するのである。これらの関係は、「大正六年八月一日」に三尾海素が光明段階に住職か執事に依頼される形で作成したものに、大正十年六月一日に大井常英が追記を記し、そのうえで後年「当山執事三尾海素」とか「現執事三尾海素」段階の海素が作成した主旨やその主体たることを裏表紙や奥書に記した、という風に解釈されよう。

この様に、本冊子の作成に深く関わったのは、執事三尾海素（前名光明）であった。かれは、後の富士日照である。日照は、明治十七年（一八八四）に日向細島（宮崎県日向市）で生まれる。細島の妙国寺で出家した。鎌倉日櫻とともに吉田日顕の弟子にあたる。日櫻は、延岡の本東寺で出家する。日照は、その後小泉の妙円寺や久遠寺（富士宮市小泉）をへて妙本寺に上がった。三尾光明、執事海素段階である。そして、青木日邦（?〜昭和二十六年八月八日。本乗寺より妙本寺に上がる）の後を受けて住職となり、昭和四十一年（一九六六）二月二十日に八十二歳で死去した。この冊子を作成した大正六年当時、三十三歳であった。Ⅰに「三尾寄進」(56)とか「三尾海素寄進」(104)という注記がみられるのも、その個人的立場を顕示するものであろう。

さて、「台帳」の内容であるが、Ⅰは、「本堂ヨリ庫裡宝蔵迄」として「御宝前之部」「外ノ部」「庫裡之部」「茶ノ間之部」「応接間之部」「其他一切之部」「客座之部」の七部構成からなる。モノの所在単位で分類した様子が窺われる。都合一七四項目が記載されている。追記として「什物法衣」二項目と「一、金蓮華、但シ真銅製　一対」以降二十四項目が記載されている。その意味で、本来、このⅠは、モノに関する資産目録として作成されたと評価される。

それに対して、Ⅱは、「法衣ノ部」「副（幅）物之部」「書籍之部」「筆記類」の四部から構成されている。その分類の基準は必ずしも厳密ではないが、当時の認識の水準を示すものであろう。ここには、都合四三七項目が記載されている。全文一筆書きであるが、最後の(429)～(437)の項目は後日の書き込みかと思われる。このⅡは、「法衣ノ部」の様なモノもあるが、それ以外はすべて文字＝書き物といってよい。その意味で、Ⅱは、文字に関する資産（蔵書）目録として作成されたと評価される。

すなわち、Ⅰはモノ、Ⅱは文字という具合に大きく二分類されて、妙本寺の当時の資産（蔵書）目録が作成されたのであった。Ⅱは、部分的に後に「保田妙本寺書籍目録」として集大成されることになり、その前提的作業と位置づけられよう。Ⅰのモノについては、その後そうした集大成がなされなかった模様である。その点は、当時の文字とモノに関する一般的認識と同様であったことになる。

この「台帳」は、その後の「保田妙本寺書籍目録」（丁分類）にそれ自体、書籍として記載されている。現在ここに記載されたものが如何なる形で存在するのか、またはしないのかの検討が必要であろう。ここに記載されたものが当時のすべてでないことも、これまた事実である。例えば、著名な「いろは字」（下巻）も、その名前ではみられない（もちろん、Ⅱ―(437)にいう「一、外雑書筆記　一箱に収ム」の対象であった可能性も皆無ではないが）。それ以前の「妙本寺明細誌草稿」には、「伊呂波字引本紙（中略）一冊」とみえる。またⅡの日眷・日勧・日暎ら幕末から明治期にかけての歴代住職の曼荼羅本尊（⑪・㉗・㉙など）は、「虫払会」の際に奉掲される曼荼羅本尊には、みられない。またそれは、Ⅱ―(430)の「曽我物語」[3]などにおいても、同様かにみえる。

ところで、妙本寺では、「従来什物ノ紛失セシモ不尠」故に、この度の「台帳」を作成したにもかかわらず、その後も幾多の困難が招来したのであった。すでに安政の大火（安政五年〔一八五八〕十二月七日）がその前にあったことも忘れられない。また昭和初期（三～五年頃か）には、大石寺の堀日亨師による調査が様々な形で行われたという（その記録は、大石寺の雪山《せっさん》文庫に残る）。それが戦争中の昭和十八年（一九四三）段階には、「古書類ハ納所室ノ屑箱ニ埋蔵シアリシ」といわれる状態となっていた（「年中行事帳」）。そこで時の住職青木日邦（執事は妙顕寺住職片寄海照房・後に日向に帰る）のもと、遠本寺住職伊藤祥岳※が中心となって文書の裏打ちなどを行い、また長櫃（「宝物筐」）を新調したのであった。ただその段階は、「表装」など「後賢」に期待するに留まったのである。

そして、戦後の農地改革などが、妙本寺に劇的な変化をもたらしたことは、いうまでもない。他の諸階層と同様に史料の大量流出をみた可能性が高い。もちろん、戦前にも荒縄に巻かれた史料が大六の雑貨屋に「和紙」として売られているのを、檀家がみつけ、買戻して、妙本寺に納めた例もあったという。現在妙本寺には、近世から近代にいたる寺領支配に関する史料（土地台帳類）がほとんど確認できないが、その点と大いに関係しようか。この点、末寺は、より深刻であったかにみえる。過去帳と曼荼羅本尊の若干しか残さない程、過酷を極めたからである。（支坊）住職の還俗・土地売買などを生む背景であった。

そうした状況のなかで、その「後賢」の任を果たしたのが鎌倉日櫻師であった。日櫻師は、「聖滅七〇〇遠忌記念」として、昭和五十四年二月から五十六年十月にかけて「寺宝大補修」を行ったのである。それが現在の文書類の十五巻本「妙本寺文書」の完成であった。その際には、絵画類なども表装された。それらは、同時に改めて新調された長櫃に納められた。しかも、それらは、すべて宝蔵に納められ、「虫払会」の際にのみ、出陳される様になった。ここに厳密な保存と管理体制がようやく確立したのである。

ただ、そこでも文書以外の典籍類、聖教類は、まったくその対象外であったのである。宝蔵管理以前の状態下にあり、また破損甚だしい状態で現在あるといっても過言ではない。その点は、モノも同然である（拙稿「安房妙本寺日我寄進の折敷・打敷について―妙本寺研究の多角化のために」『中世東国日蓮宗寺院の研究』東京大学出版会、二〇〇三年十一月）。これも「寺宝」化されていないものが不安定な状態にあるかにみえる。

以上、「什物台帳」にともなう若干の問題について検討を試みた。妙本寺の史料の整理の歴史自体、なお詳細な研究が必要である。また妙本寺史料論のためには、その個々の内容分析が要請される。

注

（1）「保田妙本寺書籍目録」（第一回調査分）は、当時妙本寺が属した日蓮正宗寺院の調査の一環として実施されたものである（妙本寺は平成七年〔一九九五〕五月単立の大本山となった）。甲分類（九二点）、乙分類（七八点）、丙分類（七八点）、丁分類（六〇点）に分類されている。

（2）このうち、11の「貞観政要」は、現在妙本寺にある「日蓮聖人御親写　貞観政要」なる貼紙をもつ一冊本（折本）がそれに当たるかと思われる。これは、「大正五年八月廿八日撮影十一月三日発行／静岡県富士郡北山村本門寺真筆所蔵／日蓮聖人御親写貞観政要頒布会蔵版」の奥書をもつものである。表紙裏には、「本山実成寺三十七世／本山妙本寺四十五世／大僧正　日住上人遺書／本山妙本寺宝庫　納之／大正十年五月十日／遺弟　菅日遠」とみえ、これによって「第四十五世日住上人代　内項目ノ頭部ニ△アルハ什物トシテ遺弟奉納ス」とある、それ自体であることがわかる。その遺弟とは、東光山実成寺の日遠であったのである。住職日住は、大井姓にしてその実成寺から妙本寺に上がった人物であった。日遠は、そうした特別な関係をふまえて奉納したのであった。後に日遠は、妙本寺に上がり、昭和四年正月二十二日に死去している。ただ「什物台帳」Iの11には「黒漆箱入」とあるが、その箱は現存しない。なお、日住の甥に政治家大野伴睦《ばんぼく》（明治二十三年九月二〇日～昭和三十九年五月二十九日）がいる。その関係で伴睦は、夫婦で戦前から戦後にかけて妙本寺に度々来駕したという。「虫払会」に伴睦書翰複数が展示されている所以である。

（3）　妙本寺には、いわゆる妙本寺本「曽我物語」（天文二十二年六月に日向僧日助寄進）が存在したことが知られている。宝永六年（一七〇九）三月段階「房州妙本寺宝物ニ而有之候」と記され、その後に寺を離れ、昭和六年（一九三一）三月に旧飫肥《おび》藩主伊東祐享子爵家で存在が確認されたことは、縷々指摘されてきた点である（角川源義『妙本寺本曽我物語』角川書店、一九六九年三月）。その点で、『鋸南町史』（一九六九年七月、四九四頁）では、「今は伊東元伯爵家の蔵となっている。近くは四十九代日邦上人も現物をみたといわれているので、その後において流れ出たものであろう」としている。ただそれ以前の「妙本寺明細誌草稿」には確認されないし、また現在の「虫払会」でも「曽我物語」はみられないのである。日邦がみたという「曽我物語」は、「台帳」の「曽我物語」としても、それが伝来のそれか否かは不明なのである。というよりも、やはり別物ではなかろうか。

※　現在遠本寺に以下の様な文言を記す供養塔が存在する。「当山卅二代日冏贈上人　故陸軍伍長伊藤祥岳
昭和廿年十月十九日ルソン島ニ於テ死ス　行年三十才」

「什物台帳」Ⅰ

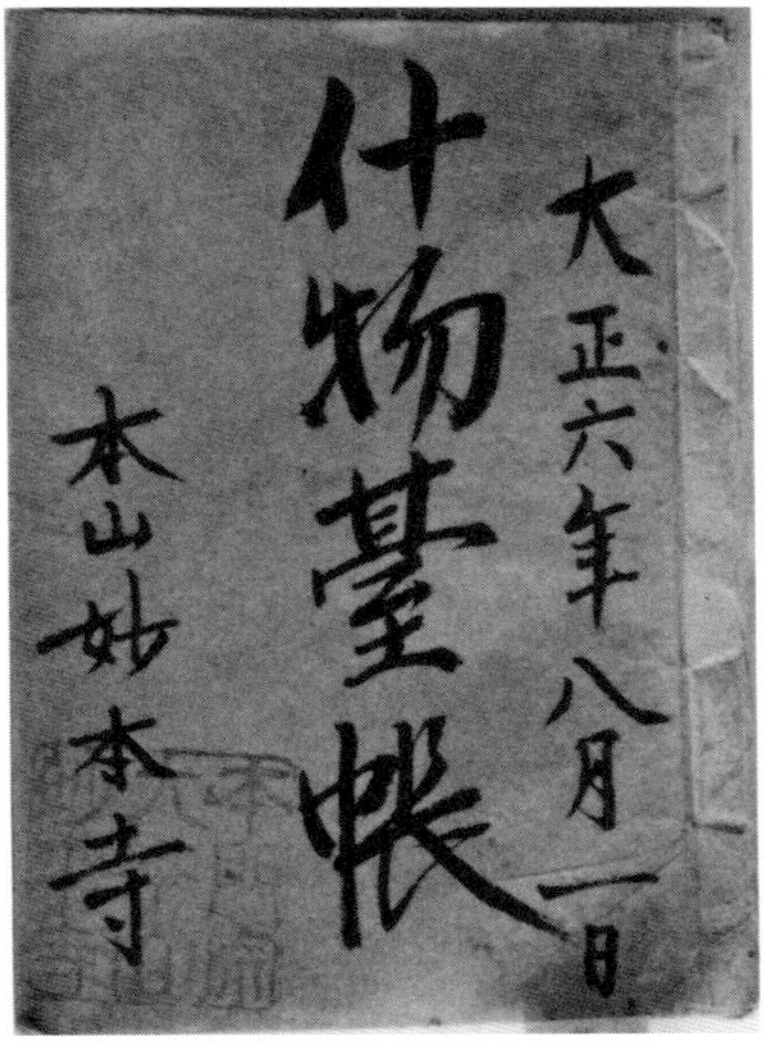

（縦25.2糎×横17.8糎）

（印文）

本門宗
大本山
妙本寺

（5.2糎四方）

【史料本文】（原則として旧字体や異体字・略字などは現行の常用漢字に改めた）

本堂ヨリ庫裡宝蔵迄
（朱書）「御宝前之部」

① 一、御念珠　但シ水晶白絹総　御像ノ御手ニアリ
② 一、御綿帽子　但シ羽布重　真綿入
③ 一、御内経十巻　但巻物
④「一、金蓮華　一対」
⑤ 一、御扉帖　但シ赤地金襴（欄）　一張
⑥ 一、御酒入　但シ真鍮物　一対
⑦ 一、御散華　但シ真鍮製　六個
⑧ 一、御香炉　但シ真鍮製　大小　二個
⑨ 一、御茶湯碗　但真鍮製　一個
⑩ 一、御仏器　同　大 一個　小 壱対
⑪ 一、御燭台　但シ同　壱対
⑫ 一、御花瓶　同　大小　参対
⑬ 一、花瓶　大　但唐銅　壱個
⑭ 一、常灯明台　但真鍮製　壱個
⑮ 一、常香盤　黒塗丸鶴文（紋）付 蓋真鍮製　壱個
⑯ 一、金蓮華　但シ金紙製白花瓶付　壱対
⑰ 一、金蓮華　但シ金紙製　壱対
⑱ 一、今上皇帝宝祚無窮祈祷碑
⑲ 一、磬　打棒付　但シ唐銅製　壱台
⑳ 一、衆来鐘　但シ真鍮製 赤塗台付　「及蒲団付」　壱個
㉑ 一、大机　但シ赤塗製　大小　二脚
㉒ 一、過去帳台　朱塗製　壱個
㉓ 一、御内経机　金箔塗　壱脚
㉔ 一、御経机　但シ黒塗箱付　「大衆用」　六脚
㉕ 一、二畳台　黒塗　「半畳大小二個」（朱印）※印文「常英」　壱台
㉖ 一、太鼓　参個
㉗ 一、「法ヶ経七部」水引　但シ赤ゴロ一枚「シナン一枚」「曲録壱個」　二流

㉘一、幡　但シカス物　「壱対」
（朱書）「外ノ部」
㉙一、大太鼓　壱個
㉚一、半鐘　壱個
㉛一、籠　但シ貫首御乗ト役僧用　二打
㉜一、本堂図面　板壱枚
㉝一、御拝額　但シ中谷山支那人書　壱個
㉞一、日英上人　真筆御像説明額　壱個
㉟一、金千円額及戦利品の額　二個
㊱一、外幕　天竺木綿製　三張
㊲一、浄財箱　壱個
「ふすま」　「十六本」
（朱書）「庫裡之部」「梢子」　「八本」
内仏前之部
㊳一、尊像　壱体
「先年本乗寺へ送リタル由（朱印）」※印文「常英」
㊴一、御香炉　但シ真鍮製　壱個

㊵一、御酒徳利　同製　壱対
㊶一、御燭台　同製　壱対
㊷一、御茶湯　同　壱個
㊸一、打ならし　但シ唐銅製　「壱個」
「無シ（朱印）」※印文「常英」
㊹一、供物台　赤塗　壱対
㊺一、御仏器　壱個
㊻一、御香炉　但シ土焼　壱個
㊼一、柄香炉　但シ銅製　壱個
㊽一、科註函　塗物製　壱個
㊾一、香合　但シ赤塗　小　壱個
（朱書）「茶ノ間之部」
㊿一、師子《（獅）》香炉　但シ唐銅製　附属品珍石殊　床置　壱個
51一、長火鉢　但シ欅製　壱個
52一、煙草盆　但シタメ《（溜）》塗　二個
53一、火取灰ふき　但シ伊万里焼　二組
54一、銅壺　壱個
55一、鉄瓶　壱個

(56)一、手洗鉢　真鍮製 三尾寄進　壱個
(57)一、蓮簾匝聯　壱個
(58)一、内仏御扉帳　一張
(59)一、打敷九枚　但シきぬ(絹)物内壱枚画なり面
(60)一、十六菊華桐菊花　皇室下附科註掛　壱枚
外金欄　三枚
(61)一、箪笥　壱個
(62)一、本箱　小箪笥全部書入　合計　廿六個
(63)一、法衣入　竹行李　壱個
(朱書)「応接間之部」
(64)一、火鉢　但猫足作 黒塗製　中釜金　壱個
(65)一、座蒲団　但シ赤木綿　壱枚
一、(朱書)「其他一切之部」
(66)一、額　但シ書　五面
(67)一、座蒲団　但シ冬物　五枚
(68)一、長刀　一振

(69)一、柱時計　壱個
(70)一、長柄　三本
(71)一、衝立　二個
(72)一、灯灯　本山用五 事務所三 茶の間一　合九個
(73)一、箱火鉢　五個
(74)一、煙草盆　二個
(75)一、長火鉢　壱個
(76)一、銅壺　壱個
(77)一、ヒビ(罅)焼火鉢　壱個
(78)一、三組盃及箱付　壱組
(79)一、貫首用天目茶碗　台赤塗黒染 三人分　壱組宛 弐〻組
(80)一、水物椀　但箱付　三人前
(81)一、徳利台　二個
(82)一、碁盤　黒白石一組　二面
(83)一、将棋盤　但シ桐製　壱個
(84)一、謄写盤　壱個

⑧⑤一、硯桜　台付、但日典上人御手植桜ニテ製ス　外　硯壱個　壱　個
⑧⑥一、本尊板　万年救護　未来本尊　堂護本尊　三　枚
⑧⑦一、日月形像板　壱　枚
⑧⑧一、万年救護大板　壱　枚
⑧⑨一、罫板　大小　三　枚
⑨⓪一、銭箱　二　個
⑨①一、消火器　壱　組
⑨②一、御仏膳　但三宝作黒塗　五　個
⑨③一、蝶足膳　但シ貫首用　弐　個
⑨④一、八寸膳　十人前
⑨⑤一、米櫃　壱　個
⑨⑥一、平椀　十二人前
⑨⑦一、飯椀　十五人前
⑨⑧一、汁椀　十人前
⑨⑨一、壺椀　十五人前
⑩⓪一、飯茶椀　廿人前
⑩①一、飯鉢　大小　四　個

⑩②一、茶呑茶碗　湯さまし（冷）肩付　六拾人前
⑩③一、小さき皿　但シ赤塗　九人前
御仏飯椀　十人前新調
⑩④一、蓋ナシ汁椀　八人前
⑩⑤一、薄出小皿　但シ赤溌　五人前　三尾海素寄進
⑩⑥一、桔梗形付小皿　八人前
⑩⑦一、青地（磁）小皿　六人前
⑩⑧一、壱升徳利　但酒入　三　本
⑩⑨一、大土瓶　五　個
⑪⓪一、中皿　取まぜて　廿五人前
⑪①一、鉢皿　大小　二　枚
⑪②一、丼　二　個
⑪③一、徳利　但小　六　本
⑪④一、たまご（玉子）焼道具　壱　個
⑪⑤一、弁当箱　卅七人前
⑪⑥一、御茶筒　大小　二　個
⑪⑦一、きびしょ（急須）　二　個

(118)一、湯呑茶椀　十人前
(119)一、盃　廿人前
(120)一、中皿上　廿人前
(121)一、三升釜　壱個
(122)一、茶釜　壱個
(123)一、水瓶其他合セて　六個
(124)一、鍬　二挺
(125)一、鎌　二挺
(126)一、革かき　二挺
(127)一、十能　壱個
(128)一、洗濯板　壱個
(129)一、宝刀　壱本
(130)一、すり《（摺）》鉢　壱個
(131)一、水手桶　二個
(132)一、馬穴　壱個
(133)一、手洗だらい《（盥）》　弐個
(134)一、負籠　壱個
(135)一、七厘　壱個
(136)一、火消壺　壱個
(137)一、盥　弐個
(138)一、味噌樽　弐個
(139)一、箕　壱枚
(140)一、御湯（風呂桶）　壱個
(141)一、桶　大小六個
(142)一、粉板　八枚
(143)一、四杓　三本
(144)一、はけ《（刷毛）》　一本
(145)一、肥荷負　二個
(146)一、肥樽　壱個
(147)一、算盤　三個
(148)一、座敷筆　二本
(149)一、さげらんぷ《（提洋灯）》　二《六》個

⑮⓪一、置らんぷ（洋灯）　参〻壱個
⑮①一、机　平常物　五個
⑮②一、下屋手洗鉢　二個
⑮③一、盆栽鉢　大小六個
⑮④一、日章旗　〻二〻組（一組）
⑮⑤一、大乗講旗　二流
⑮⑥一、大乗講太鼓　六個
⑮⑦一、らんぷ（洋灯）かぎ　四本
⑮⑧一、腕箱　三個
⑮⑨一、半切　三個
⑯⓪一、切溜　三個
⑯①一、蚊帳　三組
⑯③一、着蒲団　二枚
⑯③一、鉈　壱個

⑯④一、〻きまきわり（薪割）　壱個
⑯⑤〔一脱カ〕本堂に大砲玉　壱個
⑯⑥一、敵の指揮刀　壱振
⑯⑦一、庫裡襖　拾八枚
⑯⑧一、戸襖　拾枚
座敷之部
⑯⑨一、障子　大小　三拾九枚
⑰⓪一、窓障子　台床　壱枚
⑰①一、障子　台所　四枚
⑰②客座之部
⑰③障子　三拾五枚
⑰④襖　拾六枚
⑰⑤常用鏡　壱個

什物法衣
[1]一、法　衣　二着
[2]一、袈　裟　二着
法衣ノ内一着ハ大正八年十月

三尾光明師へ貸シ未返却ナラズ

大正十年（一九二一）六月一日

大井常英記ス（朱印）

※印文「常英」

1　一　金蓮華　但シ真銅製　一対
2　一　法華経　内一部貫首用　六部大衆用　七部
3　△一　曲録　一具
4　一　襖　但シ丸鵬三ットモエ紋付　十六枚
5　「一　御遺文録　箱入リ（渡辺和助寄附）　一部」
6　一　梢子　八本
7　一　雨戸　但シ大禄南北　四枚
8　一　菓子盛リ　一付
9　△、柄香炉　箱共　一具
10　一、獅子香炉　台　一個
11　△　貞観政要　黒塗箱入　一部
12　△　日本書記（紀）（十五冊）　一部
13　△　貫首用座布団　ミ内二枚絹製　ミ四弐　枚
14　△　客用座布団　木綿製　五枚
15　一　風呂桶　一個
16　一　平椀（内朱塗箱付　十人分）　一組
17　一　三宝　箱付キ　一組
18　一　日章旗　本帳ニ一組トアレ共見当ラズ仍テ今月新調ス　一組
19　△　茶器　一組
20　△　前茶器　盆付　一組
21　一　大釜　一個
22　一　五升釜　一個
23　一　洗面器　二個
24　△　火鉢（陶器製）　二個

以上　弐拾参《四》点

第四十五世　日住上人代

内項目ノ頭部ニ△アルハ什物トシテ

遺弟奉納ス

外ニ法衣一具（衣ドンス　袈裟塩瀬）

大正十年（一九二一）六月一日

授人前執事大井常英（朱印）　※印文「常英」※（朱印）は、直径一・三糎。

受人現執事森　智保［朱印］　※印文「智保」※［朱印］は、一・四糎四方。

右之通リ相違ナク授受候也、

大正十年六月一日

大井常英（朱印）　※印文「常英」

森　智保［朱印］　※印文「智保」

現執事

三尾海素［朱印］　※印文「当山妙本寺執事」※［朱印］は、二・五糎四方。

製之、

「什物台帳」Ⅱ

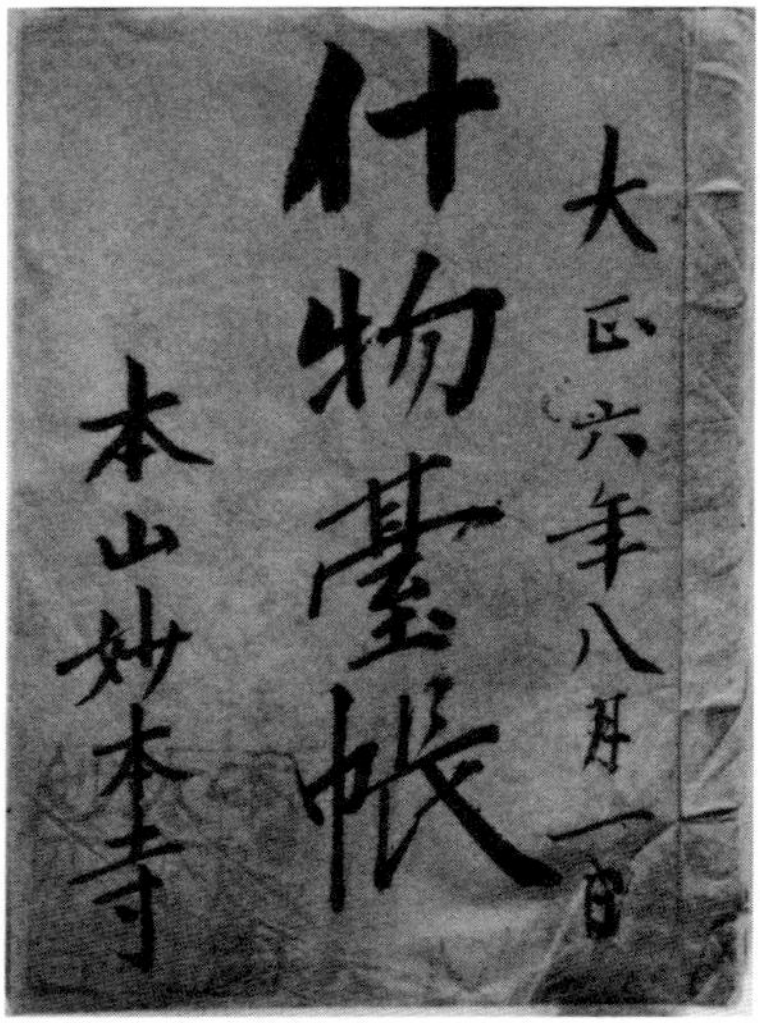

（縦25.2糎×横17.8糎）

（印文）

妙	大	本
本	本	門
寺	山	宗

（5.2糎四方）

【史料本文】

従来什物ノ紛失セシモ不尠、惟フニ此帳簿無之代々引継無之為、今日ニ及ブ、依テ何人モ判然スル様作製シテ後年ニ残ス、

当山執事

三尾海素（朱印）

（印文）

当山
妙本寺
執事

（2.5糎四方）

（朱書）「法衣ノ部」

①一、御袈裟　白色　緞子　旧壱着

②一、仝　水色　緞子　新壱着

③一、仝　薄鼠　縫　以上三着鶴の紋

④一、御法衣　緞子　濃鼠　一着

⑤一、仝　新水色　緞子　一着

⑥一、御法衣　縫鶴ト菊ノ浮織紋　一着

⑦一、石帯　但塩瀬　一個　菊紋

⑧一、襟立　鼠木緑　一個

（朱書）「念珠」

⑨一、総白寿数　全部珠水晶　一個

⑩一、襟立　二個

以上

（朱書）「副（幅）物之部」

⑪一、御本尊　一幅　四十一世日暎上人

⑫一、合作之書一幅　大幅物

⑬一、万年救護　大六斎藤角兵衛ヨリ頂品　本尊　一幅

⑭一、竹渓の書一幅　大物

⑮一、大森家戒名　石版《ズリ》(刷)　一幅

⑯一、石叟の書　一幅　大物

⑰一、中谷学院生徒全作書　一幅　大物

⑱一、夏雲の虎画　一幅　大物

⑲一、妙遠寺境内紀念碑石版《ズリ》大々物　一幅

⑳一、山水画盃流　柯亭画　一幅

㉑一、日純上人ノ命ニ依リ道祖土の書　表具ナシ　一幅

㉒一、画帳　三冊

㉓一、額書一枚　道祖土ノ書

㉔一、祖師真向の御像写　一枚

㉕一、赴任状　六通　招待状　四枚

㉖一、上野事　日興自筆状　裏うち(打)一枚

㉗一、赴任曼陀羅一幅　勧師より純師之授与せん者

㉘一、古雑書　十一枚

㉙一、曼陀羅　小幅一　日眷上人筆

㉚一、教化仏教七箇の大事　霊師筆巻物

㉛一、御本尊一幅　小物　日曜上人筆

㉜一、霊蹟保存会式辞之記　一枚

以上

(朱書)「書籍之部」

㉝一、御書　緑内廿三無四十冊　緑外廿四冊　内十五ナシ

㉞一、御義口伝　上下　二冊

㉟一、御書続集　上中下　三冊

㊱一、日霊上人御真筆　精書全部　三冊

㊲一、大蔵経目録　一冊

㊳一、吉浜区檀家帳　一冊

㊴一、大六区檀家帳　一冊

㊵一、曼陀羅授与控帳　一冊日勧上人

㊶一、日勧上人日記　一冊

㊷一、弘教要義　一冊

㊸一、和漢年契　一冊

㊹一、帝国々防史論上下　二冊

㊺一、布教新辞典　壱　冊
㊻一、本化聖典大辞林　二　冊
㊼一、重須の森
㊽一、天晴会講演録　二　冊
㊾一、独■本門ノ大観　一　冊
㊿一、日本の国体と日蓮上人　一　冊
(51)一、北蔵目録総　乾坤軒　三　冊
(52)一、茶の間用留　十冊　(朱書)「七九十失」
(53)一、教導用留　三　冊
(54)一、大教院用留　二　冊
(55)一、教部省用留　一　冊
(56)一、諸用留　六　冊
一、(朱書)「筆記類」
(57)一、本因抄　口訣　正行房日現(元)　一　冊
(58)一、似玉鈔　洛陽常仙関白忠著　二　冊
(59)一、日蓮上人御難事のこと　其他の事　一　冊
(60)一、日侃上人弘通案立并塔婆意趣
(61)一、当門流年中行事鈔　一　冊
(62)一、本門教会信行要意　一　冊
(63)一、日我上人ノ御談　一　冊
(64)一、観心本尊鈔抜書　二　冊
(65)一、(化儀)決議秘決の私記　一　冊
(66)一、日叡上人縁記　一　冊
(67)一、富士末流釈集　一　冊
(68)一、身延山日妙法謗十悪五逆説教本　一
(69)一、久遠寺大石寺対論日記　一　冊
(70)一、門流相伝法門見門　上　一　冊
(71)一、方便寿量二品読誦得意鈔　一　冊
(72)一、御本尊口伝古書の写　一　冊
(73)一、富士山日目上人門徒■立義鈔
(74)一、御妙判いろは出所　一　冊
(75)一、当門徒化儀鈔　一　冊
(76)一、本迹異目鈔　一　冊

㊆一、六人立義草案　一冊
㊇一、塔婆意集
㊈一、本華本門四位五品鈔草案　一冊
⑧⓪一、日我上人御臨終記　一冊
⑧①一、化儀三十七ヶ条　一冊
⑧②一、日眷上人の縁起　一冊
⑧③一、当門徒前後案内置文　一冊
⑧④一、本門戒檀講談記　一冊
⑧⑤一、観心本尊鈔請文一座　一冊
⑧⑥一、本尊説　一冊
⑧⑦一、本山妙本寺山規山法　一冊
⑧⑧一、化儀秘決　二冊
⑧⑨一、日我上人御臨終記　一冊
⑨⓪一、本山大石寺不離独立書扣　一冊
⑨①一、御本尊相伝私聞鈔　一冊
⑨②一、寿量品　三冊
⑨③一、鎌倉殿中問答記　二冊
⑨④一、日我上人御直談　当流の秘書　二冊
⑨⑤一、開迹顕本妙教直談　一冊
⑨⑥一、原人論　一冊
⑨⑦一、物経拝礼得意　二冊
⑨⑧一、国陳状　日生　一冊
⑨⑨一、日我上人秘書　二冊
⑩⓪一、御聞書　一冊
⑩①一、安房郡書　一冊
⑩②一、左演説の写　一冊
⑩③一、宗祖系図　一冊
⑩④一、一字石学の訓　一冊
⑩⑤一、開目鈔　上下　二冊
⑩⑥一、神書　郷師　一冊
⑩⑦一、三秘指要鈔　一冊
⑩⑧一、当家引道（導）雑々記　一冊
⑩⑨一、当門徒前後案内　一冊
⑪⓪一、当門徒化義　一冊

(111) 一、金玉鈔　下
(112) 一、四恩鈔　一冊
(113) 一、歓息記　一冊
(114) 一、当家雑種　一冊
(115) 一、教則愚見　一冊
(116) 一、円教三身　下一冊
(117) 一、甲州山伏問答記　一冊
(118) 一、悉曇字記　一冊
(119) 一、本迹鈔　一冊
(120) 一、集解鈔　一冊
(121) 一、豊《華》原《和》神風記　一冊
(122) 一、本華本門開目鈔　下文章　二冊
(123) 一、法則　一
(124) 一、四信五品鈔　一
(125) 一、太田鈔見聞　一
(126) 一、本門界御直談　一
(127) 一、観心本尊鈔見聞　一
(128) 一、立正安国論　一
(129) 一、開目鈔聞書　二
(130) 一、七面決当台両家抄出　一
(131) 一、集家勧完　一
(132) 一、宗牒感得記　一
(133) 一、百六ヶ条　一
(134) 一、祇要論録　二
(135) 一、六即義要文問答記　一
(136) 一、本華宗旨御直談　日我上人　一
(137) 一、本迹異体目心抄　一
(138) 一、当家諸所授書　一
(139) 一、御書立抄　一
(140) 一、本華宗門血脈相承の事　一
(141) 一、法衣得意抄　一
(142) 一、一致勝劣問答抄　一
(143) 一、文句見聞涌出品の下　一
(144) 一、本迹周意抄　一

(145) 一、極秘密　全　一
(146) 一、日蓮因縁　上　一
(147) 一、当家問答　口作　一
(148) 一、造仏読誦論記　一
(149) 一、見仏未来記見聞　一
(150) 一、宗祖一期略記　一
(151) 一、観心本尊抄　二
(152) 一、我国(邦)雑記　一
(153) 一、当体義御聞抄　一
(154) 一、開目抄御講　一
(155) 一、本門寺日向上人　法謗同応の事　三島神社参詣の部　一
(156) 一、妙法丸切能記　一
(157) 一、本尊回向抄　一
(158) 一、十好是日記　一
(159) 一、火中提婆本　一
(160) 一、一立相伝大講　下　一代大意抄見聞　一
(161) 一、本門寿量品　一

(162) 一、祖書抜書　一
(163) 一、八大家文　一
(164) 一、神天上の事　一
(165) 一、当家口伝草案　一
(166) 一、御書其他抜書　一
(167) 一、法華深秘要記抄　一
(168) 一、富士家中抄　二
(169) 一、一帖玄文尼崎抄聞書　一
(170) 一、当家三大部要文　二
(171) 一、諸集抜書　下巻　一
(172) 一、北門宗(祖)記御影尊縁記　一
(173) 一、当門本山由緒書　一
(174) 一、五人所破抄　一
(175) 一、撰(時)持抄　三
(176) 一、本尊相承私記　一
(177) 一、鎌隼見聞　二
(178) 一、堯我問答　一

⑰一、蟇蛇問答異見抄　一
⑱一、常忍問答　一
⑱一、逢盛抄　一
⑱一、日要上人御草案　産湯相承本尊七ヶ口伝　一
⑱一、千日尼御前抄　二
⑱一、七ヶ相承　一
⑱一、要文雑集　一
⑱一、本門宗血脈抄　一
⑱一、妙門日講縁起　一
⑱一、藪計波　一
⑱一、御書七巻　訓読　一
⑲一、大聖人の事　一
⑲一、富士諸寺仏法邪正記縁　二
⑲一、御条目十六ヶ条　全四十七ヶ条　二
⑲一、日我上人談義　一
⑲一、玉沢日伝自他問答抄　一
⑲一、秘元御抄ノ抜筆　一
⑲一、下山抄　下　一
⑲一、開目抄御講　一
⑲一、万代亀鏡　巻の三　一
⑲一、卒塔婆抄　一
⑳一、観心本尊抜書　一
⑳一、安国論見聞　二
⑳一、雑聞書　一
⑳一、宗旨大綱口決文　一
⑳一、法華仏心和解会禅宗問答　一
⑳一、本地見聞　一
⑳一、日寛上人末期　下　一
⑳一、興上神天上感聞　一
⑳一、御書　二十二　一
⑳一、深草身延登山時　一
㉑一、法華所要抄　一
㉑一、開目抄聞書　日要談　一
㉑一、日我上人百日記　真一字　二三一

㉑③一、書出　一
㉑④一、甲州神道問答記　一
㉑⑤一、夢想記　一
㉑⑥一、沙門富士記　一
㉑⑦一、陀羅尼説　二
㉑⑧一、富士邪正記　一
㉑⑨一、威応日向の事　二
㉒⓪一、御朱印の写
㉒①一、経中雑問抄　一
㉒②一、三秘指要抄　一
㉒③一、題目躰内本迹勝劣論　一
㉒④一、六集秘抄　一
㉒⑤一、当家秘書　一
㉒⑥一、玄義本門十妙　下　七巻
㉒⑦一、文句一部二百九十六ヶ条
中将阿闍梨記　一
㉒⑧一、方便品　一
㉒⑨一、玄義節五出所　一
㉓⓪一、諸雑記　一
㉓①一、種々雑書　一
㉓②一、抜書　一
㉓③一、要上御談義　一
㉓④一、折抜鶴鶏集　一
㉓⑤一、興上御状　一
㉓⑥一、方便寿量品　一
㉓⑦一、自楽抄　一
㉓⑧一、妙法蓮華経文句　一
㉓⑨一、講演記　一
㉔⓪一、一代儀大意抄　一
㉔①〔一脱カ〕日要ゝ一代大意抄　一
㉔②〔一脱カ〕所立抄　一
㉔③〔一脱カ〕玄義講談抄　一
㉔④一、当家相伝抄　一
㉔⑤一、雑品九座　一

㉖46一、富士問(門)流口伝抄　一
㉔47一、定善寺大事品切抜控帳　一
248一、麁鈍〔頓〕〔ミ〕邪演説抄　一
249一、太子伝　一
250一、法華題目抄　一
251一、心相覚知書　一
252一、本門外未誌　一
253一、御書抜書秘密　全　一
254一、玄義講談抄　一
255一、法華大綱抄　一
256一、根本伝教大師講談　則　一
257一、開迹顕本取要抄　二
258一、法華本門血脈相承記　一
259一、妙法蓮華経序品　一
260一、百金緑　一
261一、本門宗五宗四経見聞見　一
262一、高祖御一代大綱記　一
263一、日我上人直筆富士流義記　一
264一、御書類集要文　一
265一、見聞雑記　一
266一、雑々口決集　一
267一、註画讃私記　一
268一、各宗の流儀　一
269一、提婆品見聞　一
270一、御書要文　一
271一、玄正安国論　一
272一、日興〔要〕〔ミ〕上人天奏状　一
273一、寿量品抄　一

(朱書)「書籍之事」

274一、止観科解　廿六冊　揃　全部
275一、啓蒙　四十冊　揃　全部
276一、神代記伝　三冊
277一、法華直談抄　十冊
278一、釈民要覧　全　壱冊

㉗⑨一、翻訳名義　全　壱冊
㉘⓪一、日蓮十一通　全　一冊
㉘①一、御先師御誓誡　全　一冊
㉘②一、四教義集註　判字談全　五冊ノ内一冊失（朱線あり）　五冊
㉘③一、玉編　三ノ上紛失　十一冊
㉘④一、文句輔行記　内三冊ナシ　上下　廿冊
㉘⑤一、文句弘決　内三冊ナシ　廿二冊
㉘⑥一、止観六可　全　廿八〻〔七〕冊
㉘⑦一、古道大意　上下　二冊
㉘⑧一、疏記　[redacted]　全　十七冊
㉘⑨一、文武宝林直状　揃　全　二冊
㉙⓪一、御成敗宝永式目　全　一冊
㉙①一、妙宗円通記　内一冊不足　五冊
㉙②一、中正論　或文付　全　廿五冊
㉙③一、啓運抄〻〻　端本　全　卅五〻〔二〕冊
㉙④一、草山集　全　十冊
㉙⑤一、春秋左伝　端本　十四冊
㉙⑥一、金山集　全　十三冊
㉙⑦一、法華文句記　〃　十四冊
㉙⑧一、史綱鑑　内六冊ナシ　二十冊
㉙⑨一、法華文句随文記　端本　十七〻〔九〕冊
㉚⓪一、法苑殊林　端本　卅[redacted]冊
㉚①一、中論　〃　十三冊
㉚②一、十石二門　全　合本
㉚③一、妙法蓮華経玄儀　四〻〔三〕五〻〔九〕冊
㉚④一、法師切徳品宗義抄　壱冊
㉚⑤一、学海余滴　全　十冊
㉚⑥一、大原問答絵鈔　二冊

307 一、国興教諭録　一冊
308 一、録外微考　上下　二冊
309 一、本化宗祖一道記　全　一冊
310 一、闢邪論　完　一冊
311 一、御書抄　廿九冊
312 一、通俗十二朝軍談　端本〃〃　全　十三冊
313 一、賢首諸乗法数　一冊
314 一、天台四教集解　三十冊
315 一、通俗漢楚軍談　六冊
316 一、論語　五冊
317 一、法華疏私記　十〃九　冊
318 一、日蓮上人御遺文漏冊　壱冊
319 一、山家諸余集　全　壱冊
320 一、法華玄義釈載　端本　十三 五〃冊
321 一、集解要文　端本　十三 五〃冊
322 一、御書和合式　全　五冊
323 一、当用往来　全　一冊
324 一、維摩経　完　五冊
325 一、御法事日記　完　一冊
326 一、西谷名目　三冊
327 一、西谷名目抄　八冊
328 一、御書日我上人筆記　八 三拾〃冊
329 一、断邪顕正論　三冊
330 一、御妙判筆記　正善房日悦　四拾冊
331 一、御妙判　端本　五十六 四十〃〃冊
332 一、妙法蓮華経科証　四 廿七〃冊
333 一、御書音義　一冊

334 一、本顕之国誌　廿五冊
335 一、中庸　一
336 一、三教指帰　七五ゝ
337 一、開結二巻御経　無量義経 観普賢経　二
338 一、法華経八巻　赤表紙　一組
339 一、弁妄和解　全　一冊
340 一、常石輯品宗義抄　全　一冊
341 一、詠進歌集　二冊
342 一、法華経八巻　表紙 青模様入　二組
343 一、止観補行伝弘訣　端本　四冊
344 一、提醒記談　三巻
345 一、経中難問抄　一冊
346 一、軍勝問答　完一
347 一、天台宗法門名聞　一
348 一、文句興師観　二十冊
349 一、聖語綴集　二冊
350 一、神仏明応論　五冊
351 一、妙法蓮華経文句　十四八冊
352 一、法華天台文句補正記　十九
353 一、大石寺不離独立理由書弁妄　一冊
354 一、童蒙必読　一冊
355 一、止観私記　十冊
356 一、法華玄義私記　廿八冊
357 一、妙法蓮華経科註　廿九冊
358 一、仏門衣服正儀　二冊
359 一、天台法華疏義讃　六四ゝ冊
360 一、西谷名目　十四冊
361 一、太極図説　一冊
362 一、妙経大意　上　一冊
363 一、古文尚書　二冊
364 一、日本道徳原論　一冊
365 一、大学　一冊

366 一、地蔵菩薩三国雲経記　七冊
367 一、杜律五言集　六冊
368 一、橘葉巻　六冊
369 一、庭訓往来　一冊
370 一、老子渓国字解　全　三冊
371 一、沙石集　九冊
372 一、義楚六帖　五〻四冊
373 一、楊滅斉詩鈔　四冊
374 一、千字文　一冊
375 一、天下茶屋仇討実説　二冊
376 一、日蓮上人註画讃　二冊
377 一、松平崇宗鋲運記　一冊
378 一、八宗伝来集　一
379 一、聖徳太子伝　一
380 一、止観綱要　四〻五

381 一、天台宗集解新鈔　五〻六
382 一、唐詩五言律同三躰家法　六
383 一、天台四教儀集話　三
384 一、肝心要文　四
385 一、唐音遺響　三
386 一、法華天台補正記　一
387 一、鷹峯群譚　五
388 一、称汎集　三
389 一、賢首諸乗法数　二
390 一、神相全偏　一
391 一、宗義鈔　完　二
392 一、釈論百条　一
393 一、妙儀論　一
394 一、法華私記録記　一
395 一、両巻無量寿経宗要　一
396 一、日本書記(紀)　九

(397)一、天台四教儀　五
(398)一、御成敗式目諺解
(399)一、本迹決疑抄　一
(400)一、天台四教集解標指鈔　五
(401)一、両東唱和録　一
(402)一、科註妙法蓮華経　七
(403)一、三千立章　一
(404)一、法界次第初門　二
(405)一、唐詩正音　一
(406)一、品類御書　五
(407)一、護法資治論　五
(408)一、法華文句　一
(409)一、扶桑隠逸伝　二
(410)一、天台四教五時名目　二
(411)一、妙法蓮華経天台諸疏記　二
(412)一、杜律五言集解　大全　二
(413)一、御書音義　一
(414)一、片簡録　一
(415)一、四六文書之図　三
(416)一、天台三大部補註　一
(417)一、伊達騒動　二
(418)一、御講聞書　一
(419)一、徂徠集　一
(420)一、奇機医集　一
(421)一、仏祖伝記　一
(422)一、日我上人御真筆文句註釈　一
(423)一、仏説阿弥陀経　一
(424)一、仏造教経　一
(425)一、威通略記　一
(426)一、日叡《エイ》上人類集記　一
(427)一、帰去来辞　行書手本　一
(428)一、十七兼題略説　一
(429)一、教儀(義)新聞　三
(430)一、曽我物語　一

431 一、開結　二巻　観普賢経　無量義経　二

432 一、本堂再建之奇（寄）進帳　全　二

433 一、釈迦真実伝　全　三

434 一、当山明細誌　草稿　二

435 一、過去帳　宝前大　四　冊

436 一、新寂帳　三　冊

437 一、外雑書筆記　一箱に収ム

現執事

三尾海素［朱印］　※印文「当山妙本寺執事」※［朱印］は、二・五糎四方。

作之、

初出一覧

第Ⅰ部　日蓮宗寺院とその周辺

第一章　岡山・鳥取研修記―興風談所・富木氏発祥の地を訪ねて―『興風』十九号、二〇〇七年十二月
第二章　日向参詣記―安房妙本寺の旧末寺を訪ねて―『千葉大学人文研究』三十六号、二〇〇七年三月
第三章　安房妙本寺と日向末寺の再興者たち―「山本坊過去帳」から―『千葉史学』五十号、二〇〇七年五月
第四章　鏡忍寺参詣記『日本歴史』六九三号、二〇〇六年二月
第五章　伊豆参詣記―宗祖日蓮の聖跡を訪ねて―『鎌倉』一〇二号、二〇〇六年十二月
第六章　富士参詣記『千葉史学』四十七号、二〇〇五年十一月
第七章　鹿児島研修記―日我「島津家物語」と重野安繹―『日本歴史』七四三号、二〇一〇年四月
第八章　常総天台談義所参詣記『日本歴史』七〇七号、二〇〇七年四月
第九章　安房妙本寺と日我『千葉県の歴史通史編中世』二〇〇七年三月
第十章　日我―戦乱に生きた日蓮僧の生涯―『千葉史学』五十四号、二〇〇九年五月
第十一章「松本問答」と茂原の藻原寺『日本歴史』七三〇号、二〇〇九年三月

第Ⅱ部　日蓮宗研究に寄せて

第一章『図録　日蓮聖人の世界』をめぐって―「日蓮聖人の世界展」見学記―『歴史評論』六二二号、二〇〇二年二月
第二章『興風』と『日蓮仏教研究』―新たな日蓮・日蓮宗研究の潮流―『歴史評論』七〇四号、二〇〇八年十二月
第三章　東京国立博物館「大日蓮展」に思う『歴史評論』六三八号、二〇〇三年六月

第四章　鎌倉の日蓮聖人―中世人の信仰世界―『歴史学研究』八七〇号、二〇一〇年九月

第Ⅲ部　安房妙本寺所蔵史料の紹介

第一章「富山一流草案」『千葉大学人文社会科学研究』十六号、二〇〇八年三月

第二章「宗祖一期略記　日我御記」『千葉大学人文社会科学研究』十五号、二〇〇七年九月

第三章「正蓮百ヶ日忌日我談」『千葉県史研究』十四号、二〇〇六年三月

第四章「当門流前後案内置文」『千葉大学人文研究』三十二号、二〇〇三年三月

第五章「年中行事帳」『千葉大学人文研究』二十五号、一九九六年三月

第六章「年中行事略帳」『千葉大学人文研究』三十五号、二〇〇六年三月

第七章「年中行事のうつし」『千葉大学人文研究』二十四号、一九九五年三月

第八章「什物台帳」『千葉大学人文研究』二十六号、一九九七年三月

おわりに

中世後期東国史の政治史という限られた分野をささやかな研究対象としてきた小生にとって日蓮宗・日蓮宗寺院の研究は、今にとってもとてつもなく高いハードルであり続けている。宗教史も仏教史もまったく学んでこず、そのイロハも分からぬ人間であるからである。それを学ぶきっかけとなったのは、関東足利氏の一族の鶴岡八幡宮若宮別当（雪下殿）定尊（鎌倉公方足利持氏の子息）が安房妙本寺の別当を兼帯していたことを知ったことであった。それが研究の原点であった。その後に千葉県史の編纂で「妙本寺文書」と関わることになり、それを通じて鎌倉日誠師の御縁を頂くことができたのであった。第Ⅰ部に収めたものは、鎌倉日誠師に随伴して各地の日蓮宗寺院を訪ねた際の記録と勤務校でのゼミ研修・合宿で訪ねた際の記録の集成である。当時の現状を記録として遺すことの重要性を考えてほぼ原則（地名・肩書きなどを含めて）そのまま収録した。第Ⅱ部もほぼ同様である。ただ第Ⅲ部の関係史料の紹介に際しては、それぞれの【解題】と【史料本文】について部分的な改筆と訂正を行った。

いずれにせよ、本書はいわゆる研究論文の集成ではなく、自分なりの日蓮宗・日蓮宗寺院との関わりを纏めたものにすぎないが、鎌倉日誠師の積年に及ぶお導きと興風談所の諸師、特に坂井法曄師の日々の御厚誼があってのものと思い、心から感謝する次第である。また斎木明美さんと関根敦子さんのいつもかわらぬ御厚情にも深謝したい。

なお、本書出版については、山喜房佛書林浅地康平氏の御高配を賜った。最後に今は亡き二親（父博・母ミヨ子）の霊前に本書を捧げることを許されたい。

合掌

二〇一七年八月十五日

佐藤　博信

著者略歴

佐藤　博信（さとう　ひろのぶ）

1946年10月　新潟県新発田市生まれ。早稲田大学
第一文学部史学科卒業。現在千葉大学名誉教授

著書

『古河公方足利氏の研究』（校倉書房、1989年）
『中世東国の支配構造』（思文閣出版、1989年）
『続中世東国の支配構造』（思文閣出版、1996年）
『江戸湾をめぐる中世』（思文閣出版、2000年）
『中世東国日蓮宗寺院の研究』（東京大学出版会、2003年）
『中世東国政治史論』（塙書房、2006年）
『越後中世史の世界』（岩田書院、2006年）
『中世東国足利・北条氏の研究』（岩田書院、2006年）
『安房妙本寺日我一代記』（思文閣出版、2007年）
『仏道・孝道・学道―三大誓願の道―』（私家版、2012年）
『中世東国の権力と構造』（校倉書房、2013年）

日蓮宗寺院の歴史と伝承

平成29年10月13日　印刷
平成29年10月15日　発行

著　者　佐　藤　博　信
発行者　浅　地　康　平
印刷者　小　林　裕　生

発行所　株式会社　山喜房佛書林

〒113-0033　東京都文京区本郷5-28-5
電話(03)3811-5361　振替00100-0-1900

ISBN978-4-7963-0790-1　C1015